Mara Andeck

Sisi – Die Sterne der Kaiserin

GOLDMANN

Buch

Fanny Angerer hätte nie zu träumen gewagt, dass sie eines Tages Kaiserin Elisabeth höchstpersönlich frisieren würde. Doch genau so kommt es. Mit ihrer direkten Art eckt Fanny bei Hofe immer wieder an, gewinnt jedoch rasch Sisis Vertrauen. Bei einem gemeinsamen Kuraufenthalt in Kissingen stellt die Kaiserin fest, wie sehr ihre Friseurin ihr ähnelt, und entwirft einen kühnen Plan: Fanny soll als ihre Doppelgängerin auftreten, damit sie selbst dem goldenen Käfig für ein paar Stunden entfliehen kann. Bald schlüpft Fanny immer wieder in die Rolle Sisis. Doch ein junger Bankangestellter bringt das enge Verhältnis zwischen ihnen ins Wanken. Er betet Fanny an, als wäre sie selbst eine Kaiserin – und stellt sie vor eine schwere Entscheidung: Ist sie bereit, ihre Stellung bei Hofe aufzugeben – und damit auch ihre hart erkämpfte Unabhängigkeit?

Weitere Informationen zu Mara Andeck sowie zu lieferbaren Titeln der Autorin finden Sie am Ende des Buches.

Mara Andeck

Sisi

Die Sterne der Kaiserin

Roman

GOLDMANN

Sollte diese Publikation Links auf Webseiten Dritter enthalten, so übernehmen wir für deren Inhalte keine Haftung, da wir uns diese nicht zu eigen machen, sondern lediglich auf deren Stand zum Zeitpunkt der Erstveröffentlichung verweisen.

Die Gedichte von Kaiserin Elisabeth sind zu finden in »Das poetische Tagebuch«.
Wir haben uns erlaubt, die Rechtschreibung ein wenig anzupassen.

Eine Übersicht über die Figuren der Handlung finden Sie am Ende des Romans.

FSC www.fsc.org
MIX
Papier | Fördert gute Waldnutzung
FSC® C014496

Penguin Random House Verlagsgruppe FSC® N001967

1. Auflage
Taschenbuchausgabe November 2023

Neumarkter Str. 28, 81673 München
Umschlaggestaltung: UNO Werbeagentur, München
Umschlagmotive: Lee Avison/Trevillion Images; FinePic®, München
LS · Herstellung: ik
Satz: KCFG – Medienagentur, Neuss
Druck und Bindung: GGP Media GmbH, Pößneck
Printed in Germany
ISBN: 978-3-442-49201-5

www.goldmann-verlag.de

Für meine Töchter
und meine Schwester

Nur Prinzesschen richten ihr Krönchen.
Wahre Königinnen ziehen ihr Schwert.

Poetische Gedanken einer Kaiserin

An die Gaffer

Ich wollt', die Leute ließen mich
In Ruh' und ungeschoren,
Ich bin ja doch nur sicherlich
Ein Mensch, wie sie geboren.
Es tritt die Galle mir fast aus,
Wenn sie mich so fixieren:
Ich kröch' gern in ein Schneckenhaus
Und könnt' vor Wut krepieren.
Gewahr ich gar ein Opernglas
Tückisch auf mich gerichtet,
Am liebsten sähe ich gleich das
Samt der Person vernichtet.
Zu toll wird endlich mir der Spaß;
Und nichts mehr soll mich hindern,
Ich drehe eine lange Nas'
Und zeig ihnen den H…n'.

Kaiserin Elisabeth von Österreich,
genannt Sisi

Prolog

München, Ludwigstraße, Herzog-Max-Palais. Am Heiligen Abend des Jahres 1837 setzen bei der bayrischen Herzogin Ludovika die Wehen ein. Die Geburt verläuft leicht und komplikationslos, und unter genauer Einhaltung des höfischen Zeremoniells kommt um 22:43 Uhr das vierte Kind der Herzogin zur Welt. Ein Mädchen. Kaum ist die Kleine gebadet und gewickelt, werden die drei als Zeugen bestellten Minister in das prachtvolle weiße Boudoir der Herzogin geführt, wo sich bereits Familienmitglieder und Hofdamen eingefunden haben.

Mit großem Stolz präsentiert Ludovika allen Besuchern ihren kleinen Weihnachtsengel. Als Tochter eines Herzogs ist das Neugeborene eine kleine Prinzessin. Dank des Geburtsdatums ist sie außerdem sowohl ein Christ- als auch ein Sonntagskind. Und sie hat schon bei der Geburt einen winzigen Zahn, was von allen als Glückszeichen gedeutet wird.

Die Kleine wird zwei Tage später getauft, nun heißt sie offiziell Elisabeth Amalie Eugenie, Herzogin in Bayern, benannt nach ihrer Patin, der späteren Königin Elisabeth von Preußen. Im Familienkreis wird die Prinzessin zunächst Elise, später »Sisi« genannt, was nach damaligem Brauch zwar mit scharfem S gesprochen, aber nur mit einem einzigen S geschrieben wird.

Wien, Alter Fleischmarkt, vier Jahre und fünf Wochen später. Am 28. Januar 1842, einem Freitag, setzen bei der ledigen Dienstmagd Anna Staub kurz nach Mitternacht die Wehen ein. Die Geburt verläuft leicht, und gegen zwei Uhr bringt Anna mithilfe ihrer Freundin Susanna Finke, einer Hebamme, ihr zweites Kind zur Welt. Ein Mädchen, das das Licht der Welt früher erblickt als errechnet.

Im Wien der damaligen Zeit ist es für Anna Staub als unverheiratete Frau so gut wie unmöglich, zwei kleine Kinder durchzubringen. Ihre erste Tochter Albertine ist gerade einmal zehn Monate alt. Obwohl die junge Frau im Gebärhaus der Stadt kostenlos unter medizinischer Aufsicht entbinden und das Kind anschließend im Findelhaus abgeben könnte, wo man ihm eine gut situierte Pflegefamilie suchen würde, verzichtet sie auf diesen Ausweg. Bei der Geburt ihrer ersten Tochter hat sie diese beiden Institutionen kennengelernt. Sie hat am eigenen Leib erlebt, dass Frauen im Gebärhaus während der Entbindung von zehn bis zwölf Studenten angestarrt und sowohl äußerlich als auch innerlich betastet werden. Und sie hat erfahren, dass viele andere danach an Kindbettfieber gestorben sind. Anna kennt auch die verheerenden hygienischen Zustände im Findelhaus, wo kaum ein Kind das erste Lebensjahr übersteht und die Leichen der verstorbenen Säuglinge in einem Raum direkt neben dem völlig überfüllten Schlafsaal der Neugeborenen seziert werden.

Anna Staub beschließt daher, das Unmögliche zu wagen. Sie will ihre Töchter selbst aufziehen und ihnen ein gutes Leben ermöglichen, koste es, was es wolle. Und sie hat auch schon einen Plan, wie das gelingen kann. Wissen ist Macht, das ist fortan ihr Leitspruch. Und: Was du im Kopf hast, kann dir niemand wegnehmen.

Das zarte, kleine Mädchen wird am nächsten Tag auf den Namen Franziska Seraphica getauft, alle nennen es Fanny.

Kapitel 1

April 1863
Burgtheater am Michaelerplatz

»Sind Sie zufrieden?« Wie immer nach dem Frisieren bleibe ich hinter Zerline Gabillon stehen und senke demütig den Blick.

Ein goldener Spiegel. Davor eine Diva mit Lampenfieber, hinter ihr ich. Das ist, wie ich weiß, eine hochexplosive Mischung.

Und eigentlich erübrigt sich meine Frage, es ist nämlich viel zu spät für Änderungen an der Frisur, selbst wenn die Gabillon unzufrieden wäre. Die Vorführung beginnt in zehn Minuten, sie spielt die Hauptrolle, und sie steckt noch nicht einmal in ihrem Kostüm. Sie muss das Ergebnis meiner Arbeit also hinnehmen, das weiß sie so gut wie ich.

Aber es gibt auch nichts daran auszusetzen. Ich habe in den vergangenen drei Stunden alles gegeben, was in meiner Macht steht, um die widerspenstige Mähne der Schauspielerin in einen wahren Traum von Frisur zu verwandeln. Ihr ehemals fahlrotes Haar habe ich mit einem Sud aus Walnussschalen getönt. Die glanzlose, borstige Krause habe ich mit einem heißen Eisen zu einer fließenden Pracht geglättet und mir dabei mehrfach die Finger verbrannt, während die schöne Zerline bequem auf ihrem Frisiersessel thronte und die Briefe ihrer Verehrer las. Und obwohl mein Rücken sich bereits nach einer Stunde anfühlte, als würde er in der Mitte zerbrechen, habe ich die Haare anschließend aufwendig geflochten, mit künstlichen Haarteilen aufgepolstert und zu einer raffinierten neuen Frisur hochgesteckt, für die ich seit Wochen jeden Abend am Kopf meiner protestierenden Schwester geübt habe.

Die Mühe hat sich mehr als gelohnt, das sehe ich im Spiegelbild, als ich den Blick hebe. Das Haar der Gabillon glänzt im Kerzenlicht wie Rosenholz. Ihre nicht sehr hohe Stirn wird durch eine geflochtene Haarkrone optisch gestreckt, sodass ihre missmutige Miene auf einmal geradezu edel wirkt. Und sogar die scharfe, hakenförmige Nase der Diva, die normalerweise wie der Schnabel eines Geiers hervorragt, erscheint durch die weich fallenden Seitensträhnen mit einem Mal stolz und aristokratisch.

Trotzdem muss ich natürlich ergebenst um eine Beurteilung meines Werkes bitten, das gehört sich so. Zerline Gabillon ist die derzeit berühmteste Hofschauspielerin des kaiserlichen Burgtheaters – und ich bin, nun ja, Fanny.

Eine insgeheim sehr stolze Fanny allerdings. Meine im Kerzenlicht fast schwarzen Augen sprühen vor Freude über meine Leistung, auch das verrät mir das Spiegelbild, und schnell senke ich den Blick wieder. Es ist nicht gut, Zerline Gabillon durch Selbstbewusstsein zu provozieren. Sie hat klare Vorstellungen, was dem Personal zusteht. Gute Laune gehört nicht dazu.

Wie immer lässt sich die Diva mit ihrer Antwort Zeit. »Nun …«, beginnt sie schließlich, hält aber noch einmal inne und beugt sich vor, um sich besser im Spiegel betrachten zu können.

Nervös beobachte ich, wie Zerline Gabillon ihr Haupt erst nach links, dann nach rechts dreht, skeptisch eine Augenbraue hochzieht und zuletzt an einer Strähne über dem Ohr herumzupft. Ich benötige all meine Disziplin, um nicht zischend einzuatmen. Wenn sie jetzt eine der Flechten lockert, ist alles zerstört, und die Premiere wird mit Verspätung beginnen müssen. An einem Abend wie diesem eine Katastrophe! Und das wird auf mich zurückfallen, vielleicht kostet es mich sogar meine Stellung. Kann sie denn nicht erkennen, dass sie besser aussieht denn je? Und endlich in ihr Kostüm steigen? Gustl, die Ankleiderin, wartet bereits im Hintergrund, die Robe über dem Arm, und tritt vor lauter Anspannung von einem Fuß auf den anderen.

»Es ist … interessant«, sagt die Gabillon endlich und wendet sich dann an Gustl. »Wo ist mein Kostüm?«

Ich bin also in Ehren entlassen. Keine Kritik ist schon genug gelobt, so lautet das unausgesprochene Motto der Gabillon. Und an Premierentagen wie heute, wenn sie besonders nervös ist, muss ich eine solche Bemerkung schon fast als einen Ritterschlag betrachten.

Also lächele ich, knickse, säusele: »Ich dank' recht schön« und entferne mich so ehrerbietig, wie es mir möglich ist.

Kaum habe ich das Garderobenkammerl verlassen, ist es allerdings vorbei mit meiner Beherrschung. Ich raffe meine Röcke mit beiden Händen und renne ausgesprochen undamenhaft los. Wenn ich noch rechtzeitig auf meinen Beobachtungsposten kommen will, ist es jetzt höchste Zeit. Im Theater munkelt man seit Tagen, die Kaiserin wolle die heutige Premiere besuchen. Und ich muss sie einfach sehen. Ich warte schon so lange auf diesen Moment.

Ja, ich weiß, wir haben Ihre Majestät schon bei der letzten Erstaufführung erwartet, und da ist sie dann doch nicht gekommen. Aber das bedeutet nicht, dass es heute wieder so sein wird. Im Gegenteil, es steigert die Chancen sogar. Alle sagen, dass die

Kaiserin das Theater liebt, irgendwann muss sie einfach erscheinen. Sie ist schließlich nach ihrem langen Kuraufenthalt schon eine ganze Weile zurück in Wien.

Ich husche einen dunklen Gang entlang, haste über eine schmale Stiege hinter der Bühne in die erste Etage und bremse meinen Schritt. Jetzt nicht auffallen!

Direkt gegenüber der Kaiserloge gibt es eine Nische, die kaum jemand kennt, sie ist mein Ziel. Dort kann ich im Schatten der Logenbrüstung stehen und die Kaiserfamilie auf der anderen Seite des Saals vis-à-vis beobachten, ohne selbst gesehen zu werden. Bisher war die Kaiserin allerdings nie dabei.

Eigentlich darf an dieser Stelle niemand stehen, aus Sicherheitsgründen. Ich könnte ja ein böser Mensch sein, eine Spionin oder sogar eine Attentäterin. Aber in meinem schwarzen Kleid verschmelze ich mit dem Hintergrund, als wäre ich gar nicht da. Und die Kaiserin ist mit mir sicherer als ohne mich, mir entgeht nämlich nichts.

Ich habe es von langer Hand vorbereitet, dass ich hier heimlich stehen darf. Seit dem ersten Tag meiner Arbeit am Theater habe ich mich mit dem alten Josef befreundet, dem Platzanweiser, der über diese Etage wacht. Er drückt immer ein Auge zu, wenn ich mich hinaufschleiche, sobald sich kurz vor Vorstellungsbeginn die Gänge geleert haben. Auch heute lächelt er fast unmerklich, als er mich entdeckt, dann wendet er sich ab und tut, als müsste er ein nicht vorhandenes Stäubchen von seiner Livree wischen.

Atemlos erreiche ich mein Versteck, drücke mich tief in die Nische und überzeuge mich mit einem raschen Blick, dass die Kaiserloge noch leer ist.

Ich liebe diese Minuten kurz vor Vorstellungsbeginn. Alle sitzen schon auf ihren Plätzen, und unter mir kann ich ehrwürdige Herren im Frack und schöne Damen in schimmernden Seidenroben bewundern, die reden, lachen oder sich gegenseitig unauffällig durch ihre Operngläser beobachten. Der goldene Kronleuchter an der Decke bringt mit seinem warmen Schein das Gemälde auf dem Theatervorhang zum Leuchten. Es zeigt den Gott Apollo im Kreise farbenfroh gewandeter Hirten. Am oberen Rand ist weinroter Samtstoff in Bögen drapiert, was so vornehm und prächtig aussieht, dass ich beim Anblick jedes Mal eine Gänsehaut bekomme. Die Luft duftet nach den Veilchen- und Rosenessenzen der Damen, das Orchester spielt leise Walzermelodien, um die Konversation anzuregen, und ich kann mit jeder Faser meines Körpers spüren, dass ich mich hier in der kaiserlichen Hofburg befinde, nur durch einen Gang von den Gemächern der Kaiserfamilie getrennt. Was für ein erhabenes Gefühl.

Wo die Kaiserin wohl jetzt ist? Durchschreitet sie gerade ebenjenen Gang? Oder kommt sie wieder nicht?

Ich lasse meinen Blick noch einmal über das Publikum schweifen. Sind vielleicht schon Operngläser auf die Loge gerichtet?

Nein, es gibt keinerlei Anzeichen, dass das Kaiserpaar von den feinen Herrschaften erwartet wird. Alle sind ganz und gar mit sich selbst beschäftigt. Und ein Diener des Hofzuckerbäckers Demel durchwandert noch immer die Gänge des Parketts und ruft mit leiernder Stimme: »Gefrorenes! Limonade! Mandelmilch!«

Plötzlich ertönt eine Glocke. Aber es ist nicht die, die normalerweise den Beginn der Vorstellung ankündigt, sondern eine mit hellerem, feinerem Ton, die nur ganz leise im Orchestergraben angeschlagen wird. Das Gemurmel verebbt, der Zuckerwerkverkäufer huscht aus dem Saal. Der Dirigent gibt seinen Musikern mit dem Taktstock ein Zeichen, und die Musik bricht ab. Dann erhebt sich das Orchester wie ein einziger Mann von den Stühlen. Alle versinken in einer tiefen Verneigung. Sofort folgt das Publikum dem Beispiel der Musiker, sogar ich oben in meiner Nische raffe reflexartig meinen Rock und sinke in einen Hofknicks.

Als ich mich wieder aufrichte, setzt mein Herz einen Schlag aus. Sie sind da. Beide. Die Kaiserin wirkt viel jünger, als ich es erwartet habe, und der Kaiser sieht neben ihr kleiner aus als auf all den Postkarten der kaiserlichen Familie. Er ist wie immer in Uniform, heute ist es eine in hellem Blau, und seine Brust ist mit Orden reich geschmückt. Der dünne, gekrauste Backenbart, den er seit einiger Zeit trägt, steht ihm leider gar nicht gut zu Gesicht, ohne gefiel er mir besser. Die Kaiserin hingegen ist zauberhaft schön. Viel strahlender als noch vor zwei Jahren.

Damals fuhr sie in einer Kutsche durch die Straßen Wiens und sah hinter den Scheiben blass und aufgedunsen aus. Trotz ihrer damals erst dreiundzwanzig Lebensjahre wirkte sie alt und verbraucht. Und sie weinte, da bin ich sicher, obwohl ich in all dem Gedränge am Straßenrand nur einen kurzen Blick auf sie werfen konnte. Man munkelte seinerzeit so manches über die Gründe. Krankheit. Eheprobleme. Streit mit der Schwiegermutter.

Heute allerdings ist das Gegenteil der Fall, Elisabeth leuchtet geradezu, und das Raunen, das durch die Reihen geht, ist zweifelsohne ihrer Schönheit geschuldet. Sie trägt eine cremefarbene Seidenrobe, die ihre kastanienbraunen Haare und ihren hellen Teint aufs Vorteilhafteste zur Geltung bringt. Obwohl sie sich bekanntlich nie schminken lässt, hat sie volle rote Lippen, und auf ihren Wangen liegt ein zarter Roséschimmer.

Natürlich ist Franz Joseph nicht wirklich klein, er ist ja der Kaiser. Seine Gattin ist lediglich sehr hoch gewachsen für eine Frau. Aber dabei so zierlich wie ein junges Mädchen. Und wunderbar sanfte, große Augen hat sie. Sie ziehen mich sogar von Weitem geradezu magisch in ihren Bann.

Das Schönste an ihr aber sind die Haare. Oder finde nur ich das, weil Haare nun mal mein Metier sind? Nein, das muss einfach jedem auffallen. Elisabeths Haare sind ausgesprochen üppig und haben einen wundervollen Glanz. Ich bin sicher, dass diese Fülle echt ist, so etwas erkenne ich sofort. Haarpolster, wie Zerline Gabillon sie trägt, benötigt die Kaiserin eindeutig nicht. Ihre Frisur ist schlicht und nur mit einem glitzernden Diadem aus Diamanten verziert. Ein dazu passendes Diamantcollier funkelt in ihrem prachtvollen Dekolleté.

Ich lege den Kopf schräg und begutachte mit kritischem Blick die Flechtkünste der kaiserlichen Friseurin. Ungeübt ist sie sicher nicht, das muss ich zugeben. Aber ihre Kreation ist fantasielos, und leider hat sie die Haare Ihrer Majestät in der Mitte gescheitelt, was altmodisch und fast ein wenig bäuerlich wirkt. Schade, dass Elisabeths Frisur bei diesem ersten öffentlichen Auftritt nach der großen Reise so wenig herrschaftlich ist. Wie hinreißend sie mit einer geflochtenen Haarkrone aussehen würde, ähnlich wie die der Gabillon! Aber schön ist Elisabeth dennoch. Mehr als das!

Das Orchester setzt wieder ein. Es spielt eine Ouvertüre, und alle Zuschauer lassen sich auf ihren Plätzen nieder. Als der Vorhang beiseitegleitet, wenden sich die Blicke des Publikums zögernd der Bühne zu.

Mir ist, als würde die Kaiserin sich merklich entspannen, seit sie nicht mehr im Zentrum der Aufmerksamkeit steht. Eigenartig. Wenn ich so schön wäre wie sie, würde ich den Blicken des Publikums mit Stolz begegnen. Ich würde sie auskosten, da bin ich mir sicher.

Das Stück, das nun beginnt, ist ein französisches Lustspiel

mit dem Titel *Ein Attaché*. Auf der Bühne stehen geschwungene Sofas und ein vergoldeter Tisch mit Stühlen. Unverkennbar soll das einen Salon reicher Leute darstellen. Er füllt sich mit festlich gekleideten Gästen, die ins Gespräch vertieft über die Bühne flanieren. Aus ihren Unterhaltungen geht hervor, dass sie alle gespannt auf die Ankunft einer Dame warten, die nach dem Tod ihres reichen Gatten plötzlich zu einer guten Partie geworden ist. Offenbar weckt diese Tatsache Begehrlichkeiten unter den anwesenden Herren.

Jetzt taucht besagte Dame auf, gespielt von Zerline Gabillon, die zunächst nichts weiter zu tun hat, als schön und zerbrechlich auszusehen, was ihr dank meiner Frisur ausgesprochen gut gelingt.

»Sie trägt sehr wenig Diamanten«, sagt der junge Franz Kierschner, der in dem Stück einen habgierigen Jüngling namens Ramsay spielt, und blickt der Gabillon versonnen nach.

Friederike Kronau in ihrer Rolle als scharfzüngige Baronin Scarpa zieht eine Augenbraue hoch und bemerkt spitz: »Wenig Diamanten? Nun, das ist eindeutig ein Beweis für ihren guten Geschmack.«

Um Himmels willen! Hat sie das wirklich gesagt? Ja, sie hat. Im Theatersaal ist es plötzlich so still, dass man eine zu Boden fallende Stecknadel hören würde. Aber keiner regt sich, nicht einmal eine Nadel, und niemand wagt es, den Blick zu der reich mit Diamanten geschmückten Kaiserin zu heben, die soeben versehentlich beleidigt wurde.

Wenn Elisabeth jetzt die Hand hebt und winkt, schließt sich der Vorhang der kaiserlichen Loge, und damit ist das Schauspiel unwiderruflich beendet. Denn so ist es am Burgtheater Vorschrift: Sobald einem Mitglied der kaiserlichen Familie ein Stück missfällt, wird es abgesetzt.

Doch die Kaiserin winkt nicht, das Schauspiel geht weiter, alle atmen auf.

Außer mir und dem Kaiser hat vermutlich kaum jemand gesehen, wie Elisabeth reagiert hat: Sie hat leise aufgelacht! Sie hat zwar rasch den Fächer gehoben, um ihr Gesicht zu verbergen, aber ich habe es ganz deutlich gesehen. Und wieder bin ich verzaubert von dieser Kaiserin, die nicht viel älter ist als ich und die trotz all der Bürden auf ihren Schultern noch so natürlich lachen kann.

Als es einige Zeit später zur Pause klingelt, erwache ich wie aus einem Traum. Ich raffe den Rock, verlasse meine Nische und husche zurück, um mich wieder den Haaren und Launen der Gabillon zu widmen.

Doch vor den Garderoben im Künstlertrakt herrscht ein Tumult. Das gesamte Ensemble drängt sich im Korridor, ausladende Krinolinen versperren mir den Weg zum Frisierkammerl. Eigentlich müssten sich die Schauspielerinnen jetzt dringend zur Auffrischung ihrer Frisuren und zum Pudern ihrer Nasen vor die Spiegel begeben. Aber alle bemitleiden Friederike Kronau, die sich mit ihrer Aussage peinlichst in die Nesseln gesetzt hat.

Zerline Gabillon wirkt dabei so gekünstelt, als würde ihr Bedauern zu einer theatralischen Bühnenrolle gehören. Sie ringt gespielt verzweifelt die Hände und ruft: »Hoffentlich hat das kein schreckliches Nachspiel!«

Wer sie kennt, weiß allerdings, dass sie ihrer schärfsten Konkurrentin in Wahrheit alle Schrecklichkeiten dieser Welt an den Hals wünscht.

Die arme Kronau hält sich ein großes Taschentuch vors Gesicht und schnieft hinein. »Wie konnte ich ahnen, dass die Kaiserin heute Abend so viel Schmuck trägt?«, schluchzt sie.

»Ahnen konnte sie es vielleicht nicht«, zischt Zerline Gabillon. »Aber sehen konnte man es deutlich!«

Leider vergisst sie, dabei ihre Stimme zu senken, alle hören ihre Worte. Und nun gilt das Tuscheln ihr.

Die Gabillon errötet, blickt verlegen zur Seite, erspäht mich – und lässt ihren Unmut an mir aus. »Fanny, wo bleibst du so lange? Meine Frisur ist desaströs. Steck sofort diese lächerlichen Flattersträhnen an der Seite weg! Ich sehe ja aus wie eine zerzauste Magd.«

Nein, das tut sie nicht. Aber sie klingt wie eine, und zwar eine von der Sorte, wie man sie auf dem Fischmarkt mit keifender Stimme schimpfen hört.

Natürlich sage ich das nicht, ich denke es nur. Und natürlich nicke ich gehorsam und bahne mir umgehend einen Weg zum Frisierkammerl, um Bürsten, Pomade und Haarnadeln zu holen. Im Hintergrund höre ich immer noch das Schluchzen der Kronau, die Angst hat, wegen ihres ungebührlichen Auftretens eine Rüge von ganz oben zu erhalten.

Diese Befürchtung ist nicht unbegründet. Die Kronau hat zwar nur einen Satz gesagt, der zu ihrer Rolle gehörte, und die Kaiserin hat sich nicht daran gestört. Aber Graf Lanckoroński, der kaiserliche Oberstkämmerer, ist alt, krank und überaus reizbar, sagt man. Er wacht mit Argusaugen über das Burgtheater. Ich persönlich glaube daher kaum, dass die Kronau ungeschoren davonkommen wird.

Wenig später stehe ich wieder einmal hinter der Gabillon und lasse mich von ihr herumkommandieren. Durch die Tür dringt immer noch Stimmengewirr, und die Diva legt dauernd den Kopf schräg, um auch ja keinen Laut zu verpassen. Wie soll ich sie so frisieren?

Plötzlich verstummt der Lärm. Eine einzelne Männerstimme

bellt laute Befehle. Ich höre Schritte, Türen werden zugeschlagen. Dann ist alles still. Im Spiegel beobachte ich, wie ein bösartiges Lächeln die Lippen der Gabillon umspielt. Bestimmt stellt sie sich das Gespräch zwischen Friederike Kronau und Graf Lanckoroński gerade bildlich vor.

Ein herrisches Klopfen an der Garderobentür reißt die Diva aus ihren giftigen Träumen.

»Herrrein!«, schmettert sie mit rollendem R.

Ein Bediensteter mit goldenen Knöpfen am Livreerock erscheint. »Befehl von ganz oben«, verkündet er zackig. »Graf Lanckoroński wünscht umgehend …« – seine Stimme kippt, er räuspert sich – »… wünscht umgehend Frau Zerline Gabillon zu sprechen.«

Die Gabillon erschrickt. »Was? Mich?«

»Bitte folgen Sie mir!«, sagt der Livrierte knapp.

»Aber ich muss gleich auf die Bühne«, haucht Zerline Gabillon. Sie wirkt plötzlich so zart und zerbrechlich wie in ihrer Rolle als Käthchen von Heilbronn, sogar ihr Augenaufschlag ist derselbe wie bei der Aufführung von Kleists Schauspiel.

Der Diener blickt die Diva nur schweigend an.

Ein Ruck geht durch die Gabillon. Sie strafft den Rücken, erhebt sich, reckt bleich und gefasst das Kinn. Dann folgt sie dem Mann mit heroischer Miene aus dem Raum. Auch diese Pose kenne ich. So schreitet die stolze Zerline als Johanna von Orléans in die Schlacht oder zum Scheiterhaufen.

Sie lässt die Tür offen, und kaum sind ihre Schritte verklungen, setzt auf dem Korridor erneut Getuschel ein.

»Eine Verwechslung?«, höre ich die Stimme von Heinrich Beckmann heraus.

»Eine Beförderung«, vermutet Franz Kierschner. »Sie ist gut heute.«

»Vielleicht ist auch endlich herausgekommen, dass sie ständig über alles und jeden lästert.« Das kommt von der Kronau, die ihr Selbstbewusstsein offenbar wiedergefunden hat.

Gustl huscht zu mir in die Garderobe. »Ich wette, ich weiß, was los ist«, flüstert sie mir zu.

»Was denn?«, wispere ich zurück.

»Bestimmt hat der Kaiser ein Auge auf sie geworfen.«

»Was? Auf die Gabillon? Sie ist verheiratet!«, entgegne ich mit gedämpfter Stimme.

Gustl zuckt mit den Schultern. »Das ist der Kaiser doch auch. Und wie man hört, ist das kein Hindernis.«

Da hat sie recht. Aber er ist schließlich der Kaiser. Außerdem ist er ein Mann, und für die gelten andere Gesetze. Wer wüsste das besser als ich? In Vaters Friseursalon sind die verheirateten Männer die schlimmsten. Ich kann mich kaum umdrehen, ohne eine Hand mit Ehering am Hintern zu haben. Die unverheirateten Herren verschlingen mich zwar auch mit den Augen, aber sie behalten ihre Hände bei sich.

Am Theater ist es genauso. Je strenger der Drache zu Hause, desto loser die Sitten hier. Gustl und ich achten immer darauf, dass keine von uns abends allein im Raum ist, das kann ekelhaft enden.

Trotz alldem kann ich mir einfach nicht vorstellen, dass der Kaiser Gefallen an der garstigen Zerline Gabillon gefunden hat.

Zum Glück sage ich das nicht laut, denn ein Knall lässt Gustl und mich zusammenzucken, und als wir herumfahren, sehen wir die Gabillon, die beim Hereinkommen die Tür zugeworfen hat.

»Du!«, faucht sie und zeigt mit dem Finger auf mich. »Du sollst zum Grafen kommen. Und zwar sofort.«

»Ich!?«, frage ich fassungslos. Der Oberstkämmerer weiß doch bestimmt nicht einmal, dass ich existiere.

»Bist du taub?« Mit rauschendem Rock stolziert die Gabillon an mir vorbei und lässt sich in ihren Frisiersessel sinken.

»Aber …«, stammele ich. »Warum? Ich hab doch gar nichts getan.«

Die Diva betrachtet sich im Spiegel. »Rasch, Gustl! Den Puder! Uns bleiben nur noch wenige Minuten.« Mich beachtet sie gar nicht mehr.

»Geh schnell«, raunt Gustl mir zu. »Wird schon nicht so schlimm werden.« Aber an ihrem Blick sehe ich, dass sie das selbst nicht glaubt. So etwas ist unsereins noch nie passiert. Da muss eine Katastrophe geschehen sein.

Mit zitternden Fingern knote ich meine Schürze auf, reiche sie Gustl und verlasse die Garderobe.

Der Korridor ist inzwischen wie leer gefegt. Auch von dem livrierten Bediensteten ist nicht einmal mehr ein goldener Knopf zu sehen.

»Franziska Angerer?«, fragt eine tiefe Männerstimme. Erst jetzt entdecke ich die dunkle Gestalt in einer Türnische am Ende des Flurs.

»Die bin ich.« Rasch mache ich einen Knicks, denn der schwarze Frack des Mannes, der jetzt auf mich zutritt, ist verschwenderisch mit Goldstickereien verziert.

Ist das Graf Lanckoroński höchstpersönlich, der da in unsere Niederungen herabgestiegen ist? Ich erfahre es nicht, weil der hohe Herr es nicht für nötig hält, sich vorzustellen.

»Kommen Sie bitte mit!« Er wendet sich ab und schreitet voran.

Ich starre auf den massigen Rücken des korpulenten Mannes und seine fleischigen Nackenfalten. Mit hinkendem Gang entfernt er sich erstaunlich schnell, und natürlich folge ich ihm.

Plötzlich durchfährt mich siedend heiß ein Gedanke. Hat mich vielleicht jemand in meiner Nische gesehen?

Oh, ich könnte mich für meine Torheit ohrfeigen! Ich habe noch spaßeshalber darüber nachgedacht, ob man mich wohl für eine Attentäterin halten könnte. Ja, und ob! Und für die kaiserliche Familie wäre ein solcher Verdacht gewiss kein Spaß. Der Kaiser ist ja vor einigen Jahren fast bei einem Attentat ermordet worden. Damals wurde der Täter enthauptet.

Mir stockt der Atem. Aber dann beruhige ich mich etwas. Nein, hinrichten werden sie mich wohl kaum, ich habe ja nichts getan. Aber einsperren vielleicht schon – oder zumindest fristlos entlassen. Wie kann ich nur beweisen, dass ich nichts im Schilde führe?

Wir nehmen den Weg hinter der Bühne entlang, steigen steile Stiegen hinauf und gelangen schließlich in einen Bereich des Theaters, der menschenleer ist. Unsere Schritte hallen auf dem Parkett, und das ungute Gefühl in meinem Magen verstärkt sich.

»Ich bitte um Verzeihung«, sage ich schüchtern. »Ich wüsste doch sehr gern, wo wir hingehen.«

Der Mann hustet rasselnd. »Hat man Ihnen das nicht gesagt?«, keucht er, als er wieder zu Luft kommt.

»Nichts habe ich erfahren«, sage ich. »Aber glauben Sie mir, ich hatte nichts Böses im Sinn, als ich …« Nein, ich spreche es lieber nicht aus, vielleicht irre ich mich ja, und er weiß überhaupt nichts von meinem Versteck.

Der Mann gibt ein bellendes Geräusch von sich, und ich bin nicht sicher, ob er hustet oder lacht. »Wo wir hingehen?« Er atmet mühsam ein und presst hervor: »Zur Kaiserin.«

Natürlich verspottet er mich. Zu Kaiserin Elisabeth gehen wir ganz bestimmt nicht, sie ist ja in ihrer Loge. Und wir gehen gerade auf die hohe Flügeltür zu, die aus dem Theater hinaus ins Herz der Hofburg führt.

Ich habe vor diesen weiß-goldenen Flügeln schon manches Mal gestanden, wenn das Theater noch in nachmittäglichem Dämmerschlaf lag, und mir vorgestellt, wie es dahinter wohl aussieht. Habe mir schimmerndes Parkett, orientalische Teppiche, funkelnde Kristallspiegel, feine Stoffe und glitzerndes Licht ausgemalt. Einmal habe ich es sogar gewagt, die Klinke zu drücken, aber die Tür war verschlossen. Zum Glück! Nicht auszudenken, was passiert wäre, wenn ich in die kaiserlichen Gemächer eingedrungen wäre. Ich muss verrückt gewesen sein, diese Klinke auch nur zu berühren.

Viele alte Geschichten erzählen von Märchenschlössern mit verriegelten Türen, und wer eine davon öffnet, dem erwächst nie etwas Gutes daraus. Auch ich sollte dieses Portal besser nicht durchschreiten. Bestimmt warten dahinter Polizisten, um mich festzunehmen.

Der Mann mit dem Specknacken bleibt stehen. Leise pocht er an das lackierte Holz, dreimal schnell, zweimal langsam.

Mein Herz rast, ich halte die Luft an und spüre Schweiß auf meiner Stirn.

Wie von Zauberhand bewegt, schwingen die weiß-goldenen Flügel auf.

Kapitel 2

Hofburg

Was für eine Erleichterung! Hinter der Tür warten keine Polizisten. Nur zwei Diener in schwarz-gelben Livreen, die das Portal für uns geöffnet haben. Ich atme tief ein und lockere meine verkrampften Schultern.

Als wir eintreten, neigen die Diener das Haupt vor uns. Ein gutes Zeichen, vermute ich, denn vor einer Verbrecherin verbeugt sich zweifelsohne niemand. Vielleicht gibt es doch eine harmlose Erklärung für meine Anwesenheit. Unauffällig sehe ich mich um.

Anders als erwartet, funkelt und glitzert hier nichts. Vor uns liegt nur ein weiterer düsterer Gang. Die Türen an der rechten Seite sind alle geschlossen, und durch die Fenster an der linken dringt um diese Zeit kein Licht herein. In den Fensterbrüstungen stehen Kerzen, die unstet flackern und den Gemälden an den Wänden auf gespenstische Weise Leben verleihen. Sie zeigen düster gekleidete Männer und Frauen in theatralischen Posen, alle vor schwarzem Hintergrund. Für eine kaiserliche Ahnengalerie wirken diese Leute viel zu exaltiert.

»Wer ist das?«, frage ich ehrfürchtig.

»Schauspielerinnen und Schauspieler.« Mein Begleiter verlangsamt seine Schritte. »Den Theatergang zieren Porträts unsterblicher Größen des Burgtheaters.«

Beim Weitergehen betrachte ich die Gemälde genauer. Es ist niemand dabei, den ich kenne. Nicht einmal die Gabillon. Offenbar wurden alle Porträts vor vielen Jahrzehnten gemalt, das erkenne ich an den altmodischen Kleidern. Vielleicht kann man hier erst hängen, wenn man tot ist. Ob die ganze Hofburg so finster und bedrohlich eingerichtet ist?

Der Theatergang endet an einer weiteren Tür, ebenfalls weiß mit goldenen Ornamenten. Wieder klopft mein Begleiter, wieder wird das Portal von livrierten Dienern geöffnet, und ich stelle erfreut fest, dass der Raum dahinter dank einer zartgelben Tapete viel freundlicher wirkt. Und groß ist er. Aber bis auf ein paar schlichte Polsterstühle, die an der Fensterwand aufgereiht sind, gibt es kein Mobiliar.

Ich kann mich leider nur kurz umsehen, denn in der Mitte des Raumes erwartet uns eine dunkelhaarige Dame in einem grünen Seidenkleid.

Mein Begleiter bleibt in gebührendem Abstand stehen und neigt das kahle Haupt. »Das Fräulein Angerer«, kündigt er mich an und hat sogar die Güte, mir mein Gegenüber vorzustellen. »Die Obersthofmeisterin Ihrer Kaiserlichen Majestät, Gräfin von Königsegg zu Aulendorf.«

Er blickt mich eindringlich an und macht mit dem Zeigefinger eine unauffällige Bewegung nach unten, also sinke ich in einen tiefen Knicks. Und weil ich nicht weiß, was ich sagen soll, schweige ich.

Vorsichtig sehe ich zu meinem Begleiter auf, und er schenkt mir ein fast unmerkliches Lächeln. Offenbar habe ich alles richtig gemacht. Da sein Finger nun in Richtung Decke zuckt, richte ich mich langsam wieder auf.

»Danke, Graf Lanckoroński«, sagt die Obersthofmeisterin.

Ich lag mit meiner Vermutung also richtig, es ist tatsächlich der Oberstkämmerer höchstpersönlich, der mich hierherbegleitet hat.

Lanckoroński nickt mir zu, dann verabschiedet er sich mit einer weiteren Verbeugung von der Gräfin. Gesprächig kann man ihn beim besten Willen nicht nennen, aber er hat mir eben geholfen, und als ich höre, wie sich seine Schritte entfernen, fröstele ich plötzlich in dem riesigen Raum.

Die Dame in Grün mustert mich mit kritischem Blick. Sie hat kühle blaue Augen und eine spitze Nase, die ihr erstaunlich gut steht. Auf ihrer Miene kann ich kein Lächeln erkennen, im Gegenteil, zwischen ihren Augenbrauen hat sich eine steile Falte gebildet.

»Beim Hofknicks muss man noch tiefer gehen«, ermahnt sie mich streng. »Und Sie erheben sich erst, wenn das Wort an Sie gerichtet wird.«

»Das wusste ich nicht«, entgegne ich. »Beim nächsten Mal werde ich es ganz gewiss beachten.«

Doch die Gräfin ist noch nicht fertig. »Grundsätzlich sprechen Sie nur, wenn Sie etwas gefragt werden«, fährt sie fort.

Ich nicke stumm und überlege, wann sie mir endlich mitteilt, warum ich hier bin. Bestimmt nicht, um Unterricht in gutem Benehmen zu erhalten.

»Und denken Sie daran!« Jetzt hebt Gräfin von Königsegg zu Aulendorf den Finger. »Sobald das Gespräch beendet ist, verlassen Sie den Raum. Und zwar rückwärts, Sie drehen sich nicht um. Einer Kaiserin wendet man niemals den Rücken zu.«

Ich starre sie an. *Einer Kaiserin?*

Doch mir bleibt keine Zeit, über diese Worte nachzudenken, denn rechts neben mir öffnen sich zwei gewaltige Flügeltüren. Und im funkelnden Licht eines goldenen Kronleuchters sehe ich im Saal nebenan eine märchenhaft anmutende Gestalt.

Träume ich? Nein, es ist wahr!

Ich, Fanny vom Spittelberg, einundzwanzig Jahre alt, von Beruf Friseurin, stehe tatsächlich vor Ihrer Majestät, Kaiserin Elisabeth von Österreich.

»Eure Kaiserliche Majestät, das Fräulein Angerer ist eingetroffen«, sagt die Obersthofmeisterin.

Wie war das noch? Rock raffen. Ganz tief in die Knie sinken. Und dann den Kopf neigen. Aber was nun?

Obwohl meine Beine zittern, darf ich mich nicht aufrichten, denn niemand spricht mit mir. Sekunden fühlen sich in dieser Haltung wie Stunden an, und in meinem Kopf überschlagen sich die Gedanken. Was um Himmels willen hat die Kaiserin dazu veranlasst, mich rufen zu lassen? Hat Gustl vielleicht recht, plant der Kaiser wirklich ein Techtelmechtel mit der Gabillon? Und will die Kaiserin jetzt Informationen von mir? O weh, selbst wenn es so wäre, könnte ich ihr nichts berichten. Man sagt zwar, alle Damen würden ihrer Friseurin das Herz ausschütten. Aber die Gabillon hat das nie getan. Vermutlich, weil sie keins hat.

Mein eigenes Herz allerdings pocht gerade so stark, dass mir das Blut in den Ohren rauscht. Um mich zu beruhigen, starre ich auf den intarsienverzierten Holzboden vor mir. Leider bemerke ich dabei die Spitze meines Schuhs, die unter dem Rock hervorlugt. Das Leder ist abgeschabt und sogar ein bisschen schmutzig. Heiße Röte steigt mir ins Gesicht. Hastig mustere ich die Falten meines Kleids, und was ich dort sehe, stimmt mich auch nicht zuversichtlicher. Ein dunkler Pomadenfleck, ausgerechnet heute! Und an der Stelle, an der mein Knie den Stoff aufbauscht, haftet ein langes rötliches Haar der Gabillon. Am liebsten würde ich im Erdboden versinken.

Endlich höre ich eine leise Frauenstimme. »Ich freue mich, dass Sie gekommen sind.«

Langsam richte ich mich auf. Nachdenklich ruhen die dunklen Augen der Kaiserin auf mir. Elisabeth Amalie Eugenie von Österreich – was für ein wuchtiger Name für eine so zarte Person.

»Treten Sie näher!«, fordert sie mich auf, und ich gehorche.

Soll ich etwas sagen? Aber gefragt hat mich die Kaiserin nichts, also muss ich wohl immer noch schweigen.

Wohin soll ich meinen Blick wenden? Anstarren darf man eine Kaiserin sicher nicht. Verlegen mustere ich die Wände, die aus Marmor gefertigt sind. Aber ist es nicht noch viel unhöflicher, die Kaiserin *nicht* anzusehen, als würde ich sie ignorieren? Ach, es ist unmöglich, diese Situation ohne einen peinlichen Fauxpas zu überstehen.

Plötzlich verspüre ich eine Art Trotz, klein und fein wie ein Haarnadelstich. Ich würde jetzt wirklich sehr gern etwas sagen, und ich begehe vermutlich gerade ohnehin einen Fehler nach dem anderen, ohne es zu wissen. Warum also nicht sprechen? Solange ich nichts Ungebührliches von mir gebe, kann das meine Lage kaum verschlimmern.

Also fasse ich mir ein Herz. »Es ist mir eine Ehre, hier zu sein«, sage ich, und meine Stimme klingt rau vor Aufregung. »Sollte mir im Theater ein Fehler unterlaufen sein, der Eurer Kaiserlichen Majestät missfallen hat, bitte ich untertänigst um Vergebung.«

Die Obersthofmeisterin atmet scharf ein. Ihrer Meinung nach hätte ich wohl besser geschwiegen.

Aber täusche ich mich, oder blitzt da ein Funkeln in den Augen der Kaiserin auf? Nein, ich irre mich nicht. Ihre Augen leuchten heiter, und wenig später erreicht das Lächeln auch ihre Lippen.

Erst jetzt verstehe ich wirklich, warum alle sagen, die Kaiserin wirke geradezu überirdisch schön. Die Bilder, die von ihr kursieren, können ihren wahren Zauber nämlich nicht annähernd einfangen. Elisabeth strahlt nicht wie andere schöne Frauen, sie schimmert. Der Unterschied ist wie der zwischen Sonne und Mond. Und übt nicht der Mond einen viel größeren Zauber aus, als die Sonne es je vermag?

Die Kaiserin bewegt sich anmutig und wirkt zugleich scheu. Wie ein Reh, das sich bei einer falschen Bewegung zurückziehen könnte.

Die Frisur Ihrer Majestät ist allerdings auch von Nahem kein Meisterwerk, das sehe ich sofort. Genauer betrachten kann ich sie jedoch nicht, denn erneut richtet die Kaiserin das Wort an mich.

»Ich danke Ihnen für Ihre freundlichen Worte«, sagt sie so leise, dass ich sie fast nicht verstehe. »Es war nicht meine Absicht, Sie zu tadeln, als ich Sie rufen ließ.«

Wieder ruht ihr dunkler Blick auf mir. Ich ducke mich fast unmerklich, denn jetzt wird die Kaiserin wohl auf die Gabillon zu sprechen kommen.

»Im Gegenteil, ich wollte Ihre Arbeit loben«, fährt sie fort. »Ich habe noch bei keiner unserer Schauspielerinnen je einen solchen Haarglanz und ein solch vollendetes Flechtwerk gesehen wie heute Abend bei Frau Gabillon.«

Vor Erleichterung sinke ich erneut in einen Hofknicks. Ein Lob? Deswegen bin ich hier? Und dafür verpasst Elisabeth sogar den zweiten Teil des Schauspiels? Was für eine Ehre!

»Verraten Sie mir das Geheimnis Ihrer Kunst«, bittet sie mich mit sanftem Lächeln.

Bei diesen Worten gefriert mein Herz vor Schreck zu Eis.

Ich richte mich hastig auf. »Man kann nicht mit Worten vermitteln, was eine Friseurin tut«, erkläre ich. »Das ist ein

Handwerk, keine Kunst. Man lernt es wie jedes andere Handwerk auch. Dann übt man lange, und schließlich beherrscht man alle Handgriffe wie im Schlaf. Es gibt kein Geheimnis.«

Ich merke selbst, dass ich viel zu schnell spreche und dadurch vermutlich unglaubwürdig klinge.

Die Kaiserin blickt mich prüfend an. »Wären Sie so freundlich, sich einmal langsam im Kreis zu drehen?«

Verwirrt komme ich ihrem Wunsch nach.

»Sie hat einen auffallend schönen Glanz im Haar, nicht wahr, Gräfin?«, fragt Elisabeth.

»In der Tat, Eure Kaiserliche Majestät«, höre ich die Gräfin antworten.

»Einen sehr schönen Glanz«, murmelt die Kaiserin. »Aber noch beeindruckender ist tatsächlich das Flechtwerk. Ich habe etwas Vergleichbares noch nie gesehen. Ihre Frisur ist ähnlich, aber doch anders als die von Zerline Gabillon. Die Haarkrone ist an einer anderen Stelle positioniert.«

Ich bin überrascht, dass ihr das auffällt. »Eure Kaiserliche Majestät haben recht«, sage ich. »Man kann mit der passenden Frisur den Liebreiz jeder Gesichtsform hervorheben und Mängel und Makel kaschieren. Deswegen habe ich bei Frau Gabillon die Krone weiter vorne platziert.«

»Hat die schöne Zerline Gabillon Makel?«, hakt die Kaiserin nach. Sie spricht dabei wieder so leise, dass ich sie kaum verstehe.

»O ja«, bricht es aus mir heraus, bevor ich mich beherrschen kann. »Nicht nur charakterlich, sondern auch im Gesicht. Sie hat eine Nase wie ein Geier und eine Stirn wie der Urmensch aus dem Neandertal.«

Wieder hebt die Kaiserin den Fächer, wieder funkeln ihre Augen belustigt.

»Wie wer?«, fragt sie. »Aus welchem Tal?«

»Wie ein Urmensch, der schon viele Jahrtausende tot ist. Man fand seinen Schädelknochen in einer Grube im Neandertal, östlich des Rheins. Frau Gabillon hat eine ähnlich fliehende Stirn wie er und ebenso große Knochenwülste über den Augen.«

Die Kaiserin lacht schallend auf und hebt schnell den Fächer, um es zu verbergen. »Davon habe ich nichts bemerkt«, sagt sie, als sie sich wieder gefasst hat.

»Mit Verlaub.« Ich räuspere mich. »Das liegt wohl an der Frisur, die ich ihr gemacht habe.«

Wieder hebt die Kaiserin den Fächer, um zu lachen. »Woher wissen Sie von diesem seltsamen Urmenschen?«, fragt sie.

»Ein Friseursalon ist die beste Schule des Lebens, die man sich vorstellen kann«, erkläre ich. »Da hört man so einiges.«

Ich verrate ihr nicht, dass ich das von dem zehnjährigen Moritz weiß, der seinen Vater, einen Herrn Professor, gern zum Friseur begleitet und mir bei diesen Gelegenheiten immer von seiner großen Leidenschaft, der Archäologie, erzählt. Es gab diesen Urmenschen tatsächlich, und die Gabillon stammt ganz gewiss in direkter Linie von ihm ab.

»Ein Friseursalon scheint tatsächlich eine gute Schule zu sein«, stellt die Kaiserin fest. »Sie sprechen ausgesprochen gewählt.«

Ich nicke würdevoll. »Das gehört zum Beruf. Im Salon meines Vaters verkehren gelehrte Herren, und am Theater arbeite ich mit Schauspielerinnen, die die Worte großer Dichter im Munde führen. Da darf ich selbst nicht wie eine Bauernmagd klingen.«

»Nun …« Die Kaiserin mustert mich amüsiert. »Welche Makel und Mängel würde das Fräulein Angerer denn mit meiner Frisur ausgleichen, wenn man sie ließe?«

»Keinen einzigen«, sage ich wie aus der Pistole geschossen,

und das meine ich tatsächlich so. Ich rede niemandem nach dem Mund. Ermutigt durch das Lob Elisabeths, fahre ich fort: »Das Gesicht Eurer Kaiserlichen Majestät ist makellos. Ich habe noch nie eine solche Ebenmäßigkeit gesehen. Mängel sehe ich allenfalls an der Frisur selbst. Die Kreation ist fantasielos, und der Mittelscheitel wirkt altmodisch.«

Ich höre, wie die Gräfin hinter mir erneut zischend einatmet. O weh, ich bin zu weit gegangen! Aber jetzt gibt es kein Zurück mehr, also trete ich die Flucht nach vorn an.

»Ich würde Eurer Majestät eine Haarkrone flechten, ähnlich wie die der Gabillon. Aber keine nach vorn versetzte, denn die Stirn Eurer Kaiserlichen Majestät muss nicht verhüllt werden. Und ich würde auch keine so bäuerlich wirkenden Flechten verwenden, wie ich sie heute trage. Die Krone Eurer Kaiserlichen Majestät sollte eine wahrhaft herrschaftliche sein, aus glänzendem, geschmeidigem Haar.«

Die Kaiserin schmunzelt, und mir fällt auf, dass ihr Lachen jedes Mal in den Augen beginnt und den Mund erst später erreicht. Zum Glück wirkt sie nicht verärgert.

»Erzählen Sie mir bitte genau, wie Sie Zerline Gabillon heute frisiert haben«, fordert sie mich freundlich auf.

»Nun …« Ich zögere. Was jetzt? Irgendetwas muss ich sagen, alles andere wäre eine Beleidigung Ihrer Majestät. »Das Wichtigste ist die Flechttechnik«, weiche ich aus. »Ich habe sie seit zehn Jahren geübt.«

Die Kaiserin zieht eine ihrer sanft geschwungenen Augenbrauen hoch. »Seit zehn Jahren? Wie alt sind Sie denn?«

Ich räuspere mich. »Einundzwanzig, Eure Kaiserlichen Majestät. Ich habe schon als Kind geübt. Tagsüber im Friseursalon meines Vaters, abends am Haar meiner Schwester.«

»Bevor Sie die Frisur der Gabillon geflochten haben«, hakt

die Kaiserin nach, »wie haben Sie das Haar da vorbereitet? Berichten Sie es mir im Detail.«

»Ich habe es gewaschen, gekämmt und mit Pomade geschmeidig gemacht, um es …«

»Im Detail bitte!«, unterbricht mich die Kaiserin. »Mit *welchen* Ingredienzien haben Sie es gewaschen? Aus welchem Material war der Kamm? Und was haben Sie eingearbeitet, um es so geschmeidig zu machen?«

Ich schlage die Augen nieder und schlucke schwer, denn ich kann nicht antworten. Der Raum füllt sich mit erdrückender Stille.

Die Kaiserin räuspert sich leise. »Ist da doch ein Geheimnis?«, fragt sie sanft.

Ich nicke, ohne den Blick zu heben.

»Ein so großes, dass Sie es nicht einmal Ihrer Kaiserin anvertrauen können?«

Ich richte mich auf und sehe Elisabeth offen an. »Ich würde Eurer Kaiserlichen Majestät jedes meiner Geheimnisse verraten«, sage ich. »Doch dieses ist nicht meines allein. Ich habe einen Schwur geleistet, es für immer zu wahren.«

»Einen Schwur«, wiederholt die Kaiserin von Österreich nachdenklich. »Ich verstehe. Aber wäre die Person, der Sie diesen Schwur geleistet haben, mit mir als Mitwisserin möglicherweise einverstanden? Zumal ich Ihr Geheimnis selbstverständlich wahren und entsprechend entlohnen würde.«

»Es ist ein Schwur, der absolutes Stillschweigen verlangt«, sage ich leise, und mir wird schlecht, denn ich ahne, dass gleich ein Donnerwetter über mich hereinbrechen wird.

»Wem haben Sie es denn geschworen?« Die Stimme der Kaiserin ist immer noch sanft.

»Meiner Schwester«, antworte ich.

»Die Schwester, mit der Sie seit zehn Jahren das Frisieren üben?«

Sie hat gut zugehört. Ich nicke.

Die Kaiserin betrachtet mich mit nachdenklicher Miene. Ich kann ihr nicht ansehen, was sie denkt.

»Fräulein Angerer«, sagt sie schließlich mit ihrer leisen Stimme. »Ich respektiere Ihren Schwur. Nein, mehr noch, ich habe Hochachtung vor Menschen, die ihr Wort halten, selbst wenn sie vor der Kaiserin von Österreich stehen und aus einem Bruch einen gewaltigen Vorteil ziehen könnten. Und genau das verlockt mich, Ihnen ein Angebot zu unterbreiten. Die Einzelheiten klären Sie bitte mit meiner Obersthofmeisterin. Es hat mich sehr gefreut, Sie kennenzulernen.«

Sie nickt, dann wendet sie das Gesicht zur Seite, und ich begreife, dass das Gespräch beendet ist. Kein Donnerwetter, so viel ist klar. Aber darüber hinaus habe ich keine Ahnung, wovon sie spricht.

Ein Glöckchen ertönt. Hinter mir klappern Türflügel. Ich versinke in einen weiteren tiefen Hofknicks, erhebe mich langsam und verlasse den Raum. Rückwärts natürlich, ganz wie es sich gehört. Was gar nicht so einfach ist, fast stoße ich mit einem der Türhüter zusammen.

Als wir wieder im Vorzimmer stehen und sich die Türflügel schließen, stehe ich wie ein begossener Pudel zwischen zartgelben Wänden im Licht eines Kronleuchters und weiß nicht, wie mir geschieht. Welches Angebot meinte die Kaiserin? Ich werde meinen Schwur nicht brechen, egal was sie mir anbietet, hat sie das immer noch nicht verstanden?

Ein Räuspern lenkt meine Aufmerksamkeit auf Gräfin von Königsegg zu Aulendorf, die vor mich getreten ist. Hilfesuchend sehe ich sie an. Ihr Blick ist geschäftsmäßig kühl.

»Fräulein Angerer.« Sie kräuselt die spitze Nase, als wäre ihr unangenehm, was sie zu sagen hat. »Sie treten als Friseurin in den Dienst der Kaiserin von Österreich und leisten Ihrer Majestät zuvor einen Schweigeschwur, den Sie niemals brechen werden!«

Das ist keine Frage. Und auch kein Angebot. Das ist ein Befehl.

Kapitel 3

Michaelerplatz

Ich sinke auf die Bank neben dem Eingang des Burgtheaters und ringe um Fassung. Ich? Die Friseurin der Kaiserin von Österreich? Es ist unfassbar.

Vor mir warten Kutscher in eleganten Equipagen auf Theaterbesucher. Ein Rappe scheut wegen einer Taube, seine mit Eisen beschlagenen Hufe schrappen hart und laut über das Kopfsteinpflaster. Kurz sieht es aus, als würde das Tier stürzen, doch der Kutscher kann es mit einem energischen »Hohoho« besänftigen.

Ich fühle mich auf einmal auch wie ein scheuendes Pferd. Die Kaiserin frisieren? Ich? Mir wird ganz schwindelig bei diesem Gedanken.

Dabei sollte ich mich eigentlich freuen. Seit meiner Kindheit träume ich von einem besseren Leben. Einem besonderen. Schönen. Leichten. Einem Leben von Bedeutung. Mutter hat meine ältere Schwester Albertine und mich immer ermutigt, nach den Sternen zu greifen. »Strengt euch an«, hat sie gesagt, »dann könnt ihr alles schaffen.« Und das haben wir getan. Jetzt sind die Sterne ganz nah, aber ich wage es nicht, die Hand danach auszustrecken. Warum?

Von klein auf haben Berti und ich jede freie Minute genutzt, um in Vaters Friseursalon heimlich in der Ecke zu sitzen und, ohne einen Mucks von uns zu geben, alles in uns aufzusaugen, was dort geschah. Abends haben wir dann geübt. Wie man elegant geht. Wie man vornehm spricht. Was man sagt, um gebildet zu klingen. Später auch, wie man Haare kämmt, wäscht, ölt, schneidet und flicht. Wie man Perücken frisiert, Bärte rasiert und Stirnlöckchen onduliert.

»Wünschen gnädige Frau Haarwasser?«, haben wir dabei Vaters Angestellten nachgeplappert. Und weiter: »Wussten gnädige Frau, dass der Duft der Damaszener-Rose in den berühmten Geschichten aus *Tausendundeine Nacht* in den höchsten Tönen gepriesen wird? Genau diese Essenz konnten wir gerade mit viel Glück erwerben. Ins Haar eingearbeitet, entwickelt sie durch die Körperwärme einen ganz besonderen Duft.«

Später lagen wir Hand in Hand im Bett und haben uns vorgestellt, wie groß, klug, schön, reich und berühmt wir eines Tages sein würden. Die besten Friseurinnen der Welt, betörend nach Damaszener-Rosen duftend. Wir haben uns geschworen, unermüdlich Wissen anzusammeln, um dieses Ziel zu erreichen. Und wir haben einen Eid geleistet, unsere Kenntnisse niemals mit jemandem zu teilen. Denn Wissen ist Macht, das wussten wir von Mutter, und wir waren zu diesem Zeitpunkt ganz und gar machtlos.

Wir wurden besser und besser. Bald haben wir Vater assistiert, kurze Zeit später reiche Damen frisiert. Unser guter Ruf hat sich rasch herumgesprochen, und schließlich ist Berti sogar Friseurin am Burgtheater geworden. Sie hat dort nicht nur die berühmtesten Diven der Stadt frisiert, sondern auch gutes Geld verdient, so viel, dass Mutter als Hebamme kürzertreten und endlich ihre gichtschmerzenden Knochen kurieren konnte. Das war für uns wie ein Wunder.

Zwei Jahre später erlebte Berti ein weiteres Wunder, als sie beim Sonntagsspaziergang im Park einen jungen Mann kennenlernte. Schon drei Tage nach dem ersten Treffen hatte sich der freundliche, gütige Medailleur Johann Schwerdtner in ihr Herz gelächelt. Drei Wochen nach dem ersten Treffen hielt er um ihre Hand an, und sie hätte gern Ja gesagt. Aber die gute Stelle aufgeben? Auf den Lohn verzichten? Und mich mit all den Sorgen allein lassen? Das kam für Berti nicht infrage. Also lehnte sie ab und wurde vor lauter Liebeskummer mager und bleich. Zum Glück konnte sie es dann aber einfädeln, dass ich ihre Stelle am Burgtheater übernehmen durfte. Und sobald mein Vertrag unterschrieben war, hat sie ihren Johann vom Fleck weg geheiratet.

Die Arbeit am Theater mache ich nun seit drei Jahren, und wenn ich nicht gerade die Gabillon frisieren muss, bin ich dort sehr gern. Nie hätte ich gedacht, dass es für mich noch höher hinausgehen könnte. Aber jetzt geschieht genau das! Und statt vor Glück zu tanzen, ist mir übel.

Tausend Fragen flattern wie aufgeregte Tauben durch meinen Kopf. Was bedeutet es, Hoffriseurin zu sein? Bin ich dann nur für die Kaiserin zuständig? Oder auch für ihre Hofdamen? Und wo frisiere ich sie? Gibt es in der Hofburg eine kaiserliche Frisierstube? Oder werde ich in die privaten Gemächer der Kaiserin zitiert? Wie viel werde ich verdienen? Gehöre ich dann zum Hofstaat? Und was ist, wenn ich einen Fehler mache und die Haare der Kaiserin verderbe?

Ach, warum habe ich das alles eben nicht gefragt? Warum bin ich nur gehorsam in einen Knicks gesunken, als die Obersthofmeisterin sagte, wir würden weitere Fragen später klären, und habe mich dann zurückgezogen?

Von fern höre ich Applaus aufbranden. Wahrscheinlich ist die Vorstellung beendet. Wohin soll ich jetzt gehen? Zurück in die

Garderobe der Gabillon, um die eingebildete Diva für die Premierenfeier zu frisieren? Man bezahlt mich immerhin dafür.

Aber nein! Zurück ins Theater werde ich ganz gewiss nicht gehen! Lieber verdiene ich bis zu meinem Dienstantritt bei Hofe nichts mehr, als mir die Launen der Gabillon noch länger gefallen zu lassen.

Hier sitzen bleiben kann ich allerdings auch nicht. Bald schon werden die ersten Zuschauer und wenig später die Darsteller aus dem großen Tor strömen, und dann wird es nicht mehr lange dauern, bis ich umringt und mit Fragen durchlöchert werde. Aber mein Erlebnis soll noch eine Weile mir allein gehören. Wenigstens so lange, bis sich mein Herz entschieden hat, ob es sich vor der neuen Aufgabe fürchtet oder ob es sich darauf freut.

Wieder brandet im Burgtheater Applaus auf. Ich springe auf und laufe los, ohne Abschied und ohne mein wärmendes Tuch, das noch im Frisierkammerl hängt.

Je weiter ich mich von der Hofburg entferne, desto stärker mischen sich Frühlingsdüfte in den typischen Wiener Pferdegeruch. Flieder, Holunderblüten, Jasmin. Auf einmal gesellt sich ein würziger Geruch dazu, der meinen Magen knurren lässt.

»Würstel! Warme Würstel!« Ein Bratelbrater wartet an einer Straßenecke auf hungrige Theaterleute.

Hinter mir höre ich die dröhnenden Glocken der Michaelerkirche. Es schlägt neun Uhr. So früh noch? In meiner Rocktasche klimpern ein paar Münzen. Nachdenklich bleibe ich stehen.

Ich habe mir noch nie eine Mahlzeit beim Würstelmann gekauft. Bisher habe ich Mutter jeden Kreuzer gegeben, den ich verdient habe. Aber warum sollten wir uns nicht heute zur Feier des Tages ein Paar Frankfurter gönnen? Ich habe zwar nicht gefragt, was ich als Friseurin der Kaiserin verdienen werde, aber um Geld muss ich mir bestimmt keine Sorgen mehr machen.

Meine Münzen reichen genau für zwei Paar Würstel. Heute isst Berti bei uns, weil ihr Mann verreist ist, und zwei Paar Würstel, das wäre eine für jeden von uns vier. Na, wenn das kein Zeichen ist!

Ich strahle den Bratelbrater an, er lächelt mir entgegen.

Kurz darauf schlendere ich mit dem sorgfältig eingewickelten, warmen Wurstpäckchen unter dem Arm durch den Volksgarten, der von Gaslampen hell erleuchtet ist. So etwas kennen wir bei uns am Spittelberg nicht.

Die Lampen an den Wegkreuzungen rund um die Hofburg brennen angeblich sogar bis Mitternacht, die Gabillon hat es erzählt. Sie hat natürlich genug Geld, um nachts im Park zu flanieren und dabei ein Sperrsechserl zu riskieren. Ich nicht, deswegen bin ich immer vor zehn zu Hause.

Plötzlich wird mir klar: Ab sofort ist das anders, ich kann jetzt auch kommen und gehen, wie ich will. Die sechs Kreuzer, die Hausmeister Staffelhuber dafür verlangt, sich nachts vom Lager zu erheben, zur Tür unseres Mietshauses zu schlurfen und mir aufzuschließen, kann ich ihm künftig unbeschwerten Herzens geben. Er wird sogar dankbar sein, schließlich hat er vier Kinder zu ernähren und kann jeden zusätzlichen Kreuzer nur allzu gut gebrauchen.

Das sind ganz neue Gedanken, und sie gefallen mir. Beim Weitergehen lächele ich vor mich hin.

Als ich wenig später unsere Wohnungstür öffne, freue ich mich schon auf die Gesichter meiner Familie, wenn ich von meinen Neuigkeiten berichte. Aber wo sind sie? Normalerweise kommt Vater irgendwann um diese Zeit heim, und Mutter hat schon das Nachtmahl vorbereitet. Berti müsste eigentlich auch schon da sein. Doch aus der Küche höre ich weder Stimmen noch das Klappern von Geschirr. Es riecht auch nicht nach Suppe. Wurde Mutter zu einer Geburt gerufen? Hat Berti die Zeit vergessen?

Ich will gerade die Küchentür öffnen, da höre ich Mutters Stimme aus dem Schlafzimmer.

»Fanny!«, ruft sie aufgeregt. »Koch Wasser! Schnell!«

Geht es ihr nicht gut? Hat sie sich hingelegt und benötigt eine Bettflasche? Ich öffne die Schlafzimmertür und stoße fast mit ihr zusammen.

»Wasser!«, kommandiert sie mit Feldwebelstimme. »Wir brauchen Tee. Hier!« Sie drückt mir eine Papiertüte mit einer Kräutermischung in die Hand. *Baldrian, Hopfen, Melisse* steht in ihrer zierlichen Handschrift darauf. »Und davon tust du auch etwas hinein«, befiehlt sie weiter. »Zwei Löffel. Rasch!« Sie drückt mir eine zweite Tüte in die Hand. *Bittersalz* steht darauf geschrieben.

Warum um Himmels willen Bittersalz? Und wer schluchzt da im Hintergrund? Ist das Berti?

»Fanny!« Mutter packt mich bei den Schultern und schüttelt mich. »Wach endlich auf! Beeil dich!«

Sie schiebt mich aus der Tür und schließt sie vor meiner Nase. Und da begreife ich endlich. Bittersalz hemmt Wehen. Berti bekommt ihr Kind. Und das zwei Monate vor der Zeit.

Ich haste in die Küche, fülle den Wasserkessel, knalle ihn auf den Herd. Hastig nehme ich zwei Scheite aus dem Holzkorb und werfe sie hinein, damit das Feuer höher auflodert. Doch mit meinem unbedachten Wurf habe ich die Flammen erstickt, im Herd ist nur noch Glut. Ich lasse mich auf die Knie fallen, packe ein weiteres Holzscheit, kratze die trockene Rinde mit den Fingernägeln ab, streue sie behutsam auf die Glut und blase hinein. Kurz darauf züngeln Flammen auf. Geschafft!

Mit zitternden Fingern fülle ich Kräuter und Bittersalz in einen Becher. Als das Wasser kocht, gieße ich es hinein. Dann füge ich noch ein wenig kaltes Wasser hinzu, damit Berti schneller davon trinken kann.

Ich klopfe an die Schlafzimmertür und höre meine Schwester stöhnen. Vorsichtig öffne ich die Tür. »Der Tee ist fertig!«, rufe ich.

Berti liegt auf Mutters Bett. Die Lampe auf dem Nachttisch spendet nur wenig Licht, und Mutters gebeugter Rücken versperrt mir die Sicht. Ich kann nur Bertis Füße erkennen, die in den grob gestrickten grauen Socken kindlich, hilflos und klein wirken.

Jetzt brüllt meine Schwester etwas, das ich erst nicht verstehe, aber sie ruft es wieder und wieder, und irgendwann kann ich die Wörter identifizieren. »Ich kann nicht mehr!«, schreit sie. »Ich halte das nicht mehr aus!«

Die Teetasse in meiner Rechten beginnt so stark zu zittern, dass ich schnell die andere Hand hinzunehme, um nichts zu verschütten.

Auf einmal entringt sich Bertis Brust ein Schrei, der wie der eines Tiers unter Todesqualen klingt. Sie bäumt sich auf, ihre Füße bohren sich tief in die Matratze.

Mutter beugt sich vor, rafft Tücher zusammen, bellt Befehle. »Weiter! Ja! Pressen!«

Berti brüllt erneut auf. Und sackt in sich zusammen. Sie schluchzt noch einmal auf, dann wird es still. Zu still.

»Berti!«, hauche ich.

Plötzlich kommt Bewegung in Mutter. Sie reckt die Arme, reißt etwas hoch, ich höre klatschende Geräusche.

Aber keinen Säuglingsschrei.

Langsam dreht Mutter sich zu mir um, in ihren Armen liegt ein Neugeborenes. Warum schreit es nicht? Ist es tot?

»Mutter?«, frage ich vorsichtig.

Sie hebt langsam den Kopf und sieht mich mit blickleeren Augen an. Ihre streng zurückgesteckten grauen Haare sind feucht von Schweiß. Ihr Gesicht ist noch faltiger als sonst und geradezu gespenstisch grau.

»Ein Mädchen«, sagt sie tonlos. »Gib mir ein Windeltuch aus dem Schrank! Rasch!«

Ein Mädchen hat sich Berti über alles gewünscht. Und jetzt verlangt Mutter eine Windel? Oh, Gott sei Dank! Dann ist das Kind doch nicht tot.

Ich stelle die Teetasse auf den Nachttisch, fliege förmlich zum Schrank und wähle das weichste Tuch, das ich auf die Schnelle finden kann.

Als Mutter Bertis Tochter schnell und geschickt einwickelt, schreit die Kleine noch immer nicht. Sie weint auch nicht, sie gluckst nicht, sie ist ganz still.

Ich blicke zu meiner Schwester, sie hat die Augen geschlossen. Ist sie bewusstlos? Oder starr vor Schwäche und Angst? Ich kann es nicht erkennen, und ich kann sie nicht fragen, denn jetzt wendet Mutter sich mir zu und legt mir das Bündel in den Arm.

Zum ersten Mal sehe ich meine kleine Nichte. Nur ihr winziger Kopf schaut aus dem Tuch heraus. Sie hat dichte, dunkle Haare, noch sind sie feucht und verschmiert. Die großen, weit auseinanderstehenden Augen sind geschlossen. Die Nase ist flach, der Mund zart, fein und rosig, genau wie die Wangen. Meine kleine Nichte fühlt sich leicht wie ein Schmetterling an, und sie riecht so süß und gut, wie nur Säuglinge riechen können. Aber sie atmet nicht. Totenstill liegt sie da.

»Berti«, sagt Mutter und tätschelt ihrer ältesten Tochter die Wange. »Wir brauchen dich jetzt.«

Berti öffnet die Augen. Tränen rinnen daraus hervor. Sie war nicht bewusstlos, sie weiß, was geschehen ist und was als Nächstes passiert.

Mutter wühlt in ihrer Hebammentasche und zieht ein mit Weihwasser gefülltes Fläschchen hervor. Sie hat es immer dabei, denn als Hebamme ist sie berechtigt, Nottaufen vorzunehmen. Sie entkorkt das Fläschchen und hält es über den Kopf des Säuglings.

»Emma Franziska Seraphica«, sagt sie zu ihrer Enkelin. »Tochter des Johann und der Albertine Schwerdtner. Ich taufe dich im Namen des Vaters und des Sohnes und des Heiligen Geistes. Amen.«

Sie stellt das Fläschchen auf dem Nachttisch ab, nimmt mir das eingewickelte Bündel behutsam ab, tritt ans Bett und legt es Berti in die Arme. »Sie kann dich noch hören und fühlen«, sagt sie leise. »Man spürt es. Ihre Seele ist noch hier.«

Berti beugt sich über den Kopf ihrer Tochter, die dunklen Locken fallen ihr ins Gesicht. Sie legt die Lippen an die Stirn des kleinen Mädchens. »Emma«, flüstert Berti, dann beginnt sie zu summen und ihr Kind in den ewigen Schlaf zu wiegen.

Leise verlassen Mutter und ich die Schlafkammer.

Vier Stunden später, tief in der Nacht, liegen Berti und ich nebeneinander in meinem Bett. Emma ist in der guten Stube aufgebahrt, bis eben haben wir dort Totenwache gehalten. Schließlich haben Vater und Mutter Berti mit strengen Worten zu Bett geschickt wie ein kleines Mädchen. Sie müsse sich dringend ausruhen, sonst überstehe sie die anstrengende Geburt nicht ohne Schaden, hat Mutter mit der Autorität einer Hebamme gesagt. Und damit Berti gehorcht, bin ich mit ihr zu Bett gegangen.

Wir liegen in derselben Kammer und im selben Bett wie früher, vor Bertis Hochzeit, und halten uns an den Händen, wie wir es als Kinder beim Einschlafen stets getan haben. Aber heute fühlt es sich anders an als damals. Nichts ist mehr wie zuvor.

»Sie ist wunderschön«, flüstert Berti in die Dunkelheit.

Ich nicke, obwohl sie das nicht sehen kann. »Ja, das ist sie.«

»Und ich bin schuld.« Bertis Stimme ist nur ein Hauch.

Ich richte mich jäh im Bett auf. »Das bist du nicht! Wie kommst du denn darauf?«

Eine Weile ist es neben mir ganz still.

Dann sagt Berti mit dünner Stimme: »Ich bin ihre Mutter. Wer sollte sonst schuld sein? Vielleicht habe ich etwas Falsches gegessen? Oder getrunken? Vielleicht habe ich mich zu viel bewegt? Oder zu wenig? Ich weiß es nicht, aber ich hätte es wissen müssen. Es war meine Aufgabe, sie zu beschützen.«

Ich lasse mir Zeit mit einer Antwort, denn mit beruhigendem Abwiegeln ist Berti jetzt nicht geholfen. »Ich verstehe diesen Gedanken«, sage ich leise. »Ich würde auch so fühlen. Vermutlich fühlt jede Mutter so. Ihr Leben lang.«

Ich spüre an meiner Schulter, wie Berti nickt. Das gibt mir den Mut weiterzusprechen. »Vielleicht ist das aber auch ein großer Fehler, den jede Mutter macht. Oder nein, vielleicht macht ihn jeder, der liebt.«

Jetzt setzt Berti sich auch auf und entzieht mir dabei ihre Hand. »Wie meinst du das?«

Ich spüre ihre Distanz, aber ich bin sicher, dass ich dennoch nicht schweigen darf. Ihr zuliebe. »Wir haben doch alle schon Momente erlebt, in denen der Bruchteil einer Sekunde alles hätte verändern können«, fahre ich fort. »Wir sind alle schon fast gestürzt. Fast vor ein Fuhrwerk geraten. Fast an der Cholera erkrankt. Und dennoch glauben wir, wir könnten diejenigen beschützen, die wir lieben. Wie anmaßend das ist. Wir überschätzen uns selbst, wenn wir so denken. Wir sind nun einmal nicht allmächtig. Das ist nur Gott allein.«

»Du meinst, es ist Sünde, so zu denken?«, fragt Berti. Aber ihre Stimme klingt nicht aufgebracht. Sie wirkt im Gegenteil fast beruhigt, und das gibt mir Mut.

»Sünde? Nein! In deinem Schmerz darfst du alles sagen und denken, was dir durch den Kopf geht. Aber langfristig musst du einsehen, dass dich keine Schuld trifft. Denke in Liebe an Emma und vergiss sie niemals. Aber vergifte dieses Gedenken nicht durch bittere Selbstvorwürfe. Die stehen dir nämlich nicht zu. Und ich glaube, das weißt du auch.«

Berti seufzt. »Ja, du hast recht.« Sie sinkt zurück auf ihr Kissen.

Eine Weile herrscht Schweigen, dann dreht Berti sich auf die Seite und ergreift wieder meine Hand. »Sie sieht dir ähnlich, und sie trägt deinen Namen. Ich glaube, sie wäre geworden wie du.«

Ich drücke ihre schlanken Finger. »Sie ist mein Patenkind. Sie wird immer einen Platz in meinem Herzen haben.«

Berti schluchzt auf. Ich auch.

»Erzähl mir etwas«, bittet sie mich unter Tränen. »Etwas Schönes. Damit ich einschlafen kann. Wie damals.«

Wenn früher eine von uns Kummer hatte, hat die andere sie immer mit Geschichten abgelenkt.

Vor meinem inneren Auge erscheint das Bild der Kaiserin in ihrem hellen Kleid. Soll ich Berti davon erzählen? Und von meiner neuen Stelle?

Nein, auf einmal finde ich das alles nicht mehr wichtig, und ich mag gar nicht daran erinnert werden. Also erzähle ich meiner Schwester von einer Rose. Sie wächst auf dem Grab eines kleinen Mädchens und tröstet mit ihrem Duft alle, die kummerbeladen an ihr vorübergehen. Es ist eine dunkelrote Damaszener-Rose.

Nach wenigen Sätzen ist Berti erschöpft eingeschlafen.

Kapitel 4

Am nächsten Tag
Spittelberg, Burggasse 9

Wir sitzen schweigend am Küchentisch. In den Schalen dampft Erdäpfelsuppe mit den Würsteln von gestern, doch niemand isst.

Vater zwirbelt gedankenverloren eine Schnurrbartspitze. Mutter wischt nervös nicht vorhandene Krumen vom Tisch. Ich knete vor Anspannung meine Hände, und Berti starrt völlig regungslos vor sich hin.

Plötzlich lässt uns ein Poltern im Treppenhaus auffahren. Erschrocken sehen wir uns an. Jetzt wummern auch noch Fäuste gegen unsere Wohnungstür.

»Da muss etwas passiert sein«, flüstert Berti und bekreuzigt sich.

Vater erhebt sich. »Ich sehe nach.«

Gemessenen Schrittes verlässt er den Raum. Mit seinem gepflegten Kaiserbart und den breiten Schultern bietet er eine imposante Erscheinung. Trotzdem habe ich plötzlich ein bisschen Angst um ihn. Was kann da nur los sein?

Die Wohnungstür quietscht beim Öffnen.

»Ja, bitte?«, hören wir Vater sagen.

»Benedikt Angerer?«, schnarrt eine herrische Stimme.

»Der bin ich.«

»Polizei!«

Mutter, Berti und ich sehen uns erschrocken an.

»Worum geht es?«, fragt Vater.

»Staatsgeheimnis. Das besprechen wir nicht im Hausflur.«

Offenbar hat Vater die Tür freigegeben, denn jetzt poltern schwere Stiefel in unseren Flur.

Wir springen auf.

In der Küchentür erscheint ein rotgesichtiger junger Bursche in Gendarmenuniform, hinter ihm taucht ein zweiter, älterer und deutlich korpulenterer Polizist auf.

Der junge Gendarm knallt die Hacken zusammen. »Im Namen des Polizeiministers ersuche ich das Fräulein mit dem angeblichen Namen Franziska Angerer, ihres Zeichens Friseurin, uns auf die Wache zu folgen.«

Vater, Mutter und Berti starren erst ihn und dann mich fassungslos an.

»Was …«, beginnt Vater, bricht dann aber ab. Ich glaube, er durchschaut diese Situation so wenig, dass er nicht einmal passende Worte für eine Frage findet.

Ich hingegen habe immerhin eine ungefähre Ahnung, warum die beiden gekommen sein könnten. »Sind Sie … wegen meiner neuen Stellung hier?«, taste ich mich vor.

»Welche Stellung um Himmels willen?«, fragt Vater, bevor die Männer antworten können, und sieht mich an.

»Es gab noch keine Gelegenheit, darüber zu sprechen«, erkläre ich hastig. »Wegen Emma.« Bei der Erwähnung des Namens flackert Bertis Blick. »Es ist …«

Ich stocke. Davon hätte ich meiner Familie lieber zu einem anderen Zeitpunkt erzählt. Ohne Zuhörer.

Doch jetzt kommt mir der ältere Gendarm zuvor. »Ihre Majestät, die Kaiserin von Österreich, möchte das Fräulein

Angerer als kaiserliche Hoffriseurin einstellen«, verkündet er meiner Familie. »Aber das wird wohl nicht gehen. Es gibt Unstimmigkeiten in ihren Papieren.«

In welchen Papieren? Ich wusste gar nicht, dass ich welche habe. Einen kurzen Moment ist es ganz still, dann reden plötzlich alle durcheinander.

»Was?«, fragt Vater. »Wer? Ich verstehe nicht …«

»Welche Unstimmigkeiten?«, will ich wissen.

»Kommen Sie mit auf die Polizeiwache!«, fordert der Beamte mich auf.

»Die Kaiserin?«, ruft Mutter. »Du sollst sie frisieren?«

»Fanny?«, fragt Berti. »Ist das wirklich wahr?«

Ich nicke. »Sie hat mich gestern Abend zu sich rufen lassen. Aber danach gab es keine Gelegenheit, euch davon zu erzählen.«

»Sie hat dich *rufen* lassen? Du hast mit ihr *gesprochen*?«, will meine Schwester wissen.

Ich nicke wieder.

Berti quietscht kurz auf, hat sich jedoch sofort wieder im Griff. »Das ist ja …« Sie sucht nach Worten. »Das ist ja wundervoll.« Ein Strahlen erhellt ihr Gesicht.

Ich mustere sie unsicher. Selbst heute kann sie sich für mich freuen? Ja, es scheint wirklich so zu sein.

»Was für eine gute Nachricht!«, sagt sie, und ihre Augen leuchten.

»Aber ich kann doch jetzt nicht …«, stammele ich. »Ich …«

Wie soll ich nur ausdrücken, was ich fühle? Vor diesen Männern?

»Du brauchst mich jetzt«, ist alles, was ich herausbringe, doch ich merke selbst, dass das nur die halbe Wahrheit ist.

Ich bin es nämlich, die jetzt bei Berti sein will. Sie ist nicht nur meine große Schwester, sie ist auch meine engste Freundin.

Diejenige, die die Sorgen und Nöte meiner Kindheit mit mir geteilt hat. Ich spüre ihren Kummer und ihren Verlust wie meinen eigenen. Und ich kann kein neues Leben beginnen, wenn ihres in Trümmern liegt.

Berti blickt mich ganz ruhig an. In ihren seelenvollen, dunklen Augen lese ich, dass sie versteht, was ungesagt bleibt. »Ja, natürlich«, sagt sie, als antworte sie auf meine aufgewühlten Gedanken. »Aber denk nur an unseren Traum. Er kann jetzt wahr werden, Fanny! Verfolge du ihn weiter, bis ich ihn wieder mitträumen kann.«

»Niemand verfolgt hier irgendetwas«, sagt der korpulente Polizist. »Sie kommen jetzt mit, Fräulein Rößler! So heißen Sie doch in Wahrheit, oder nicht? Und Sie sind auch nicht die Tochter des hier anwesenden Benedikt Angerer. Habe ich recht?«

Ich weiche unwillkürlich zurück. »Er ist mein Stiefvater, aber ich nenne ihn Vater. Was kein Verbrechen ist.«

»Sie arbeiten unter falschem Namen. Sie leben unter falschem Namen. Sie unterschreiben mit einem falschen Namen. Das ist Betrug, und Betrug *ist* ein Verbrechen.«

Vater verschränkt die Arme vor der Brust. »Meine Stieftochter verwendet meinen Nachnamen mit meiner Zustimmung. Und das ist ganz legal.«

Das Gesicht des Gendarmen wird dunkelrot. »Man *verwendet* keine fremden Namen!«, bellt er. »Und man erteilt dafür auch keine Zustimmung. Man heißt, oder man heißt nicht.«

Vater zieht eine Augenbraue hoch. »Ist das so?«, fragt er mit einem feinen Lächeln. »Dann sagen Sie das doch bitte auch dem Herrn Polizeiminister.«

Wie jeder weiß, hieß der österreichische Polizeiminister ursprünglich Josef Hafenbredl, bevor er sich den deutlich eleganteren Namen Alexander von Hübner zugelegt hat.

»Oha!« Der ältere Polizist mustert Vater von oben bis unten mit einem eiskalten Blick. »Haben wir da einen Revolutionär?«

Vater lächelt noch immer. »Überprüfen Sie mich sehr gern«, sagt er. »Und überprüfen Sie auch dies: Das hier ist meine Stieftochter Franziska Rößler, die Tochter meiner Frau Anna und ihres ersten Mannes, Adalbert Rößler. Wie Sie vielleicht wissen, führe ich einen erfolgreichen Friseursalon. Mein Name ist in der Branche ein Gütesiegel. Und da Fanny von mir ausgebildet wurde und nach Art des Salons Angerer frisiert, ist sie die Fanny vom Angerer oder kurz die Fanny Angerer. Daran ist nichts ungesetzlich. Noch Fragen?«

Jetzt ergreift wieder der jüngere Gendarm das Wort. »Ist es wahr, dass das Fräulein … Rößler unehelich geboren wurde?«

Vaters Blick wird eisig. »Was hat das mit Fannys Arbeit zu tun?«

»Nun«, sagt der Polizist, »wenn Ihre … Stieftochter bei der Kaiserin arbeiten will, ist ihr Lebenswandel durchaus von Belang. Unsere Aufgabe ist es, ihn zu überprüfen.«

Vater zieht eine Augenbraue hoch. »Warum fragen Sie dann nicht nach *Fannys* Lebenswandel? Ihre Geburt betrifft allenfalls den ihrer Eltern.«

»Auch das Elternhaus ist für die Beurteilung eines Charakters relevant.«

»So? Ist es das?«, will Vater wissen. »Ich hörte, der Herr Polizeiminister sei ebenfalls unehelich geboren.«

Der Gendarm blinzelt nervös. »Wir machen nur unsere Arbeit.« Nun wendet er sich an Mutter. »Madame Angerer, vielleicht können Sie uns bei dieser Frage weiterhelfen?«

Ich schnappe nach Luft. *Madame?* Diese Anrede kenne ich aus dem Theater, und ich weiß, dass sie herabwürdigend gemeint ist. Das französische Wort klingt im ersten Moment vornehm und höflich, aber es ist blanker Hohn. So nennen feine Leute – oder besser solche, die sich für fein halten – eine Frau von zweifelhafter Herkunft mit ebenso zweifelhaftem Ruf. Dieser dahergelaufene Kerl beleidigt doch tatsächlich meine Mutter! Auf einmal werden meine Wangen heiß, mein Atem geht schneller. Das muss Mutter sich nicht bieten lassen.

Ich will den Polizisten gerade alles heißen, was mir an Schimpfwörtern durch den Kopf schießt, da ergreift meine Mutter das Wort.

»Ich habe nichts zu verbergen und erkläre Ihnen gern alles, was Sie wissen wollen«, sagt sie ruhig. »Aber nicht jetzt. Nebenan liegt ein totes Kind, wir müssen uns um die Bestattung kümmern. Fanny und ich kommen heute Nachmittag auf die Wache und stehen Ihnen dann Rede und Antwort. Aber nun lassen Sie uns bitte allein.«

Die Beamten wechseln einen raschen Blick, dann nickt der ältere widerwillig. »Um sechzehn Uhr in der Polizeidirektion am Petersplatz. Seien Sie pünktlich!«

Schritte poltern. Die Wohnungstür schlägt zu. Kurz ist es so still in der Küche, dass wir das Knacken der Holzscheite im Herd hören.

»Madame!«, murmelt Mutter vor sich hin. Dann lacht sie leise auf. »Was glaubt der eigentlich, wer er ist?« Sie gießt den Inhalt unserer Teller zurück in den Topf, stellt ihn auf den Herd und rührt um. Mir wirft sie einen amüsierten Blick zu. »Noch ein paar Worte mehr, und du wärst explodiert wie ein Kessel mit Überdruck, nicht wahr, Fanny?«

Ich fühle mich noch immer wie einer. »Wie kannst du nur so ruhig bleiben?«

Mutter zuckt mit den Schultern. »Solche Tölpel wird man nur mit Ruhe los.«

Als die Suppe einmal aufgebrodelt ist, füllt Mutter die Teller erneut mit dem dampfenden Eintopf und schiebt sie an unsere Plätze. »So, jetzt wird gegessen! Und dann will ich alles ganz genau wissen. Wie war das mit der Kaiserin? Und was sollst du für sie tun?«

»Sollte!« Ich seufze. »Offenbar habe ich ja falsche Papiere, was auch immer das heißen mag. Bestimmt wird nichts daraus.«

Mutter macht eine wegwerfende Handbewegung. »Ach, Papier ist geduldig. Wenn der Herrgott es will, wird es gut gehen.«

Sie setzt sich und spricht ein Tischgebet.

Kapitel 5

Petersplatz

Es ist Frühling in Wien. Man merkt es an den Düften, die einem überall ungefragt in die Nase kriechen. Im Winter sind sie gefroren, und man atmet nur den Qualm ein, der aus den Rauchfängen quillt. Aber nun ist die Stadt aufgetaut, und als Mutter und ich durch die Straßen eilen, könnten wir sogar mit geschlossenen Augen sagen, wo wir gerade sind. Am Spittelberg riecht es nach Armut, eine charakteristische Mischung aus altem Kohl, schimmligem Staub, fauligem Abort und klammen Putztüchern, die aus finsteren Stiegenhäusern und muffigen Hinterhöfen dringt.

Im Volksgarten steigen dann ganz andere Düfte in unsere Nasen. Hier dominieren auch heute Flieder und Bratwurstdunst. Richtung Hofburg mischt sich zunehmend Pferdeschweiß darunter. Und in der inneren Stadt wird dieses Odeur durch Veilchen- und Rosenduft bereichert, der aus den Pelzkragen der flanierenden Damen aufsteigt, ergänzt durch einen feinen Hauch von Pomade von den Häuptern eleganter Herren.

Die Polizeidirektion ist ein düsteres Haus im Schatten der Peterskirche, aus deren geöffnetem Tor Orgelmusik und Weihrauch zu uns hinausdringen. Als ich die Tür zur Polizei öffne, schlägt uns der Mief von kaltem Pfeifentabak und abgestandenem Urin entgegen.

Hinter dem Schreibtisch am Eingang sitzt ein glatzköpfiger Beamter und kratzt sich am Ohr. Er starrt auf ein Schreiben, das vor ihm auf dem Tisch liegt, und sieht nicht einmal auf, als Mutter und ich eintreten.

Wir tragen unsere schwarzen Sonntagskleider, und auf meinem Kopf wippt Bertis neuer Hut, ein schwarzer mit Stoffblumen, leicht schräg aufgesetzt nach der neuesten Mode. »Du siehst damit wunderschön aus«, hat Berti gesagt, als sie ihn zurechtgerückt hat. »Wirst sehen, das gibt dir Mut.«

Und es stimmt. Mit dem eleganten Hut fühle ich mich tatsächlich selbstbewusster. Ich räuspere mich, dann schmettere ich dem Mann ein lautstarkes »Guten Tag« entgegen.

Langsam wandert der Blick des Wachtmeisters nach oben und bleibt auf der Höhe meiner Brust hängen. Er sagt kein Wort.

Ich bemühe mich, höflich zu bleiben. »Entschuldigen Sie die Störung. Heute Mittag waren zwei Gendarmen bei uns. Ein älterer, etwas korpulenter und ein junger mit rotem Gesicht. Die Namen weiß ich leider nicht, sie haben sich nicht vorgestellt. Ich möchte sie gern sprechen.«

»Ach, die!«, sagt der Beamte.

»Sie kennen sie?«, frage ich überrascht.

Der Glatzkopf bricht in wieherndes Gelächter aus, und es dauert eine Weile, bis er sich wieder gefasst hat. »Natürlich ned«, sagt er in breitem Wienerisch. »Wir haben in Wien Hunderte von Gendarmen. Die einen haben eine Wampe, die anderen einen roten Kopf. Die meisten haben beides, und die wenigsten sind mir bekannt. Ein bisserl präziser müssen'S schon sein.«

»Mein Name ist Franziska Rößler. Und das ist meine Mutter, Anna Angerer. Hilft das weiter?«

»Mir ned.« Er gähnt und reißt dabei den Mund so weit auf, dass ich sein schlechtes Gebiss sehen kann.

Ich versuche, ruhig zu bleiben. »Sie wissen es vermutlich nicht«, sage ich betont freundlich, »aber Sie sprechen mit der zukünftigen Friseurin der Kaiserin von Österreich.«

»Sapperlot!« Der Mann lehnt sich auf seinem Amtsstuhl vor. »Ja, da bitt' ich um Vergebung, gnädiges Fräulein!« Auf einmal spricht er schönste Hochsprache. »Das ändert natürlich alles. Aber vielleicht können Sie erst den Herrn dort hinten vorlassen. Sie wissen es vermutlich nicht, aber der poliert demnächst den Heiligenschein vom Papst.« Er bricht wieder in sein pferdeähnliches Wiehern aus.

Jetzt tritt Mutter einen Schritt vor. »Wir haben einen Termin um sechzehn Uhr«, sagt sie. »Und das ist jetzt. Irgendjemand muss uns also erwarten. Würden Sie bitte nachsehen?«

»Ja, warum sagen'S das nicht gleich?« Mit geradezu aufreizender Langsamkeit greift der Beamte nach einer schwarzen Kladde, die rechts neben ihm auf dem Schreibtisch liegt. Er schlägt sie auf und blättert lange darin. »Aha«, murmelt er, als er die gesuchte Seite gefunden hat. Dann lässt er seinen Finger von oben nach unten über die Zeilen wandern. »Heute, Sonntag, sechzehn Uhr«, murmelt er vor sich hin. »Da haben wir's ja. Das Fräulein Rößler samt Frau Mama. Inspektor Stehling wünscht Sie zu sprechen.« Er zeigt auf eine Tür. »Gradaus durch, die Stiege hoch, zweite Tür links.«

»Danke schön!« Hoch erhobenen Hauptes schreitet Mutter in die gewiesene Richtung, und ich folge ihr.

»Ich hätte den Kerl am liebsten am Kragen gepackt und geschüttelt«, knurre ich leise, sobald wir außer Hörweite sind.

»Es wäre schade, sich an ihm die Hände schmutzig zu machen«, sagt Mutter.

»Wie schaffst du das?«, frage ich, als wir kurz darauf die Treppe erreicht haben.

»Was?«, fragt sie über die Schulter.

»Immer so freundlich zu bleiben. Wie hältst du es nur aus, dass alle auf uns herumtrampeln?«

Überrascht bleibt sie stehen. »Wer tut das denn?«

»Wer nicht?«, entgegne ich heftiger als beabsichtigt. »Heute Mittag die beiden Gendarmen. Und jetzt dieser Holzkopf.«

Meine Mutter dreht sich um und blickt mich an. In dem riesigen herrschaftlichen Treppenhaus mit dem fein polierten Geländer wirkt ihre krumme, magere Gestalt im abgeschabten Sonntagskleid fehl am Platze, aber sie lächelt so unbefangen, als gehöre sie genau hierher. »Ach, das sind doch nur kleingeistige Kreaturen. Die trampeln zwar durchs Leben, aber doch nicht auf uns herum. Wäre ihnen in diesem Moment irgendjemand anders begegnet, hätte der ihre schlechte Laune abbekommen.«

»Die Kaiserin nicht«, erwidere ich.

Mutter nickt. »Das ist wahr. Aber wir sind nun mal nicht die Kaiserin.«

»Und deswegen darf man seine Laune einfach an uns abreagieren?«

Mutter schüttelt den Kopf. »Nein. Man *darf* es nicht. Aber man *kann* es ungestraft tun. Und da scheidet sich eben die Spreu vom Weizen. Wer ein wahrhaft höflicher Mensch ist, der behandelt alle höflich. Wer aber ein erbärmlicher Wurm ist, nutzt jedes Zipfelchen seiner Uniform, um Macht über andere auszuüben.«

»Und das ärgert dich nicht?«

Auf dem faltigen Gesicht meiner Mutter breitet sich ein feines Lächeln aus, das sie um Jahre verjüngt. »So ein Wurm wie das Bürschchen eben kann mich überhaupt nicht wurmen. Ich stelle mir einfach vor, wie der Kerl auf die Welt kam, nackt, rotgesichtig und brüllend, und wie er von einer Hebamme wie mir mit einem Klaps auf den Hintern begrüßt wurde. Danach kann ich über ein solches Benehmen nur noch lachen. Und wenn ich mich doch einmal ärgere, sage ich einfach in Gedanken: ›Herrgott, übernimm du diese Angelegenheit.‹ Denn Gott ist der Einzige, der über Gut und Böse richten darf. Nur ihm steht Zorn zu, mir nicht. Vielleicht ist es sein Wille, mich gerade jetzt genau dieser Prüfung auszusetzen.«

Ich seufze. Wie gern wäre ich so fromm und gelassen wie Mutter. Aber ich bin es nicht. Innerlich koche ich noch immer vor Wut.

Mutter mustert aufmerksam mein Gesicht. »Sei nicht so stolz, Fanny«, ermahnt sie mich sanft. »Das hat noch keinen weitergebracht.«

Ich runzele die Stirn. Ist es Stolz, wenn man anständig behandelt werden will? Aber ich sage nichts mehr, und wir steigen schweigend die Stiege hinauf.

Wenig später stehen wir vor einer schweren Holztür. Ich klopfe, und nach einigen Sekunden höre ich eine Stimme.

»Ja, bitte?«

Wir betreten ein kleines Dienstzimmer mit dunklen Aktenschränken. In der Mitte des düsteren Raums steht ein Schreibtisch aus Nussbaumholz, dahinter sitzt ein großer, schlanker Mann, der uns aufmerksam entgegenblickt. Ich schätze ihn auf etwa dreißig, seine schwarzen Haare und sein Schnurrbart glänzen vor Pomade. Von den beiden Gendarmen, die uns heute Mittag besucht haben, ist weit und breit kein wippender Federbusch zu sehen.

Zögernd bleibe ich stehen. Haben wir uns in der Tür geirrt? Doch der Mann nickt mir freundlich zu.

»Stehling«, stellt er sich vor. »Und Sie sind sicher das Fräulein Rößler alias Angerer samt Frau Mama. Bitte kommen Sie einzeln herein, zuerst die junge Dame. Draußen im Gang gibt es Wartestühle. Es dauert nicht lang.«

Mutter nickt, und gleich darauf fällt die Tür hinter ihr ins Schloss. Plötzlich mit dem Mann allein, fühle ich mich verunsichert, da hilft auch kein Hut.

»Nehmen'S bitte Platz.« Der Inspektor weist auf einen Holzstuhl vor seinem Schreibtisch. »Sie sind also das Fräulein Franziska Rößler.«

Ich nicke. »Ja. Aber ich arbeite unter dem Namen meines Stiefvaters, Angerer.«

»Das ist mir bekannt.« Der Inspektor lächelt. »Aber zunächst erst einmal herzlichen Glückwunsch zu Ihrer neuen Stellung.«

»Danke sehr.«

»Sie müssen in Ihrem Beruf ganz ausgezeichnet sein, wenn Ihre Arbeit der Kaiserin bei einem Theaterbesuch sofort ins Auge sticht.«

»Ich gebe mir Mühe«, sage ich steif.

Was steckt hinter dieser Freundlichkeit? Ist das Taktik? Will der Inspektor mir Honig um den Mund schmieren, um mich in Sicherheit zu wiegen? Oder ist er einer der wahrhaft höflichen Menschen, von denen Mutter eben gesprochen hat? Ich mustere ihn unauffällig, aber seine Miene ist glatt und unnahbar, ich kann den Mann nicht einschätzen. Am besten wir bringen dieses Gespräch schnellstmöglich hinter uns.

»Es hieß, es gäbe Unstimmigkeiten in meinem Lebenslauf«, sage ich. »Die möchte ich gern klären.«

Der Inspektor greift nach einem Bleistift, vor ihm liegt ein Bogen Papier. »Bitte schön«, sagt er. »Beginnen Sie.«

»Womit?«

»Das steht Ihnen frei.«

Ich hole tief Luft und komme direkt zum wichtigsten Punkt. »Ich wurde unehelich geboren. Das haben die beiden Gendarmen mir heute Mittag vorgeworfen, und es ist wahr. Aber dafür kann ich nichts.«

Der Inspektor zieht eine Augenbraue hoch. »Selbstverständlich nicht. Ihre Eltern haben Unzucht begangen, nicht Sie.«

Bei seinen Worten spüre ich einen Stich im Herzen. Dennoch zwinge ich mich ganz bewusst zu einer ruhigen Antwort. »Das haben sie nicht. Meine Eltern waren beide ehrbare und rechtschaffene Menschen. Sie haben sich geliebt und wollten heiraten, doch sie durften es nicht, wie viele andere auch. Mein Vater war ein einfacher Magazineur, meine Mutter Dienstmagd.«

Der Inspektor macht sich eine Notiz. »Finanzielle Gründe sprachen gegen die Heirat, nehme ich an?«, murmelt er dabei.

»Ja, natürlich.«

Mehr muss ich nicht sagen, den Rest weiß er selbst. Jeder Wiener muss vor einer Eheschließung beim Magistrat nachweisen, dass er genug Geld hat, um Kinder ernähren zu können. Sie sollen dem Staat nicht auf der Tasche liegen. Wer zu arm ist, bekommt keinen Ehekonsens, und ohne diesen Brief der Obrigkeit darf kein Pfarrer eine Trauung vollziehen. Nicht einmal dann, wenn schon ein Kind unterwegs ist.

Dieses Kind liegt dem Staat dann natürlich erst recht auf der Tasche, denn mit einem Säugling kann eine ledige Mutter ja nicht arbeiten. Und der ohnehin arme Vater kann sie kaum unterstützen, denn ohne Trauschein dürfen die beiden nicht zusammenziehen, und zwei Quartiere kann man in Wien von einem einzigen jämmerlichen Gehalt nicht bezahlen, selbst wenn sie winzig, schmutzig und kalt sind. Daher müssen ledige

Eltern ihr Baby gleich nach der Geburt an staatliche Stellen abgeben, sonst verhungern alle drei, Vater, Mutter und Kind.

Mit dieser Regelung will der Magistrat angebliche *Unzucht* vermeiden. Wenn ich dieses Wort nur höre, werde ich wütend. Selbst Gott kam bei der Schöpfung zu dem Schluss, dass es nicht gut sei, wenn der Mensch allein lebt. Aber Leute wie meine Eltern sollen es ihr Lebtag tun? Schnell atme ich tief ein, um mich zu beruhigen.

»Sie kamen also ins Findelhaus?«, fragt Inspektor Stehling.

Ich schüttele den Kopf. »Meine ältere Schwester wurde tatsächlich im Gebärhaus geboren. Aber was meine Mutter dort erlebte, war so schrecklich, dass sie ihr Kind anschließend mitgenommen und dieses Gebäude nie wieder betreten hat.«

Mehr muss der Inspektor nicht wissen. Von den Studenten, die Mutter im Gebärhaus zu Lernzwecken an ihren empfindlichsten Stellen betatscht haben, mag ich nicht sprechen, das geht mir zu nah. Auch nicht von ihrer Entbindung auf dem nackten Boden, weil kein Bett frei war. Und von den medizinischen Experimenten, die bei anderen Frauen durchgeführt wurden, schon gleich gar nicht. Ein tot geborenes Kind sollte mittels Elektrizität wieder zum Leben erweckt werden, was natürlich nicht funktioniert hat. Und an einer Frau, die bei der Geburt gestorben war, übten die Medizinstudenten, wie man einen Fötus im Mutterleib zerstückelt.

Ich erzähle dem Inspektor auch nicht, dass das Grauen nach Bertis Geburt noch nicht vorüber war. Denn die Niederkunft im Gebärhaus kostete Mutter zwar kein Geld, aber bezahlen musste sie auf andere Weise. Ihr blieb nichts anderes übrig, als ins Findelhaus überzusiedeln und in einem engen, überfüllten Schlafsaal voll Lärm und Gestank zu wohnen. Ihre Aufgabe war es, als Amme die mutterlosen Säuglinge mit zu ernähren, die dort zurückgeblieben waren. Dabei musste sie mit ansehen, wie rundherum Neugeborene starben wie die Fliegen. Es war für sie unvorstellbar, ihr eigenes Kind in dieser Hölle zurückzulassen, um wieder regulär in Lohn und Brot zu gehen.

Dem Inspektor gegenüber halte ich mich an die Fakten. »Von hundert Kindern, die ins Findelhaus kamen, überlebten damals höchstens fünf das erste Lebensjahr, so stand es neulich erst in der Zeitung. Das hat meine Mutter nicht übers Herz gebracht. Sie hat meine Schwester Albertine mitgenommen, obwohl sie keine Ahnung hatte, wie sie sich selbst und ihr Kind durchbringen sollte.«

»Und dann?«, hakt der Inspektor nach.

Ich weiß, was er denkt. Viele Frauen, die diesen Weg gehen, verkaufen anschließend das Einzige, was sie haben: ihren Körper. Aber meine Mutter tat das nicht.

»Mein Vater hat sein Bett tagsüber an einen Fabrikarbeiter mit Nachtschichten vermietet. Dieses Geld hat er Mutter gegeben. Und sie selbst hat das Kind einer anderen Dienstmagd in Pflege genommen, die in derselben Situation war wie sie. Viel hat sie damit nicht verdient, aber sie kam gerade so durch.«

»Bis sie wieder schwanger wurde …«, sagt der Inspektor.

»Ja«, antworte ich. »Da wurde alles noch schwieriger. Aber sie hatte sich geschworen, niemals ein Kind ins Findelhaus zu geben. Und daran hat sie sich gehalten. Sie hat mich zu Hause mithilfe einer befreundeten Hebamme zur Welt gebracht. Und diese Freundin hat ihr dann eine Stelle als Amme vermittelt. Die Zwillinge einer Schneiderin wurden morgens zu ihr gebracht und abends abgeholt. Sie hat uns alle drei ernährt, und dafür wurde sie von dieser Frau, die selbst nicht viel hatte, in Naturalien bezahlt. Es hat gerade so zum Überleben gereicht.«

»Nur verheiratete Frauen dürfen außerhalb des Findelhauses als Amme arbeiten«, wirft der Inspektor ein.

»Ja, seltsam, nicht wahr?«, sage ich scharf. »Man darf Säuglinge verhungern lassen, aber man darf ihnen als unverheiratete Frau nicht helfen. Und heiraten darf man auch nicht.«

Jetzt ruht der Blick des Inspektors nachdenklich auf mir. »Haben wir da etwa eine Revolutionärin?«, fragt er ganz sanft und sagt damit fast wortgleich dasselbe wie der Gendarm vorhin zu Vater. Warum haben sie alle so viel Angst vor einer Revolution?

»Nein, wir haben hier eine dankbare Tochter«, sage ich innerlich bebend, aber äußerlich ruhig. »Meine Mutter ist die wundervollste, ehrenhafteste Frau, die ich kenne, und sie hat uns Kindern zuliebe nahezu Menschenunmögliches vollbracht.«

Kurz messen wir uns mit Blicken. Dann senkt der Inspektor seinen und macht sich eine Notiz. Nach einer Weile fährt er fort, als wäre nichts gewesen. »Ungefähr ein halbes Jahr nach Ihrer Geburt durften Ihre Eltern dann doch heiraten. Warum?«

»Mein Vater hat sich wieder und wieder an den Magistrat gewandt. Als er schließlich schwer krank und abgemagert wie ein Skelett war, hatte unser damaliger Pfarrer Mitleid. Er hat ihm ein Schreiben ausgestellt, in dem stand, dass er nicht mehr lange leben und dem Staat daher auch nicht auf der Tasche liegen würde. Und dass es für sein und unser Seelenheil besser wäre, wenn er vorher heiraten dürfte. Da haben sie ihm dann tatsächlich den Ehekonsens ausgestellt. Meine Eltern konnten ein Ehegelübde ablegen, und wir durften für kurze Zeit wie eine ehrbare Familie in unserer kleinen Kammer zusammenleben, bevor der Krebs die Eingeweide meines Vaters zerfraß.«

»Wie alt waren Sie zum Zeitpunkt seines Todes?«

»Ein Jahr. Ich habe keine Erinnerung daran.«

»Was geschah dann?«

»Nun, in seinen letzten Lebensmonaten konnte mein Vater nicht mehr arbeiten. Er lag zu Hause im Bett und hat mehr schlecht als recht auf uns Kinder aufgepasst. Meine Mutter hatte in dieser Zeit bereits viel Wissen über Schwangerschaften und Geburten gesammelt. Weil sie nun eine ehrbare, verheiratete Frau war, konnte sie eine Ausbildung als Hebamme beginnen.«

»Wie haben Ihre Eltern in dieser Zeit den Lebensunterhalt bestritten? Und die Kosten für die Ausbildung?«

»Die Kirche hat uns geholfen. Genauer gesagt, unser damaliger Pfarrer. Mutter durfte frühmorgens das Pfarrhaus und die Kirche putzen. Später hat der Pfarrer Albertine und mir einen Platz in der Kinderbewahranstalt verschafft, sodass Mutter schon wenige Monate nach Vaters Tod arbeiten konnte.«

»Wie lautet der Name dieses Pfarrers?«, fragt der Inspektor.

»Augustin Nemeczek.«

Er notiert es sich. »Den werden wir befragen.«

»Er lebt nicht mehr.«

Seufzend streicht der Inspektor den Namen wieder durch. Dann blickt er auf und sieht mich an. »Sie verstehen schon, dass wir der Sache nachgehen müssen, nicht wahr? Das geht nicht gegen Sie persönlich. Es darf einfach nicht passieren, dass die Tochter einer Prostituierten Ihre Majestät, die Kaiserin, frisiert.«

Ich nicke. »Fragen Sie Susanna Finke, eine Freundin meiner Mutter. Und meinen Stiefvater, Benedikt Angerer. Beide kennen meine Mutter seit vielen Jahren. Aber zuvor fragen Sie meine Mutter selbst. Sie ist der redlichste Mensch, den ich kenne.«

Der Inspektor notiert die Namen, zeigt aber sonst keine Regung. »Ihr Stiefvater«, sagt er und blickt auf. »Warum haben er und Ihre Mutter geheiratet? Die beiden waren ja nicht mehr jung, als sie das taten. Und sie standen finanziell beide auf eigenen Füßen.«

Ich blicke versonnen vor mich hin. Diese Frage habe ich mir nie gestellt. Ich war damals einfach nur froh, als der ruhige, freundliche Benedikt Angerer in unser Leben trat. »Sie passten gut zusammen, denke ich. Sie wollten im Leben dasselbe. Und zu zweit konnten sie es vermutlich leichter erreichen.«

»Und das war?«

»Hart arbeiten, um nie wieder arm zu sein. Gottgefällig leben. Dem Kaiser dienen.«

»Was für brave, ordentliche Menschen.« In der Stimme des Inspektors schwingt ein Hauch Spott mit.

»Das sind sie wirklich«, sage ich kühl.

»Ihre Eltern und Ihr Stiefvater haben also nie etwas Unehrenhaftes getan?«

»Ganz gewiss nicht!«

Er lächelt freundlich. »Denken Sie noch einmal nach. Vielleicht gibt es da ja doch etwas. Eine Sache, von der wir längst wissen. Dann wäre es besser, sie jetzt zu erwähnen.«

Ich lache laut auf. Was für eine leicht durchschaubare Finte. »Ausgeschlossen! Sie haben nichts zu verbergen.«

Seine Lippen lächeln noch immer, aber seine Augen nicht mehr. »Sie wissen, dass Sie hier nicht lügen dürfen, nicht wahr?«

»Ich lüge nie.« Mehr sage ich nicht. Schon oft habe ich die Erfahrung gemacht, dass Worte in schwierigen Situationen mehr Wirkung entfalten, wenn man sie bewusst sparsam verwendet.

»Nun gut.« Der Inspektor legt den Bleistift weg. »Dann tauschen Sie jetzt bitte mit Ihrer Mutter den Platz. Ich bin gespannt, was sie mir erzählen wird.«

Ich erhebe mich. »Gewiss dasselbe. Auf Wiedersehen.« Vier

kühle Worte, mehr bekommt er von mir nicht mehr. Und damit ist mehr gesagt als mit einer verbindlichen Abschiedsfloskel.

Inspektor Stehling springt eilfertig auf und begleitet mich zur Tür. Entweder ist er wirklich höflich, oder er will verhindern, dass ich heimlich mit Mutter spreche. Vermutlich Letzteres. Dieser Mann ist kein Kavalier. Er ist eine Schlange.

Als ich im Flur auf einem der Holzstühle Platz nehme, fühle ich mich plötzlich so ausgeliefert und machtlos. Die Stelle bei der Kaiserin kam unerwartet, wie aus dem Nichts, und zunächst war ich gar nicht sicher, ob ich sie überhaupt *will*. Genauso unvorhersehbar brach Emmas Tod über uns herein, und danach wusste ich nicht, ob ich die Stelle bei Hofe antreten *kann*. Und nun ist auf einmal unklar, ob ich sie antreten *darf*, aus Gründen, die ich ebenfalls nicht zu verantworten habe. Kann ich denn nichts in meinem Leben selbst steuern?

Ich lehne mich an die harte Lehne und denke an meine Mutter und meinen leiblichen Vater. Wie jung sie waren, als sie sich kennenlernten. Wie mutig, als sie für ihre Familie kämpften und nicht aufgaben. Und vor allem, wie duldsam. Nie haben sie aufbegehrt. Alles, was ihnen geschah, war Gottes Wille, da waren sie stets sicher. Und doch haben sie nie den Mut verloren. Diese Gottergebenheit hat ihnen Halt und Kraft gegeben, und sie hat sie auch irgendwann ans Ziel geführt. Aber zu welchem Preis? Ein gemeinsames Jahr war ihnen vergönnt, mehr nicht.

Sie haben sich entschieden, ihr Leben von Gott lenken zu lassen. *Dein Wille geschehe, wie im Himmel, so auf Erden.*

Ich weiß, dass diese Sichtweise richtig ist. Ja, wirklich. So muss man das Leben sehen. Warum nur schießen mir dann ständig Gedanken durch den Kopf, die alles andere als fromm und gottergeben sind? Mutter sagte eben auf der Treppe, das demütigende Verhalten des Polizeibeamten sei Gottes Wille gewesen. Und so weit kann ich ihr auch folgen. Der Glatzkopf am Eingang war für uns vielleicht wirklich so etwas wie eine Prüfung, und wir haben sie bestanden.

Aber angenommen, ich hätte eben nicht geschwiegen, als er uns verhöhnt hat. Nur mal angenommen, ich hätte sein Tintenfass genommen und es ihm über den kahlen Kopf geleert. Wäre ich dann für ihn auch so etwas wie eine Prüfung gewesen? Oder anders gesagt: Warum sind die Sünden anderer stets Gottes Wille? Aber von uns will er angeblich dauernd, dass wir alles geduldig aushalten? Wenn ich die Wahl hätte, wäre ich lieber auch eine Prüfung.

Oh, was für ein gotteslästerlicher Gedanke! Im ersten Moment schäme ich mich dafür. Aber dann spüre ich, dass er auf eine ganz spezielle Weise wahr ist, zumindest für mich. Ich bin einfach nicht wie Mutter. Ich kann nicht empfinden und handeln wie sie, ich will mehr als nur zu dulden, was mir auferlegt wird. Stark und frei und glücklich will ich sein. Und ich möchte mit all meiner Kraft versuchen, das zu erreichen. Es sollte im Leben nicht dauernd heißen: *Will ich? Kann ich? Darf ich?*

Das Motto muss anders lauten: *Ich will. Ich kann. Ich werde.* Und warum sollte das gotteslästerlich sein? Hat Gott uns nicht allen einen freien Willen gegeben?

Für einen Moment raubt mir diese Überlegung den Atem. Ich springe auf, laufe den Flur auf und ab wie ein eingesperrtes Tier. Aber mit jedem Schritt spüre ich, wie wahr und wichtig dieses Motto für mich ist. Es passt einfach zu allem, was ich denke und fühle.

Plötzlich bleibe ich jäh stehen. Ich habe das unbändige Verlangen, etwas zu tun, was von außen betrachtet vielleicht seltsam anmuten mag. Aber ich tue es dennoch.

In diesem Moment, auf dem dunklen Gang der Polizeidirektion am Petersplatz, lege ich meine Hand aufs Herz und leiste mir einen Schwur.

Ab sofort werde ich meine Schritte selbst lenken. Statt ausgetretenen Pfaden zu folgen, will ich meinen eigenen Weg gehen. Und zwar mit hoch erhobenem Kopf. Sollte ich unterwegs stolpern oder gar fallen, nun, so ist das mein Schicksal. Dann will ich weder hadern noch klagen. Aber vorher kämpfe ich. Das schwöre ich, so wahr mir Gott helfe.

Wenn Mutter da drin keinen Erfolg hat, werde ich mich selbst für meine Stellung bei der Kaiserin einsetzen. Und ich habe auch schon eine erste Idee, wie ich vorgehen werde.

Kapitel 6

Spittelberg

Als ich die Stiege des Wirtshauses Viereck hinabsteige, schlagen mir Stimmengewirr und der Dunst von Bratkartoffeln, saurem Wein und verschwitzten Leibern entgegen. Unten im Beisl angelangt, dränge ich mich durch die dicht besetzten Tischreihen bis zur hintersten Bank. Weil ich wieder mein Alltagskleid und statt des Hutes ein derbes Kopftuch trage, beachtet mich niemand. Und genau das habe ich beabsichtigt.

Mutter war nach dem Verhör des Inspektors wenig zuversichtlich. »Ich habe die Wahrheit gesagt und einen Eid darauf geleistet. Aber er hat mir nicht geglaubt, das habe ich ihm angesehen. Nun müssen wir abwarten, was passiert, der Rest liegt in Gottes Hand.«

Ja, mag sein, dass er da liegt, aber abwarten werde ich nicht. Zum Glück gibt es jemanden, der mir vielleicht helfen kann.

Wie immer sitzt Anton am Tisch neben dem Ofen, noch allein, das kommt mir gelegen.

»Sieh an, die Fanny«, sagt er, als ich mich ihm gegenüber auf die Bank fallen lasse. Er hebt seinen Krug zur Begrüßung. »Trinkst einen Wein mit mir, bis dein Vater kommt?«

Ich schüttele den Kopf. »Dem ist heute bestimmt nicht nach einem Feierabendtrunk. Und ich bin auch aus einem anderen Grund hier. Ich brauche deine Hilfe.«

Bei Anton muss man nicht um den heißen Brei herumreden. Er reckt seinen massigen Kopf vor, um mich besser zu verstehen, denn sein Gehör ist schlecht. »Heraus mit der Sprache!«, fordert er mich auf.

Schweißtröpfchen glitzern auf seiner Glatze, und seine grobporige Nase ist dunkelrot. Vaters bester Freund trinkt gerade bestimmt nicht den ersten Wein des Abends, und es wird garantiert auch nicht der letzte bleiben. Sein großer Durst ist ein Problem bei meinem Plan. Aber ich muss es wagen, eine Alternative gibt es nicht.

Ich erzähle Anton kurz und knapp, was meiner Familie in den vergangenen Tagen passiert ist. Von Emma berichte ich, von der Kaiserin, von meiner Stelle bei ihr und von den Polizeibeamten.

Anton unterbricht mich nicht. Erst als ich mit meinem Bericht fertig bin, stößt er hervor: »Jessas! Bei euch is ja ois im Oasch.«

»Ja«, sage ich. »Besser könnte ich es auch nicht zusammenfassen.«

Anton grinst, und ich erkläre ihm, was ich von ihm will.

Der gutmütige alte Mann verspricht sofort, mir zu helfen, dann ordert er noch ein Glas Wein, auf den Schreck, wie er sagt. Oje.

»Nicht vergessen, ja?«, bitte ich ihn.

Er lächelt mit wässrigen Augen. »Eher vergess ich das Wasser in der Wanne«, verspricht er. Und das will schon was heißen.

Anton Eisenhut ist nämlich der erste Bademeister Seiner Majestät, des Kaisers von Österreich. Seine Aufgabe ist es, jeden Morgen um Punkt halb vier eine Badewanne ins Schlafzimmer des Monarchen zu tragen, sie mit Wasser zu füllen und Franz Joseph I. hineinzuhelfen. Deswegen hat Anton den Beinamen kaiserlicher Badewaschl, und er trägt ihn mit Stolz.

Aber da Anton, anders als der Kaiser, überhaupt kein Frühaufsteher ist, geht er vor der morgendlichen Kaiserwaschung einfach nicht schlafen. Fast jede Nacht sitzt er bis fast drei Uhr im Viereck, und nur selten ist er zu Dienstbeginn um halb vier in optimaler Verfassung.

Erstaunlicherweise sieht der Kaiser darüber hinweg, und über einiges andere auch. Und wenn der Badewaschl ihm beim Rückenschrubben etwas erzählt, hört er stets geduldig zu. »Ein ganz feiner Kerl ist das«, sagt der Badewaschl über seinen Dienstherrn. »Ein echter Menschenfreund.«

Weil Anton das ebenfalls ist, wird er dem Kaiser morgen früh beim Gummiwannenbad meine Geschichte erzählen und ihm versichern, dass meine Mutter die ehrenwerteste Frauensperson ist, die er in seinem Leben je kennengelernt hat.

»Was stimmt!«, hat Anton gesagt, sein Glas gehoben und auf Mutter angestoßen. »Auf die Anna lass ich nichts kommen.«

Tja. Wenn ich Glück habe, ist er heute Nacht nicht so betrunken, dass er sein Versprechen vergisst. Mit noch mehr Glück erzählt der Kaiser seiner Frau, was der Badewaschl gesagt hat. Und wenn ich der glücklichste Mensch der Welt bin, setzt Elisabeth sich durch und stellt mich trotz meiner unehelichen Geburt ein.

Sicher, das ist nur eine ganz haarfeine Chance, so viel Glück kann ein Mensch eigentlich kaum haben. Aber eine haarfeine Chance ist immerhin besser als gar keine.

* * *

Am nächsten Morgen erwache ich früh, aber dennoch deutlich später als der Kaiser von Österreich. Dessen Gespräch mit dem Badewaschl hat im besten Fall vor einer Stunde stattgefunden, und Anton schläft jetzt seinen Rausch aus.

Frühstückt der Kaiser wohl gleich mit seiner Frau? Und falls ja, reden sie dann über so unwichtige Dinge wie Dienstboten? Vielleicht hat die Kaiserin ja auch längst eine andere Friseurin eingestellt, eine mit unzweifelhafter Herkunft. Vermutlich wäre ich die Letzte, die das erfährt.

Aber im Moment ist das nicht wichtig. Heute wird Emma beerdigt. Ich werde gebraucht.

* * *

Die Wanduhr tickt leise und gleichmäßig. Wie langsam die Zeit vergeht, wenn man sich gedulden muss. Ich sitze in der Stube, bessere Flickwäsche aus und warte. Stunde um Stunde.

Meine Gedanken wandern zurück zum Friedhof. Berti, Johann, Mutter, Vater und ich an Emmas winzigem Grab. Der Psalm, den der Pfarrer dort vorlas, hallt noch immer in mir nach. »Herr, schon als ich im Verborgenen Gestalt annahm, unsichtbar noch, kunstvoll gebildet im Leib meiner Mutter, da war ich dir dennoch nicht verborgen. Als ich gerade erst entstand, hast du mich schon gesehen.«

Berti hat bei diesen Worten aufgeschluchzt, Tränen strömten über ihre Wangen. Und wir weinten alle mit. Nicht allein aus Schmerz, sondern auch, weil diese Worte uns berührt und sogar ein bisschen getröstet haben. Wer gesehen wird, hat eine Bedeutung. Ach, Emma, wir vermissen dich so.

Bis abends sitze ich so da, nähe, denke nach, warte. Und am nächsten Morgen wieder. Jetzt sind die Socken dran, die gestopft werden müssen. Bei jedem Poltern draußen auf der Stiege halte ich inne und lausche. Aber stets gehen die Schritte an unserer Wohnungstür vorüber.

Am späten Nachmittag höre ich endlich ein ganz leises Pochen. Klopft so ein Bote der Kaiserin von Österreich? Wohl kaum. Ich lege die Näharbeit weg und erhebe mich. Bestimmt ist das eins der Staffelhuberkinder, das für seine Mutter eine Tasse Mehl oder ein Ei borgen will.

Tatsächlich steht das Sepperl vom Staffelhuber vor der Tür, gerade einmal fünf Jahre alt, barfuß, mit schmutzigen Wangen und einem zahnlosen Kinderlächeln.

»Eine Kutsche ist für dich da, soll ich sagen«, verkündet der Kleine mit gewichtiger Miene.

Mein Herz setzt einen Schlag aus. Ist das wirklich wahr? Himmel, diesmal darf ich nichts verderben!

»Sag dem Kutscher, dass ich sofort komme«, bitte ich das Kind.

Sepperl verschwindet schnell wie der Blitz.

Ich prüfe rasch den Sitz meines Kleides, fahre mir mit den Händen über die Haare und reibe meine Wangen rot. Dann atme ich tief durch und greife nach Bertis Hut.

Vor dem Haus wartet eine dunkelgrüne Equipage auf mich. Natürlich ist sie nicht unbemerkt geblieben. Von überall strömen Schaulustige herbei, aus dem Zuckerbäckerladen, aus der Krämerei, aus der Tabaktrafik. Kein Wappen verrät zwar, wer die Kutsche geschickt hat, aber jeder weiß, dass in Wien nur Hofkaleschen dunkelgrün sein dürfen. Und die sieht man äußerst selten am Spittelberg.

»Fräulein Angerer?«, schnarrt der Kutscher vom Bock herab.

»Die bin ich«, ist alles, was ich herausbekomme.

Der Mann springt vom Kutschbock und öffnet mir die Tür. Ein Raunen geht durch die Zuschauermenge am Straßenrand.

Was folgt, erscheint mir wie im Märchen. Ich raffe den Rock, steige in die Kutsche und sinke in weiche Polster. Der Mann schließt die Tür und klettert auf den Kutschbock. Die Rappen traben an, und ich, die ich bisher nur auf Schusters Rappen gereist bin, gleite an gaffenden Gesichtern vorbei und kann kaum fassen, dass mein verrückter Badewaschl-Plan offenbar wirklich etwas bewirkt hat.

Ich streiche mit der Hand über den weichen Samt des Sitzes, um mich davon zu überzeugen, dass ich nicht träume. Er ist echt. Genau wie das Rattern der Räder auf den Pflastersteinen der schlammigen Straße, die meinen Rocksaum heute nicht beschmutzen kann. Und wie schnell wir vorankommen. Alle weichen uns aus. So bequem könnte ich bis ans Ende der Welt reisen.

Egal wie die Sache ausgehen mag, in diesem Moment bin ich unbändig stolz auf mich. Selbstbewusst. Endlich verstehe ich dieses Wort wirklich. Darin steckt, dass man etwas selbst getan hat, und zwar ganz bewusst.

Als die Equipage wenige Minuten später an der Westseite der Hofburg stoppt, wird die Tür wieder für mich geöffnet. Hier steht sogar extra ein Diener dafür bereit. Er bittet mich, ihm zu folgen, und zwei Leibgardisten weichen wortlos zur Seite.

Wir betreten die Burg durch eine Seitentür. Wie im Traum steige ich eine Stiege hinauf und durchwandere einen Dienstbotenflur, bis ich in einem kleinen Raum zum Warten aufgefordert werde.

Nach einigen Minuten öffnen sich die Flügeltüren vor mir. Diesmal ist es aber nicht die Kaiserin, die dahinter auf mich wartet. Hoch aufgerichtet, mit gerecktem Kinn, steht mir Gräfin von Königsegg zu Aulendorf gegenüber, heute in einem schwarzen, hochgeschlossenen Kleid, in dem sie viel älter aussieht als bei unserer ersten Begegnung.

Ich knickse. Aber einen tiefen Hofknicks mache ich nicht, sie ist ja nicht die Kaiserin.

Die Gräfin zieht eine Augenbraue hoch, also war das falsch. »Wir haben noch einige Präliminarien zu erledigen«, sagt sie, ohne mich zu begrüßen.

Prälimi… Wie bitte? Ich wage nicht nachzufragen, was sie meint.

In der Hand hält die Gräfin einen Papierbogen. »Sie werden nun den Diensteid leisten«, verkündet sie.

Ich werde … was? »Heißt das, ich werde eingestellt?«

Statt zu antworten, liest die Gräfin laut und mit leiernder Stimme vor: »Sie werden einen Eid vor Gott dem Allmächtigen schwören und bei Ihrer Ehre und Treue geloben, Ihrer Majestät, der durchlauchtigsten Fürstin Elisabeth, von Gottes Gnaden Kaiserin von Österreich, sowie deren Gemahl Franz Joseph I., von Gottes Gnaden Kaiser von Österreich, sowie nach Allerhöchstdenselben auch den aus deren Stamme und Geblüte nachfolgenden Erben treu und gehorsamst zu sein.«

Ja, ich trete wirklich und wahrhaftig in den Dienst der Kaiserin! Was für ein unermessliches Glück! Am liebsten würde ich jubeln, aber das ziemt sich bestimmt nicht. Also schließe ich nur kurz die Augen, öffne sie dann wieder und höre äußerlich ruhig und gelassen zu.

»Nachdem Sie von Ihrer Durchlaucht, der ersten Obersthofmeisterin, also mir, zur kaiserlichen Friseurin ernannt worden sind, werden Sie schwören, alle Ihnen von Ihren Vorgesetzten zugewiesenen Geschäfte nach Ihrem besten Wissen und Gewissen *eifrigst* zu verrichten.« Die Gräfin sieht auf und mustert mich mit strengem Blick. Ich nicke, worauf sie den Blick wieder aufs Papier senkt. »Sie schwören weiter, dabei stets nicht nur das Beste Ihrer kaiserlichen apostolischen Majestät und des allerhöchsten Hofstaates vor Augen zu haben, sondern auch Nachteil und Gefahr abzuwenden.«

Wieder ein strenger Blick aus kühlen blauen Augen. Sie nickt mir auffordernd zu.

»Das alles schwöre ich, so wahr mir Gott helfe«, sage ich mit fester Stimme. Und mir ist es ganz ernst dabei.

»Es ist allen Hofbediensteten unbedingt strengstens untersagt, sich bei einflussreichen Persönlichkeiten, dieselben mögen dem Verbande des allerhöchsten Hofes angehören oder nicht, um eine Fürsprache oder Empfehlung zu bewerben, oder solche sonst mit Bitten aller Art zu behelligen.«

Ja. Unbedingter Gehorsam. Keine Vergünstigungen, keine Bitten. So wie mein Gespräch mit dem Badewaschl? Nun ja. Glücklicherweise muss man an dieser Stelle nichts schwören. Der alte Schlaufuchs Anton weiß offenbar genau, wie weit er gehen kann, um sein Gewissen nicht zu beunruhigen. Ich unterdrücke ein Lächeln und nicke.

»Noch Fragen?« Die Gräfin durchbohrt mich mit ihrem Eiszapfenblick.

»Ja, eine, bitte schön.« Ich knickse demütig. »Es geht um mein Domizil.«

»Sie haben ein Anrecht auf Kost und Logis in der Hofburg«, sagt die Gräfin. »Ich werde Ihnen eine Kammer zuweisen lassen.«

»Das wird nicht notwendig sein.« Aus Nervosität knickse ich noch einmal. »Meine Eltern brauchen mich zu Hause. Sie sind nicht mehr jung. Ich möchte deswegen weiterhin in deren Wohnung logieren.«

»Unmöglich«, widerspricht die Gräfin. »Die Kaiserin beginnt den Tag früh, und ihre Friseurin gehört zu den ersten Personen, deren Dienste sie benötigt. Außerdem ist es gut möglich, dass Ihre Kaiserliche Majestät auch tagsüber hin und wieder neu frisiert werden muss. Fräulein Angerer, so leid es mir tut, Ihre Anwesenheit bei Hofe ist Tag und Nacht erforderlich.«

»Ich wohne nur wenige Minuten von der Hofburg entfernt und werde Tag und Nacht herbeieilen, sobald Ihre Kaiserliche Majestät meine Dienste benötigt, gleichgültig, worum es dabei geht«, sage ich mit fester Stimme.

»Nein«, widerspricht Gräfin von Königsegg zu Aulendorf.

»Doch«, mischt sich eine leise Stimme von der Tür ein. Die Kaiserin ist unbemerkt eingetreten. Heute trägt sie ein blaues Kleid, ihre Haare sind im Nacken zusammengefasst und geflochten.

Sofort versinken die Gräfin und ich in einem Hofknicks.

»Das wird genügen«, sagt die Kaiserin, an die Gräfin gewandt. »Jede Stunde, jede Minute, jede Sekunde meines Tagesablaufes ist Wochen im Voraus geplant. Da sollte es doch leicht möglich sein, Fräulein Angerer rechtzeitig zu informieren, wann ich ihre Dienste benötige.«

»Gewiss.« Täusche ich mich, oder blitzt in den Augen der Obersthofmeisterin Zorn auf? Falls ja, hat sie sich sofort wieder im Griff. »Sie erhalten in diesem Fall ein zusätzliches Quartiergeld in Höhe von vierhundert Gulden.«

»Fünfhundert«, sagt die Kaiserin.

Was, so viel? Wie schön! Da können wir uns eine größere Wohnung leisten.

»Und der Lohn wird Ihrer Vertrauensstellung entsprechend angepasst«, fährt die Kaiserin fort.

Lohn? Darüber wurde noch nie gesprochen, aber das verschweige ich lieber. Man sollte sich nicht gleich zu Beginn mächtige Feinde machen.

Wieder blitzen die Augen der Obersthofmeisterin. Doch sie kommt nicht dazu, etwas zu sagen, denn jetzt richtet die Kaiserin das Wort an mich: »Ich hörte auf Umwegen, dass es Probleme bei Ihrer polizeilichen Überprüfung gab.«

Ich senke den Kopf und nicke.

»Lassen Sie uns darüber nie wieder sprechen«, höre ich Elisabeth sagen. »Ich wüsste nicht, was all das mit meiner Frisur zu tun hat.«

Dankbar sinke ich in einen weiteren Hofknicks.

»Heben Sie die rechte Hand und sprechen Sie mir nach«, sagt die Obersthofmeisterin mit schneidender Stimme.

Rasch richte ich mich auf, hebe die Hand zum Schwur und wiederhole laut und deutlich die Worte, die sie mir vorliest: »Was mir eben vorgelesen wurde und ich in allem wohl und deutlich verstanden habe, demselben soll und will ich getreu nachkommen. So wahr mir Gott helfe.«

Als ich geendet habe, tritt die Kaiserin näher. »Ich freue mich, dass Sie für mich arbeiten«, sagt sie warm. »Wir werden eine gute Zeit miteinander haben. Wenn es auch eine lange Zeit sein soll, müssen Sie jedoch eines bedenken.« Sie macht eine Pause, um ihren folgenden Worten Gewicht zu verleihen: »Ich erwarte Loyalität, die weit über den normalen Diensteid hinausgeht, den Sie eben geleistet haben.« Jetzt ruht ihr Blick streng auf mir. »Sie werden *niemals* mit irgendjemandem darüber sprechen, was Sie in unseren Frisierstunden sehen, hören und erleben, andernfalls trennen sich unsere Wege. Nicht einmal Ihrer Schwester werden Sie davon berichten.«

»Oh!«, sage ich erschrocken. »Darf ich Berti gar nichts erzählen? Auch nichts Alltägliches?«

Die Obersthofmeisterin atmet scharf ein, doch die Kaiserin lacht nur. »Mit Ihrer Schwester können Sie natürlich fachliche Fragen besprechen. Alles, was Frisuren und Haarpflege angeht.« Sehe ich recht? Hat sie mir tatsächlich zugeblinzelt? »Und Alltagsfragen auch. Aber was meine Privatsphäre betrifft, gibt es keine Ausnahmen.«

»Ich gelobe es«, sage ich mit fester Stimme. »Und ich werde mich ein Leben lang daran halten. Andernfalls möge ich in der Hölle schmoren.«

Wieder lacht die Kaiserin laut auf.

Die Obersthofmeisterin allerdings zeigt nur ein schmallippiges Lächeln. »Alles Weitere erfahren Sie schriftlich«, teilt sie mir mit.

Dann werde ich mit einem Kopfnicken entlassen.

* * *

Am nächsten Morgen wummert wieder eins der Staffelhuberkinder aufgeregt an unsere Tür. Diesmal ist es die kleine Marie, barfuß und in einem graubraunen Kittel.

Heute ist es keine Kutsche, die mir von dem Staffelhuberkind angekündigt wird – zum Glück, ich bin nämlich noch unfrisiert. Stattdessen drückt Marie mir eine zerfledderte Zeitung in die Hand.

»Was soll ich damit?«, frage ich überrascht.

»Vom Vater, für dich. Fanny, du stehst drin! Bei den Neuigkeiten, sagt er. Ist es wahr, was da steht?, soll ich fragen. Und die Zeitung kannst du behalten.«

Sie bleibt mit großen Augen an der Tür stehen und tritt von einem Fuß auf den anderen, während ich die Seiten durchblättere.

Ich dachte eigentlich, die *Morgenpost* bestünde von vorn bis hinten nur aus Neuigkeiten. Seltsam. Wo muss ich denn jetzt suchen?

Auf einmal springt mir mein Name ins Auge. »Da! Ich hab's!«, rufe ich.

Unter der Rubrik *Tagesneuigkeiten* steht schwarz auf weiß geschrieben:

Die seit Langem schwebende Frage, ob ein Friseur oder eine Friseurin in den Dienst Ihrer Majestät, der Kaiserin, treten werde, ist endlich entschieden. Fräulein Angerer entsagt der Ordnung der Coiffuren der Hofschauspielerinnen und dem dafür angesetzten Honorar und empfängt dafür eine Entschädigung von jährlichen 2000 Gulden, um als kaiserliche Friseurin sich dem allerhöchsten Dienste widmen zu können, wobei, wenn es ihre Zeit erlaubt, ein anderweitiger Kunstverdienst nicht ausgeschlossen ist.

Oh! Wie kommt das denn in die Zeitung? Jetzt weiß es ganz Wien. Meine Knie werden weich wie Tüll. Bin ich jetzt etwa berühmt?

»Und?«, fragt Marie aufgeregt. »Stimmt es?«

Ich nicke langsam. »Ja. Es ist wahr.«

»Zweitausend Gulden«, sagt Marie ehrfürchtig. »So viel Geld.« Ihr schmales, blasses Gesicht scheint plötzlich nur noch aus Augen zu bestehen.

»Warte einen Moment.« Ich eile in mein Schlafzimmer und nehme eins der Sperrsechserl aus der Blechschachtel auf der Frisierkommode. »Hier, für die Zeitung. Sag dem Vater meinen herzlichen Dank.«

Maries kleine, schmutzige Hand umschließt die Münze ganz fest. Sie knickst. Und das vor mir. Dann lispelt sie: »Ich dank auch recht schön«, macht auf der Ferse kehrt und rennt mit klatschenden Füßchen die Holztreppe hinab, um die Neuigkeiten zu verkünden. »Es stimmt!«, höre ich sie unten atemlos rufen.

Plötzlich durchströmt mich eine unbändige Lebenslust. *Ich kann, ich will, ich werde.* Und egal, was passiert, über meine Lippen werden weder Indiskretionen noch Klagen kommen.

Kapitel 7

Eine Woche später
Hofburg

Wieder steige ich vor der Hofburg aus einer grünen Kutsche, diesmal früh am Morgen. Die große Uhr über dem Tor des Amalientraktes schlägt gerade halb sieben. Ich trage ein schwarzes Kleid mit einer langen weißen Schürze, das mir von der Obersthofmeisterin geschickt wurde, zusammen mit zwei weiteren zum Wechseln, die genau gleich aussehen.

Zum Glück steht am Tor auch heute wieder ein Lakai bereit, um mich zu begleiten. Er nimmt mir sogar die Ledertasche mit meinen Frisierutensilien ab, was mir ein bisschen peinlich ist, denn das gute Stück hat seine beste Zeit hinter sich. Eine neue kann ich mir nicht leisten, aber das wird sich bald ändern.

Wir passieren die Wachen, steigen zwei Stiegen hinauf und durchqueren mehrere Räume, die alle durch Flügeltüren verbunden sind. Jede wird von Türhütern bewacht, die aussehen wie bunte Märchenfiguren. Sie tragen weiße Strümpfe, hellgrüne Beinkleider und schwarze, goldbestickte Livreen. In einem kleinen, grün tapezierten Warteraum für Bedienstete stellt der Lakai meine Tasche ab.

»Man wird sich gleich um Sie kümmern.« Mit einer knappen Verbeugung zieht er sich zurück.

Graues Morgenlicht dringt durch die Fenster. In dem kleinen

Raum riecht es muffig und feucht. Draußen schlägt die Uhr sieben Mal, und kurz darauf höre ich Schritte.

Eine Frau tritt ein, die ich noch nie gesehen habe. Auch sie trägt ein schwarzes Kleid, allerdings ohne Schürze. Ihre Schultern sind breit wie die eines Mannes, ihre Figur weist fast keine Taille auf. Ich schätze sie auf um die fünfzig. Kein Lächeln erhellt ihre herben Züge. Ihr Haar ist fahlblond oder gelblich grau, das lässt sich schwer unterscheiden. Es wirkt strähnig und dünn wie das einer viel älteren Frau.

»Caroline von Pilat«, stellt sie sich vor. Selbst ihre Stimme dröhnt wie die eines Mannes. »Ich bin die Kammerfrau Ihrer Majestät, der Kaiserin von Österreich.«

Ich knickse. »Es ist mir eine Ehre, Sie kennenzulernen. Ich bin Franziska Angerer, die neue Friseurin.«

»Ja, das Fräulein *Angerer.*« Sie zieht meinen Nachnamen demonstrativ in die Länge, damit ich auch ja merke, dass sie von dem Wirbel darum weiß. »Ich habe von Ihnen gehört. Sie werden ab heute die Kaiserin frisieren. Jeden Morgen. Auch am Sonntag.«

Ich nicke.

»Ihre Majestät, die Kaiserin, steht morgens gegen fünf Uhr auf«, fährt die Kammerfrau fort. »Zunächst nimmt sie ein kaltes Bad, anschließend erhält sie Massagen und macht Gymnastikübungen. Nach einem kleinen Frühstück wird sie dann frisiert. Der genaue Zeitpunkt kann differieren. Sie finden sich daher stets um halb sieben hier in diesem Warteraum ein und treten ein, sobald die Kaiserin bereit ist. Alles Weitere besprechen Sie mit Ihrer Majestät persönlich. So, das war alles, ich wünsche Ihnen einen guten Tag.« Frau von Pilat wendet sich zum Gehen.

»Eine Frage noch«, sage ich rasch. »Woran merke ich, dass ich eintreten soll?«

Caroline von Pilat bleibt stehen und bedenkt mich mit einem langen Blick aus eiskalten Augen. »Nun, der Kammerdiener Ihrer Majestät wird dem Türhüter Ihrer Majestät im richtigen Moment ein Zeichen geben. Und der öffnet dann die Türen, woraufhin Sie eintreten.« Sie mustert mich, als wäre ich ein ekelhaftes Insekt. »Haben Sie das jetzt verstanden?«

Ich nicke. »Natürlich habe ich das *verstanden*. Ich habe es nur nicht *gewusst*.«

Frau von Pilat zuckt mit den Schultern, dann rafft sie ihren Rock und verlässt den Raum.

Seufzend setze ich mich auf einen der bereitstehenden Stühle und reibe meine klammen Hände. Kalt ist es hier. Wird die Hofburg im April nicht mehr geheizt? Morgen werde ich mir ein Tuch mitnehmen.

Auf einmal öffnen sich die Türflügel zu meiner Linken, und ich springe auf.

»Eure Majestät, das Fräulein Franziska Angerer«, höre ich eine Männerstimme sagen.

Und dann betrete ich zum allerersten Mal meine neue Welt.

Es ist eine unvorstellbar prunkvolle Welt, das ist mein erster Eindruck. Ich sehe rotseidene Wände und weiß-goldene Möbel auf schimmerndem Parkett. Ein Kronleuchter mit funkelnden Kristallen hängt von der Decke. Großflächige Spiegel reflektieren sich gegenseitig und verleihen dem Raum den Eindruck unendlicher Weite. Inmitten all dieser Pracht sitzt die Kaiserin von Österreich an einem schlichten Tisch. Um ihre Schultern trägt sie einen weißen Frisiermantel mit feiner Spitze. Ihre offenen Haare fließen in goldbraunen Wellen über ihre Schultern und reichen fast bis zum Boden.

Vor ihr auf dem Frisiertisch steht ein kleiner, rechteckiger Spiegel, daneben eine dampfende Teetasse und ein kleiner Teller mit Zwieback. Sie blättert in einem schmalen Buch. Eine junge, schwarz gekleidete Frau steht neben ihr, und die beiden unterhalten sich in einer Sprache, die ich nicht verstehe.

Mit meiner abgeschabten Tasche fühle ich mich in diesem strahlenden Raum plötzlich deplatziert. Unauffällig lasse ich das lederne Ungetüm zu Boden sinken.

Wuff ertönt es plötzlich schräg hinter mir. Ich zucke zusammen und drehe mich um. Vor dem Ofen liegt eine riesige, blauschwarze Dogge.

Zum Glück fürchte ich mich nicht vor Hunden. Dieser hier bleibt ruhig liegen, nur sein Schwanz gerät in Bewegung und klopft freundlich aufs Parkett.

Bei diesem Geräusch sieht die Kaiserin endlich auf. Rasch versinke ich in einen Hofknicks und flüstere zur Begrüßung den vorgeschriebenen Satz, den die Obersthofmeisterin mir gestern schriftlich mitteilen ließ: »Zu Füßen Eurer Majestät ich mich lege.«

»Shadow mag Sie«, höre ich die Kaiserin sagen.

Ich richte mich auf. »Das beruht auf Gegenseitigkeit.«

»Treten Sie ruhig näher«, sagt Elisabeth freundlich.

»Ich möchte nicht stören.«

»Das tun Sie nicht.« Sie schickt die junge Frau mit einer Handbewegung weg. »Fräulein von Mendelenýi, mein Kammermädchen, ist Ungarin. Wir frischen morgens immer meine Kenntnisse ihrer Muttersprache etwas auf. Und während ich frisiert werde, lese ich zur Übung ein ungarisches Buch. Sonst sind in diesen Stunden nur meine Haare beschäftigt, und mein Geist wird träge.« Sie lächelt schüchtern. »Manchmal befürchte ich fast, er könne über die Haare aus meinem Kopf gekämmt werden und sei danach für immer verloren.«

Ich knickse noch einmal. »Ich werde so sanft kämmen wie

möglich, um die Lektüre Eurer Kaiserlichen Majestät nicht zu stören. Wie wünschen Eure Majestät die Haare heute zu tragen?«

Die Kaiserin seufzt. »Am liebsten schlicht und bequem. Meine Nerven sind überreizt, und ich fühle mein Haar heute, als wäre es ein Fremdkörper. Keinen Haarschmuck bitte, ich habe heute keinen offiziellen Termin.«

Ich nicke erleichtert. Dieser Wunsch gibt mir die Gelegenheit, das Haar der Kaiserin erst einmal genau zu studieren, bevor ich mich an kühne Kreationen wage. Zögernd trete ich näher.

»Sie glätten zunächst das Haar«, sagt die Kaiserin, die meine Unsicherheit offenbar bemerkt. »Aber vorsichtig! Und Sie verwenden dazu den Kamm aus Bernstein, keinen anderen. Er reinigt das Haar und verhindert gleichzeitig Haarausfall.« Sie weist auf einen goldschimmernden Kamm auf dem Frisiertisch.

Ich nehme ihn und wiege ihn in der Hand. Er ist leichter als ein Hornkamm und gut gearbeitet, mit sanft abgerundeten Zinken. Haarausfall wird er wohl nicht verhindern, denn das kann kein Kamm. Aber er wird die Haare nicht strapazieren, und eine gewisse Reinigungswirkung könnte das Material durchaus haben, es lädt sich ja bei Reibung statisch auf und zieht dann Staub an. Also nicke ich gehorsam. »Jawohl, Eure Majestät!«

Die Kaiserin greift nach ihrem Buch und schlägt es auf. Ich hole tief Luft und beginne mit meiner Arbeit. Zunächst streife ich Handschuhe über, denn so wurde ich von der Obersthofmeisterin schriftlich angewiesen. *Niemand berührt eine Kaiserin. Sie müssen stets ausnahmslos Handschuhe tragen, und zwar weiße.*

Weiße Handschuhe! Beim Haarewaschen! Beim Pomadisieren! Wer hat sich das nur ausgedacht? Ich habe mir hauchdünne Seidenhandschuhe zugelegt, für jeden Tag der Woche ein frisches Paar. Leider entgehen mir mit ihnen wichtige Details.

Haare verraten ja unglaublich viel über ihre Trägerinnen.

Manche sind ungewöhnlich weich, fein und dünn, sie erzählen von schwindender Lebenskraft, Müdigkeit und Verletzlichkeit. Andere wiederum fühlen sich widerspenstig an, geradezu widerborstig, und verraten geheime Kraft und Sinnlichkeit. Ich nehme beim Frisieren auch oft verspannte Muskeln wahr, mahlende Kiefer oder heimlichen Angstschweiß. Könnte ich die Kaiserin also berühren, wüsste ich recht treffsicher, wie es ihr gerade geht.

Mit sanftem Griff fasse ich jetzt in die Haare der Kaiserin und hebe sie an. Wie schwer sie sind. Als ich das ganze Gewicht in Händen halte, dreht und wendet die Kaiserin ihren Hals und massiert sich mit der Hand den schneeweißen Nacken. Die beiden Muskelstränge, die den Kopf tragen, sind sichtbar angespannt.

»Ich werde die Haare so aufstecken, dass der Schwerpunkt der Frisur nicht hinten, sondern genau über dem Kopf liegt«, murmele ich leise. »Das verteilt ihr Gewicht auf günstige Weise.« Kaum habe ich es gesagt, zucke ich zusammen. Die Kaiserin hat mich nicht angesprochen, ich hätte schweigen müssen.

Doch statt mich zu tadeln, lächelt sie. »Das wäre eine große Erleichterung. Und die ausgekämmten Haare sammeln Sie bitte in der Silberschale auf dem kleinen Tisch neben Ihnen.«

Ich nicke, und sie vertieft sich wieder in ihre Lektüre.

Behutsam teile ich mit dem Kamm eine schmale Strähne ab und entwirre sie.

Erstaunlich, wie lang diese Haare sind. Die Kaiserin thront ja momentan auf einem auffallend hohen Stuhl. Wenn ihre Haare dennoch fast den Boden erreichen, müssen sie im Stehen mindestens bis zu den Kniekehlen gehen. Und bei diesem ersten Kämmen fällt mir außerdem auf, dass die schweren Strähnen sich nach unten hin kaum verjüngen, und sie fransen auch nicht aus, wie das sonst eigentlich immer der Fall ist. Dick, goldbraun, weich und geschmeidig liegen selbst die letzten Zentimeter in meiner Hand. Die Haare der Kaiserin sind wahrhaft ein Wunder.

Eigentlich hat jedes Haar nur eine begrenzte Lebensdauer, bis es auf natürlichem Wege ausfällt. Und in dieser Zeit wächst es höchstens bis zur Hüfte.

Möglicherweise wachsen die Haare der Kaiserin schneller als gewöhnlich, oder der Lebenszyklus jedes einzelnen währt deutlich länger als die üblichen fünf bis acht Jahre. Ich habe gehört, dass auch Elisabeths Schwestern über eine ganz ungewöhnliche Haarpracht verfügen. Vermutlich ist das in ihrer Familie erblich.

Was auch immer die Ursache dafür ist, etwas Vergleichbares wie diese Haare habe ich noch nie gesehen. Beim Anblick der kräftigen und zugleich weichen Pracht muss ich an den biblischen Samson denken, dessen gesamte Stärke in seinen Haaren lag, und es kommt mir vor, als könne es bei der Kaiserin ebenso sein.

Auffallend zart und fein hingegen erscheinen mir die Ohrmuscheln der Kaiserin. Sie schimmern wie Perlmutt und wirken wie ein Symbol ihrer Zerbrechlichkeit.

Nach diesen ersten Beobachtungen vergesse ich meine eigenen Gedanken und konzentriere mich ganz auf die Arbeit. Um systematisch vorgehen zu können, wickele ich dicke Strähnen um meine behandschuhten Arme und verhindere so, dass sie mir entgleiten. Die übrigen Haare teile ich mit dem Kamm in dünnere Strähnen, bevor ich ganz vorsichtig jedes einzelne Haar trenne, als wäre es ein Faden aus purem Gold. Ich arbeite ruhig und gesammelt, bis die Haare der Kaiserin in einer einzigen schimmernden Flut über ihren Rücken fließen.

Als ich fertig bin, räuspere ich mich leise.

Die Kaiserin blickt von ihrer Lektüre auf. »Haben Sie eine Frage?«

»Ich würde gern eine neue Frisur ausprobieren, vorausgesetzt Eure Majestät sind einverstanden.«

Im Spiegel sehe ich, dass sie die Stirn runzelt. »Was schwebt Ihnen vor?«

»Darf ich es Ihnen zeigen?«, antworte ich mit einer Gegenfrage.

Sie nickt.

Ich nehme alle Haare seitlich streng zurück, wickele sie vorsichtig zu einer dicken Kordel, rolle sie am Hinterkopf zu einer Schnecke zusammen und halte sie mit der Hand fest, als hätte ich sie zum Knoten aufgesteckt.

»Ungefähr so war es bisher«, erkläre ich. »Wenn man Ihr Antlitz bei dieser Frisur von vorn betrachtet, sieht man nur über der Stirn Haare, und auch dort nur eine Andeutung davon. Auch an den Seiten ist keine Fülle zu sehen. Der Gesamteindruck ist genau genommen derselbe wie bei einer Kurzhaarfrisur, fast jungenhaft. Nur im Profil sieht man das prachtvolle Haar Eurer Majestät.«

Hoffentlich habe ich sie jetzt nicht beleidigt.

Die Kaiserin wendet ihr Haupt nach links und nach rechts, dann nickt sie zögernd, fast widerwillig.

»Ich könnte mir stattdessen ungefähr diese Frisierweise vorstellen«, fahre ich fort und löse die Haare wieder. Dann streiche ich die vorderen Strähnen nach oben aus der Stirn, stecke sie auf dem Oberkopf zu einer kleinen Tolle fest, nehme die gesamte Haarpracht, die über den Rücken fließt, und schlage sie mehrfach ein, bis sie knapp Schulterlänge hat. In dieser Position halte ich sie fest. »Würde ich die Haare ungefähr so flechten und feststecken, wäre der Gesamteindruck ein ganz anderer. Über der

Stirn ist nun Fülle sichtbar. Und seitlich umschmeichelt das schulterlange Haar Ihre Gesichtszüge und den schlanken Hals. So wirkt die Frisur weiblicher.«

Wieder wendet die Kaiserin vorsichtig den Kopf und betrachtet sich von beiden Seiten. Dann nickt sie. »Sie sind eine Künstlerin Ihres Fachs«, sagt sie. »Ich lasse Ihnen völlig freie Hand.«

Ich strahle und versuche gar nicht erst, es zu verbergen. Was für eine wundervolle Anerkennung! »Welche Essenzen darf ich beim Frisieren verarbeiten? Haarwasser? Pomade? Oder haben Sie einen anderen Wunsch?«

Die Kaiserin blickt in den Spiegel, aber nicht, um sich selbst zu sehen. Ihr Blick ruht nachdenklich auf meinem Gesicht. »Sie sprachen neulich von Frisiergeheimnissen, die Sie mit Ihrer Schwester erarbeitet und durch einen Schwur geschützt haben.«

Ich nicke. »Ja, Eure Kaiserliche Majestät.«

»Nun«, sagt sie, »Sie sollen und dürfen über Ihre Geheimnisse Stillschweigen bewahren. Aber bitte wenden Sie die besten davon an. Nur bitte keine aufdringlichen Düfte, davon bekomme ich Kopfschmerzen.«

»Ich verwende eine besondere Pomade mit dem Duft der Damaszener-Rose. Ich persönlich empfinde ihn nicht als aufdringlich, aber intensiv ist er schon. Darf ich Ihnen eine Kostprobe zeigen?«

Die Kaiserin nickt.

Ich hole einen Tiegel aus meiner Tasche und reiche ihn ihr.

Sie öffnet den Deckel und wedelt sich mit der Hand den Duft der goldbraunen Masse zu. »Sehr angenehm. Verwenden Sie das gern. Gegen die Düfte von Rose, Lavendel, Veilchen, Orangen und Zitronen habe ich normalerweise nichts einzuwenden. Auf alle anderen verzichten Sie bitte.«

Erleichtert atme ich auf. Das deckt sich mit meinen Vorlieben. Nur das durchblutungsfördernde Haarwasser mit Maiglöckchenduft muss ich wohl weglassen, aber das ist nicht schlimm, ich stelle es gleich heute Nachmittag mit Rosenduft neu her. Ich bin froh, dass die Kaiserin nichts über die Zusammensetzung der Pomade wissen will, die Inhaltsstoffe klingen nämlich alles andere als poetisch. Nichtsdestotrotz sind sie wirksam, und nur darauf kommt es bei meiner Arbeit an.

Wenig später massiere ich eine reichhaltige Pomade aus Rindermark und Schweineschmalz in die Haarpracht der Kaiserin ein, der man ihre tierische Herkunft dank des Rosenduftes nicht anmerkt. Das Haar wird dadurch gepflegt und geglättet, es bricht beim Flechten und Feststecken nicht und lässt sich auch viel leichter verarbeiten. Und die etwas dunklere Farbe, die es dadurch annimmt, schmeichelt dem hellen Teint der Kaiserin.

Danach beginnt meine wichtigste Aufgabe. Passend zu den Gesichtszügen und den Befindlichkeiten der Kaiserin, deren Müdigkeit und vor Schmerz pochende Schläfen ich unter meinen Händen erahne, kreiere ich eine weiche, weibliche Frisur. Zum Schluss bedecke ich das Haar mit einem hauchdünnen goldenen Netz, sodass die Kaiserin ihren schmerzenden Kopf problemlos an eine Stuhllehne oder auf ein Kissen betten kann, ohne dass eine Strähne entweicht. Mit einem letzten Hauch Pomade auf meinen behandschuhten Handflächen streiche ich noch rasch über den Haaransatz, um feine, kürzere Haare zu bändigen. Dann bin ich fertig und trete einen Schritt zurück.

»Sind Sie zufrieden?« Wie bei Zerline Gabillon senke ich demütig den Blick.

Diesmal allerdings sitzt vor mir keine Diva, sondern eine Kaiserin, die sich mit kritischem Blick im Spiegel mustert, und mein Magen fühlt sich an, als würde ein ganzer Schwarm Schmetterlinge darin herumflattern.

»Das ist schön«, höre ich die Stimme der Kaiserin. »Wunderschön. Und es fühlt sich gut an. Mein Kopf ist leichter als je zuvor.«

Ich hebe den Blick und lächele.

»Und nun die Silberschale«, fordert Elisabeth.

Gehorsam stelle ich die flache Schüssel mit den geschwungenen Löwenfüßen auf den Frisiertisch.

Zwischen den Brauen der Kaiserin entsteht eine steile Falte. »So viele?«, fragt sie. »Das muss besser werden!« Sie sieht mich streng an. »Heute rechne ich Ihnen Ihre Unerfahrenheit noch an. Aber Sie werden das optimieren müssen. Und zwar rasch.«

Eine deutliche Missstimmung schwingt in ihrer Stimme mit. Dabei habe ich in Wahrheit kaum Haare herausgekämmt. Jedes einzelne davon ist allerdings so lang, dass es in der schimmernden Schale wie ein kleines Knäuel wirkt. Ich überlege fieberhaft, was ich sagen oder tun könnte, aber mir fällt nichts ein.

»Gewiss, Eure Majestät!« Ich sinke in einen Hofknicks.

Die Kaiserin erhebt sich. »Den Umhang!«, befiehlt sie.

Ich nehme ihr den Hauch von weißer Spitze von den Schultern, darunter trägt sie einen ebenfalls weißen Morgenmantel.

Sie läutet eine kleine Glocke, hinter mir öffnen sich die Flügeltüren, ich versinke erneut im Hofknicks. Zum Glück fällt mir im letzten Moment noch ein, was die Obersthofmeisterin mir für den Abschied zu sagen befohlen hat. »Zu Füßen Eurer Majestät ich mich lege.«

Rauschende Röcke verraten, dass die Kaiserin den Saal grußlos verlässt. Klackernde Krallen auf dem Parkett lassen mich ahnen, dass der Hund seiner Herrin folgt.

Ich bleibe allein in gesenkter Haltung zurück und fühle mich gedemütigt. Es ist, als wäre ich zu einem vermeintlichen Höhenflug angetreten und dann jäh abgestürzt.

Kapitel 8

Hofburg, Frisierzimmer der Kaiserin

Als ich mich aufrichte, sehe ich, dass ich wirklich ganz allein bin. Selbst der Türhüter ist der Kaiserin gefolgt.

Mechanisch hänge ich den Frisiermantel über den Stuhl und zucke zusammen, als ich ein weiteres Haar darauf entdecke. Zum Glück erst jetzt.

Ich zupfe es ab und wickele es um meinen Finger. Was soll ich nur machen? Ich kann an meinem Vorgehen nichts optimieren, ich habe so vorsichtig gearbeitet wie möglich. Haare fallen nun einmal aus, wenn ihr Lebenszyklus beendet ist. Nichts und niemand kann daran etwas ändern, genauso wenig wie am Fall der Blätter im Herbst. Kein Bernsteinkamm und ich schon gleich gar nicht.

»Geben Sie mir das!«

Die scharfe Stimme der Kammerfrau, die wie aus dem Nichts hinter mir aufgetaucht ist, lässt mich erschrocken zusammenfahren. Erst denke ich, sie spräche von dem Haar, aber sie greift nach dem Umhang, und ich kann es rasch in meiner Handfläche verschwinden lassen.

Erstaunlich, wie leise diese massige Person sich bewegen kann. Täusche ich mich, oder liegt ein triumphierendes Lächeln auf ihren Zügen? Sie lässt mir keine Zeit, darüber nachzudenken.

»Machen Sie das weg!« Sie wedelt mit der Hand Richtung

Frisiertisch, wo meine Tiegel stehen. »Es ist nicht meine Aufgabe, hinter Ihnen herzuräumen. Und achten Sie nur ja darauf, dass niemand heimlich Haare Ihrer Majestät stiehlt und verkauft. Auch Sie werden das nicht tun! Verstanden?«

»Natürlich nicht!«, antworte ich entrüstet. Und erst jetzt wird mir klar, wie wertvoll die Haare der Kaiserin sein müssen. Bestimmt würden glühende Verehrer einiges dafür geben, auch nur ein einziges davon zu besitzen. Aber selbstverständlich werde ich aufmerksam darüber wachen, dass keines in falsche Hände gerät. »Ich werde alle Haare sammeln und sie an einem sicheren Ort verwahren«, sage ich. »Wenn ich genug beisammenhabe, werde ich sie zu Bändern flechten, die ich in die Frisur der Kaiserin einarbeiten kann.«

»Das müssen Sie mit Ihrer Majestät besprechen, es interessiert mich nicht«, ist die einzige Antwort der Pilat.

Ich atme tief durch, damit ich nichts Unbedachtes sage. Dann nehme ich Haar für Haar aus der Silberschale und lege sie auf meine Handfläche. Es sind nur zwölf, also wirklich nicht beunruhigend viele. Ich drehe sie zu einer Kordel und lege sie in ein leeres Döschen aus meiner Tasche. Dann reinige ich den Bernsteinkamm mit einem Seidentuch.

»Am Freitag sollen die Haare Ihrer Majestät gewaschen werden«, verkündet Frau von Pilat, die hinter mir stehen geblieben ist und trotz ihres angeblichen Desinteresses aufmerksam jede meiner Handbewegungen beobachtet. »Bereiten Sie sich gut darauf vor.«

»Sehr gern«, sage ich. »Was muss ich dafür tun?«

Sie gibt ein verächtliches Schnauben von sich. »*Sie* sind doch die Friseurin. Das müssen *Sie* wissen.«

Warum will diese Person mich nur ständig provozieren? Nun, egal was der Grund ist, ich lasse es nicht zu. »Natürlich weiß ich, wie man Haare wäscht«, entgegne ich mit aller Freundlichkeit, zu der ich fähig bin. »Aber ich kann unmöglich wissen, woher ich hier heißes Wasser, Tücher, Kannen und Wannen bekomme.«

»Ich habe jetzt keine Zeit, Ihnen diese Dinge zu erklären«, sagt Frau von Pilat schnippisch. »Das muss warten. Morgen komme ich vielleicht dazu. Oder übermorgen.«

Das ist zu spät, ich muss alles gut vorbereiten. Wenn irgendetwas fehlt, fällt es auf mich zurück. »Dann müssen wir die Haarwäsche leider verschieben«, sage ich gespielt freundlich.

Ich habe gehofft, die Pilat damit zu verunsichern, aber das Gegenteil ist der Fall. »Das ist ja wirklich sehr bedauerlich«, sagt sie zuckersüß. »Und zwar für Sie! Wie unerfreulich, dass Sie Ihre Stelle so schnell wieder verlieren.«

Frau von Pilat wendet sich ab, allerdings nicht schnell genug. Ich kann kurz das freudige Aufblitzen ihrer Augen sehen. Vermutlich, weil sie in diesem Moment Macht über mich hat. Oder besser, zu haben *glaubt.*

Aber wirkliche Macht hat in diesen Räumen nur eine, und daran sollte ich diese Dame wohl besser erinnern. »Machen Sie sich wegen mir keine Gedanken«, sage ich leichthin und lächele ebenso süß wie sie eben. »Ich werde einfach morgen die Kaiserin ansprechen. Bestimmt kann sie mir weiterhelfen, sodass ich die Zeit der kaiserlichen Kammerfrau nicht unnötig beanspruchen muss.«

Die Pilat zuckt zusammen, als hätte sie ein glühendes Eisen berührt. Aber Contenance hat sie, das muss ich ihr lassen. Ihre Miene bleibt unbewegt. »Nun gut.« Sie denkt kurz nach. »Bevor Sie Ihre Kaiserliche Majestät belästigen, werde ich heute ein Gespräch einschieben. Es wird allerdings nicht jetzt gleich gehen. Die Kaiserin frühstückt gerade ein zweites Mal mit ihren Hofdamen, dann muss sie geschnürt und angekleidet werden, was mindestens eine Stunde dauert. Und meistens hat sie danach noch zahlreiche weitere Wünsche an mich.«

»Gewiss«, antworte ich ebenso gelassen wie sie, obwohl es mich viel Kraft kostet, denn innerlich brodele ich. Stundenlang warten werde ich auf gar keinen Fall. Sobald die Pilat weg ist, frage ich den nächstbesten Türhüter, wer sich in dieser verflixten kaiserlichen Kammer auskennt. Und wenn der mir auch nicht weiterhilft, mache ich einen Aufstand, der durch die ganze Hofburg hallt, himmelsappramentnochmal.

Ja. Ich rege mich auf. Aber ich bin stolz, dass man es mir nicht anmerkt. Und als die Pilat aus dem Raum stolziert, räume ich erst einmal die Frisierkommode auf, um mich zu beruhigen. Kommt Zeit, kommt Rat.

»Entschuldigung«, sagt plötzlich eine Mädchenstimme hinter mir. »Ich wusste nicht, dass du noch hier bist. Verzeih, dass ich störe.«

Ich drehe mich um und sehe eine Dienstbotin, siebzehn oder achtzehn Jahre alt. Sie ist ganz ähnlich gekleidet wie ich, schwarz mit einer weißen Dienstbotenschürze. Allerdings sind ihre Sachen schlichter gearbeitet als meine, und sie trägt ein weißes Häubchen auf dem Kopf.

»Du störst mich nicht«, sage ich. »Ich räume nur noch ein wenig auf.«

Sie nickt. »Ich auch.« Ihr ganzes Gesicht ist von winzigen Sommersprossen übersät. Eine links neben dem Nasenflügel hat die Form eines kleinen Herzens. »Ich bin Wilhelmine. Alle nennen mich Mina.«

»Franziska«, sage ich. »Alle nennen mich Fanny. Zumindest alle, die mich mögen. Frau von Pilat nicht.« Ich verziehe das Gesicht, als hätte ich in eine Zitrone gebissen.

Mina lacht laut auf. »Du bist die neue Friseurin, nicht wahr?« Sie legt den Kopf schräg und betrachtet mich neugierig. »Das sieht man, deine Haare sind wunderschön.« Sie blickt sich um und senkt die Stimme. »Du wirst es schwer haben bei Frau von Pilat.«

»Warum?«, flüstere ich zurück.

»Vor deiner Einstellung hat sie die Kaiserin frisiert«, wispert Mina. »Aber jetzt bist du da, sie wurde also degradiert. Und das ist noch nicht das Schlimmste. Du wirst auch noch besser bezahlt als sie. Dabei musst du täglich nur wenige Stunden arbeiten, während sie der Kaiserin seit Jahren Tag und Nacht zur Verfügung steht. Seit sie das in der Zeitung gelesen hat, platzt sie fast vor Neid.«

Oha. Jetzt erst wird mir mein Problem in vollem Umfang bewusst.

»Verständlich«, murmele ich. »Aber ich habe so viel Geld gar nicht verlangt.«

Mina zuckt mit den Schultern. »Offenbar bist du es wert.« Zumindest sie scheint deswegen nicht neidisch zu sein. Sie geht zum Frisiertisch und räumt die Teetasse und den Zwiebackteller auf ein Tablett. »Sie spricht schlecht über dich, aber mach dir nichts draus. Hier wird sowieso über alles und jeden gelästert. Sogar und vor allem über die Kaiserin.«

»Ich hasse so etwas«, sage ich heftig. »Das ist unanständig!«

Mina lächelt. »Finde ich auch.«

»Kannst du mir vielleicht weiterhelfen?«, frage ich leise. »Ich muss wissen, was ich am Haarwaschtag der Kaiserin beachten muss. Aber Frau von Pilat hat angeblich keine Zeit, mich einzuweisen.«

Mina verdreht die Augen. »Dieses Biest! Natürlich helfe ich dir.«

»Fräulein Haller«, dröhnt die Stimme der Kammerfrau aus dem Nebenzimmer zu uns herüber. »Wo bleibt das Frühstücksgeschirr?«

»Ich komme!«, ruft Mina. Mir raunt sie zu: »Bin gleich wieder da.«

Als sie davoneilt, erscheint Frau von Pilat in der Tür. »Kommen Sie zurecht?«, fragt sie mich argwöhnisch.

»Ja, sicher.«

»Ich werde jetzt beim Frühstück der Kaiserin aufwarten. Danach habe ich vielleicht einen kurzen Moment Zeit für Sie. Wenn nichts dazwischenkommt.«

Mina ist hinter Frau von Pilat stehen geblieben. Bei deren Worten wiegt sie skeptisch den Kopf.

Sie hat recht, ich glaube auch nicht, dass daraus etwas wird. Trotzdem danke ich der Kammerfrau in verbindlichem Ton.

Frau von Pilat nickt mir huldvoll zu. »Sie können die Wartezeit ja nutzen, um Ihre Pomade und Ihr Haarwasser in die Behältnisse auf dem Frisiertisch umzufüllen. Dann haben Sie künftig alles vor Ort und benötigen dieses … Ding nicht mehr.« Sie weist mit dem Kinn auf meine Tasche.

Hinter Frau von Pilats Rücken schüttelt Mina warnend den Kopf. Dann legt sie den Zeigefinger an ihre Lippen.

Wieder schätze ich die Situation genauso ein wie sie. Es wäre dumm, meine Pomade hierzulassen. Wer weiß, ob ich sie dann morgen noch vorfinde, und in welchem Zustand. Aber ich sollte trotzdem besser so tun, als wäre ich einverstanden, also nicke ich.

Zufrieden verlässt Frau von Pilat den Raum.

Gleich darauf kehrt Mina zurück. Sie lauscht kurz, dann schließt sie die Tür. »Ich muss schnell hier sauber machen, dann zeige ich dir alles, was du brauchst. Sieh dich doch so lange ein bisschen um.«

Ich schüttele den Kopf. »So etwas mache ich nicht.«

Mina zuckt mit den Schultern. »Was man sehen kann, darf man auch anschauen, dafür hängt oder steht es doch da, oder?«

Vielleicht hat sie recht. Die offen herumstehenden Habseligkeiten der Kaiserin sind so vielen Blicken ausgesetzt, da kann es eigentlich nicht unziemlich sein, sie zu betrachten.

Neugierig durchwandere ich das Zimmer. An den Wänden hängen Bilder der Familie. Ich erkenne den Kaiser und die kaiserlichen Kinder, aber die meisten Gesichter sind mir fremd. Sogar Gemälde der Familienhunde gibt es. Große, schöne Tiere.

Eine Art Bett steht in der Mitte des Raums. »Schläft die Kaiserin hier?«, frage ich.

Mina schüttelt den Kopf. »Manchmal ruht sie sich da ein wenig aus. Schlafen tun die hohen Herrschaften nebenan.« Sie senkt den Kopf. »Beide. Meistens. Außer wenn der Kaiser in sein Ankleidezimmer verbannt wird.« Sie unterdrückt ein Kichern.

Wird er das manchmal? Fast hätte ich nachgefragt, aber das geht mich nichts an.

Schweigend fahre ich mit meiner Betrachtung fort. Wie schön der goldene Standspiegel der Kaiserin neben der Tür ist. So eingerahmt sehe sogar ich in meinem Dienstbotenkleid geradezu elegant aus. Nachdenklich betrachte ich mein Gesicht, das sich nun an genau der Stelle spiegelt, an der sich sonst die österreichische Kaiserin höchstpersönlich in die Augen blickt. Meine sind noch dunkler als ihre, manche bezeichnen sie sogar als schwarz. Mein Mund ist breiter als ihrer. Aber unsere Haarfarbe ist ähnlich, und wir sind vermutlich in etwa gleich groß. Ich wüsste ja zu gern, ob ich mein Mieder auch so eng schnüren könnte wie sie, wenn ich mir morgens eine Stunde Zeit dafür nehmen würde. Es heißt, man könne ihre Taille mit zwei Händen leicht umfassen. Ich stemme meine Hände in die Hüften, aber bei mir fehlen ein paar Zentimeter.

Nachdenklich wandere ich weiter durch den großen Raum. Wie hält die Kaiserin das alles nur Tag für Tag aus? Das Gewicht ihrer Haare, die ständige Einengung durch das Korsett und dann noch die muffige Luft in diesen Räumen? Da hätte ich auch Kopfschmerzen.

In einer Ecke steht eine dünne Wand aus Stoff, der über und über mit exotischen Blüten bestickt ist. »Was ist das?«, will ich wissen.

Mina, die gerade einen silbernen Rahmen mit einem Bild von Prinzessin Gisela abstaubt, blickt auf. »Ein Paravent«, sagt sie. »Man nennt so etwas auch spanische Wand. Man kann die Dinger aufstellen, wo immer man will, und dahinter alles verbergen, was nicht von jedem gesehen werden soll.«

»Wie praktisch.« Ich wende mich ab, denn diese Ecke geht mich offensichtlich nichts an.

Mina dagegen umrundet entschlossen die Wand und winkt mich zu sich. »Komm ruhig her, wir sind ja unter uns.«

Zögernd trete ich näher. Ich sehe eine schimmernde Holzkommode, auf der eine Wasserkanne und eine Porzellantasse abgestellt sind. Daneben steht auf vier Beinen ein etwa kniehohes, blank poliertes Möbelstück aus Holz in Nierenform, wie ich noch nie eins gesehen habe.

»Was ist das? Warum wird es verborgen?«, will ich wissen. Jetzt ist meine Neugierde doch geweckt.

Mina tritt neben mich, einen Lappen in der Hand. »Sieh mal«, sagt sie und zieht die unterste Schublade der Kommode heraus. Seltsam, das ist keine Schublade, sondern eine Art Holzkiste mit einem runden Deckel in der Mitte.

Mina hebt ihn an, darunter ist ein Loch. »Was das ist, dürfte klar sein.« Sie wischt über die glänzende Sitzfläche mit der runden Öffnung.

Verlegen wende ich den Blick ab.

»Retirade heißt so ein spezieller Nachttopf«, erklärt Mina völlig unbefangen. »Und das daneben nennt man Bidet.«

Ich riskiere noch einen Blick. Mina hebt nun auch den Deckel des seltsamen Möbelstücks an, und ich sehe, dass es sich dabei in Wahrheit um eine Sitzwanne handelt. Ich erröte, als mir klar wird, wofür sie bestimmt ist. Irgendwo ganz in der Nähe poltert etwas, und ich erstarre vor Schreck.

»Wir dürften nicht hier sein«, flüstere ich. »Das geht uns nichts an.«

»Und wer macht dann sauber?«, fragt Mina ungerührt.

Sie greift nach der Porzellantasse, hält sie ins Licht, murmelt etwas, das wie »unbenutzt« klingt, und stellt sie zurück. Erst jetzt fällt mir auf, dass es sich bei dem länglichen Porzellangebilde nicht um eine normale Tasse handelt, es ähnelt eher einer Sauciere.

»Das ist ein Bourdalou«, sagt Mina, als sie meinen fragenden Blick sieht. »Auch so etwas wie ein Nachttopf, man benutzt ihn im Stehen. Mit so ausladenden Röcken, wie die Kaiserin sie trägt, kann man sich ja nicht gut hinsetzen.«

Errötend ziehe ich mich zurück. Zweifelsohne hat auch eine Kaiserin menschliche Bedürfnisse, und ebenso selbstverständlich will auch sie diese vor anderen verbergen. Ich finde den Gedanken überaus unangenehm, dass sie das nicht kann. Bestünde sie auf Diskretion, müsste sie ihren Nachttopf selbst durch den Palast zum Abtritt tragen. Wie sollte das gehen?

O nein, allein diese Überlegung ist vermutlich Majestätsbeleidigung.

Mina allerdings ist das Thema überhaupt nicht peinlich.

»Weißt du was?«, wispert sie. »Wenn die Kaiserin … na, du weißt schon … ich sag mal, ein menschliches Bedürfnis hat, riecht es hinterher nach Veilchen.«

Ich pruste los, ich kann nicht anders. »Ach, komm! Mich kannst du nicht hereinlegen.«

»Doch, wirklich!« Mina nickt heftig. »Sie isst ja dauernd ihr geliebtes Veilchensorbet und lutscht dosenweise kandierte Veilchen. Ich wette, sogar ihre Winde haben Blumenduft.«

»Mina, eine Kaiserin hat so etwas nicht«, sage ich streng, aber dann muss ich doch kichern.

Zum Glück ist das Kammermädchen jetzt mit den Säuberungsarbeiten fertig.

»Komm mit«, sagt sie. »Ich zeige dir, wo du hingehen kannst, wenn dich selbst mal ein Bedürfnis plagt. Spätestens am Haarwaschtag solltest du diesen Ort kennen. Und ich stelle dir jemanden vor, der dir immer helfen wird.« Sie huscht zu einer Tapetentür, die mir bis jetzt noch nicht aufgefallen ist, öffnet sie, späht hinaus und will schon loslaufen, da erwische ich sie gerade noch am Ärmel.

»Warte! Und wenn Frau von Pilat kommt, um mit mir zu sprechen?«

»Nun.« Mina grinst. »Dann ist vermutlich auch noch Weihnachten und Ostern und Himmelfahrt zugleich, und hinter dieser Tür beginnt das Schlaraffenland. Oder anders gesagt: Das glaubst du doch selbst nicht. Los, nimm deine Tasche und komm mit!«

Zögernd folge ich ihr.

Wir huschen einen dunklen Dienstbotengang entlang, steigen mehrere schmale Wendeltreppen hinab und befinden uns plötzlich wieder in einer ganz anderen Welt. Einer ohne Samt, Seide und Gold, dafür mit Steinböden, weiß gekalkten Wänden, Dampf und Wäschedunst. Überall höre ich Stimmen, Schritte, Klappern und Scheppern, Gelächter.

»Da drüben ist die Waschküche«, sagt Mina. »Dahinter findest du das Häusl für die Dienstboten, falls du mal musst. Und hier gleich rechts ist Susannas Reich.«

Sie öffnet eine Tür, und wir betreten einen blitzsauberen Küchenraum mit einem blank gescheuerten Tisch und Kupferkesseln an den Wänden.

»Ist das die Hofküche?«, frage ich. »Die hatte ich mir ganz anders vorgestellt. Größer.«

»Das ist eine von vielen Hofküchen«, korrigiert Mina. »Die Separatküche der Kaiserin. Hier wird nur das zubereitet, was sie oder ihre Kinder verzehren, wenn sie nicht an einem offiziellen Mahl oder einem Familiendiner teilnehmen.«

»Nun gut, dafür ist sie groß genug.«

»Susanna?«, ruft Mina. »Ich habe dir jemanden mitgebracht.«

Eine Seitentür öffnet sich, und eine mollige, ältere Frau tritt ein. Sie trägt eine weiße Haube, hat ein weißes Tuch um die nicht vorhandene Taille gebunden und hinkt leicht. Als sie uns sieht, stemmt sie die Hände in die Hüften.

»Was sind das denn für magere Spatzen?«, ruft sie. »Setzt euch, ich habe frischen Gugelhupf aus der Zuckerbäckerei übrig. Na, wie klingt das?«

»Himmlisch!« Mina lächelt von Ohr zu Ohr. »Das ist übrigens Fanny. Die neue Friseurin Ihrer Majestät. Sie hat heute ihren ersten Arbeitstag.«

»Na, dann gibt's zum Gugelhupf auch noch Kaffee.«

Kurz darauf sitzen wir am Tisch, vor uns zwei dampfende Tassen mit echtem Kaffee und zwei Teller mit weiß überzuckertem Gugelhupf.

»Wir sind nicht aus Hunger hier.« Mina beißt in ihr Kuchenstück. »Wenipfstempf nift nur.« Sie kaut und schluckt, bevor sie weiterspricht. »Fanny braucht Hilfe am Haarwaschtag. Und die Pilat schikaniert sie, wo sie nur kann, damit sie sich ordentlich blamiert.«

Zwischen Susannas Augenbrauen entsteht eine steile Falte. »Schämen sollte sie sich.«

Mina schüttelt den Kopf. »Eher friert die Hölle ein.«

Susanna blickt mich mütterlich an. »Was brauchst du denn zum Haarewaschen?«

»Warmes Wasser«, beginne ich meine Aufzählung.

»Darum musst du dich nicht kümmern, das wird vom Kammerknecht gebracht, so viel du willst.«

»Eine ganz besonders große Waschschüssel für all die Haare.«

»Ich werde es dem Franz sagen, dann hast du sie«, sagt Susanna.

»Wer ist Franz?«, frage ich.

»Koderle. Der Kammerdiener«, sagt Mina. Puderzucker stäubt dabei aus ihrem Mund. »Susanna findet ihn fesch.«

Dafür bekommt Mina zwar eine Kopfnuss, aber die Köchin lacht dabei. »Der Mann ist verheiratet!«, sagt sie. »Aber es stimmt schon, wär er's nicht, würde ich ihm schöne Augen machen. Zurück zum Thema.« Sie wird wieder ernst. »Was brauchst du noch?«

»Eigelb«, sage ich. »Zwanzig Stück. Nein, dreißig.«

Susanna nickt. »Die kriegst du von mir.«

»Französischen Cognac. Fünf Flaschen.«

»Fünf?«, fragt Susanna fassungslos.

Ich zucke mit den Schultern. »Die Haare der Kaiserin sind lang. Außerdem benötige ich drei Kannen Essigwasser, halb und halb. Und das wär's auch schon. Den Rest bringe ich selbst mit.«

Susanna erhebt sich ächzend, holt ein Notizheft und schreibt alles hinein. »So. Wenn du am Freitag kommst, wirst du alles vorfinden. Aber jetzt iss! Glaube mir, am Haarwaschtag brauchst du viel Kraft.«

Fünfzehn Minuten später verlasse ich die Hofburg in der grünen Kutsche, und zwar, ohne ein Gespräch mit der Kammerfrau geführt zu haben. Mina wird Frau von Pilat meinen Gruß ausrichten und sagen, dass ich leider nicht länger warten konnte.

Mit gemischten Gefühlen lehne ich mich gegen den weichen Sitz. An diesem ersten Arbeitstag habe ich zwei Freundinnen gewonnen. Allerdings auch eine glühende Feindin.

Kapitel 9

Mariahilfer Hauptstraße 47

Es ist erst elf Uhr, und ich habe meine Arbeit für heute bereits erledigt. Mein Geld ist verdient, mein Fortkommen gesichert. Ich sitze am helllichten Tag in Bertis guter Stube, trinke Tee und feiere mit ihr die wunderbaren Neuigkeiten, die wir beide zu berichten haben.

Denn auch Berti hat gute Nachrichten: Man hat sie gefragt, ob sie als Friseurin ans Burgtheater zurückkehren will. Trotz ihrer Heirat.

»Ist das nicht wundervoll?«, fragt sie. »Morgen fange ich an. Sie haben gesagt: Die Einzige, die dich würdig ersetzen kann, bin ich.« Sie strahlt.

»Mehr als würdig«, sage ich. Und freue mich, dass Bertis Augen, die fast so dunkel wie meine sind, nicht mehr von ungeweinten Tränen glänzen, sondern vor Freude.

Ich frage nicht nach, warum sie arbeiten will, statt eine weitere Schwangerschaft zu wagen. Ich kenne den Grund, meine Mutter ist schließlich Hebamme. Eine Mutter, die ihr totes Kind in den Armen gehalten hat, ist danach niemals wieder dieselbe, auch wenn man ihr den Kummer nicht in jeder Sekunde ansieht.

Und dank Mutter weiß Berti auch, was sie tun muss, um die Wahrscheinlichkeit einer Empfängnis stark zu verringern. Ein mit Honig und Olivenöl getränktes Schwämmchen an der richtigen Stelle kann nicht alles, aber doch einiges verhindern. Und noch einen Ratschlag hat Mutter uns gegeben, als wir eigentlich noch viel zu jung dafür waren: Genau an den Tagen, an denen man als Frau mehr Sehnsucht als sonst nach Küssen und Zärtlichkeit hat, sollte man sich davor hüten, wenn man kein Kind will. Denn diese zärtlichen Tage hat die Natur erschaffen, damit das Menschengeschlecht niemals ausstirbt.

Berti reißt mich aus diesen Gedanken. Sie lehnt sich vor und legt die Arme auf den Küchentisch. »Jetzt erzähle du! Wie ist es dir bei der Kaiserin ergangen? Ich will alles wissen, auch die kleinste Kleinigkeit.«

Nichts lieber als das. Ich schildere Berti meinen ersten Arbeitstag in allen Nuancen, vom Goldglanz über den kaiserlichen Tadel bis hin zur rabenschwarzen Pilat und meiner Rettung von unerwarteter Seite. Aber die spanische Wand und alles, was sie verbirgt, erwähne ich natürlich nicht, das betrifft die Privatsphäre der Kaiserin.

»Was für ein Auf und Ab.« Berti schenkt uns Tee nach. »Und was für ein Abenteuer. Ob diese Pilat dir schaden kann?«

Ich puste nachdenklich auf meinen Tee. »Das kommt vermutlich auf mein Ansehen bei der Kaiserin an«, sage ich. »Wenn sie mit mir zufrieden ist, kann ich mich gegen Dienstbotenklatsch sicher leicht behaupten. Sollte sie aber enttäuscht sein, kann üble Nachrede bestimmt schlimme Folgen haben.«

»Sie wird mehr als zufrieden sein«, sagt Berti. »Du bist die Beste!«

Ich seufze. »Du bist lieb. Aber selbst die Beste wäre für die Kaiserin nicht gut genug, es sei denn, sie könnte zaubern. Eigentlich müsste ich jetzt eine Tinktur erfinden, die es schafft, die Haare am Kopf Ihrer Majestät magisch zu fixieren.«

»Wenn du die erfinden würdest, müsstest du in deinem Leben keinen Finger mehr krumm machen«, sagt Berti. »Nicht einmal für die Kaiserin. Jede eitle Dame würde dir deinen Balsam aus den Händen reißen, ganz gleich, zu welchem Preis du ihn verkaufst. Aber ich fürchte, du solltest für diese Erfindung dennoch keine Zeit verschwenden. Haare haben eben nur eine begrenzte Lebensdauer, daran lässt sich nichts ändern. Und selbst wenn du es schaffen würdest, sie am Kopf der Kaiserin zu verankern, blieben sie dort doch nicht dauerhaft schön. Irgendwann sähe selbst das schönste Naturhaar aus wie eine stumpfe, verfilzte Perücke. Haare sind nun einmal nicht für die Ewigkeit gemacht.«

Ich nicke. »Ja, *wir* wissen das. Aber ob ich es der Kaiserin vermitteln kann? Mina sagte, die Haare auf dem Haupt Ihrer Majestät seien alle durchnummeriert und sie beweine den Verlust jedes einzelnen.« Ich nippe an der Tasse und verbrenne mir dabei fast die Oberlippe.

»Ich habe eine bessere Idee.« Berti erhebt sich. »Schau mal.«

Sie geht zu einem Wandschrank und entnimmt ihm eine flache Kiste, die sie vor mich auf den Tisch stellt. Als sie den Deckel aufklappt, sehe ich ein Stück rote Seide.

»Sieh nach, was darunter ist«, fordert Berti mich auf.

Vorsichtig hebe ich die Seide an, die leicht am Untergrund haftet. Darunter liegen drei silberne Medaillen.

»Johann hat sie gefertigt«, erklärt Berti stolz. »Aber ich will dir nicht die Münzen zeigen, sondern ihre Aufbewahrung. Schau mal!«

Sie kippt die Schachtel nach rechts und links. Die Münzen bewegen sich nicht von ihrem Platz.

»Heb mal eine an«, fordert Berti mich auf.

Ich gehorche. Und wundere mich. Die Münze klebt am

Untergrund, der aus grobem, schwarzen Stoff besteht, dennoch lässt sie sich mit ein wenig Kraft leicht anheben. Ich tippe mit dem Finger auf den schwarzen Stoff unter der Münze. Er ist mit einer gummiartigen Schicht bedeckt, die zwar klebrig ist, aber dennoch nicht an meinem Finger haften bleibt.

»Was ist das?«

»Eine Pflasterpaste aus der Apotheke«, erklärt Berti. »Man erwärmt sie und trägt sie auf Stoffe auf. An groben Geweben haftet sie wie Pech, an glatten fast gar nicht. Johann verwendet sie beruflich. So können die Münzen und Medaillen beim Transport nicht verkratzt werden.«

»Interessant. Aber warum zeigst du mir das?«

»Na, weil das die Lösung für dein Problem ist.« Berti klatscht in die Hände. »Haare bleiben daran nämlich auch hängen. Du könntest einen Klebestreifen an deinem Kleid anbringen, an Wollstoff wird er gut haften. Unter der Schürze sieht das niemand. Du kannst sie hinten mit Seide füttern, dann bleibt sie nicht daran hängen. Genauso wenig wie deine Seidenhandschuhe, wenn du den Klebestreifen damit berührst.« Sie mustert mein Gesicht. »Verstehst du jetzt? Du musst dann nur noch die ausgekämmten Haare vom Kamm klauben und sie …«

»… mit einer schnellen Handbewegung unter die Schürze schieben!«, rufe ich aus.

Wir wechseln einen kurzen Blick. Dann springt Berti auf. »Lass es uns ausprobieren!«

Drei Stunden später thront Berti in majestätischer Haltung auf dem höchsten Stuhl, den wir in ihrer Wohnung finden konnten. Vor ihr auf dem Tisch steht ein kleiner Frisierspiegel, hinter ihr stehe ich und kämme sie. Und zwar in meinem Dienstbotenkleid, das nun einen Klebestreifen auf Oberschenkelhöhe hat, bedeckt von meiner neuerdings seidengefütterten Schürze, für die Berti ihre feine weiße Hochzeitsstola geopfert hat.

Bertis Haare reichen zwar nicht bis zu den Kniekehlen, sondern nur bis zur Hüfte, aber so ist mein Trick sogar noch schwieriger zu bewerkstelligen. Ich kämme die Haare mit der rechten Hand behutsam nach unten aus. Dabei beuge ich mich immer weiter vor. Sobald der Kamm an den Spitzen angelangt ist, nehme ich alle ausgekämmten Haare mit der linken Hand in Empfang, genau wie heute früh. Aber statt sie nach dem Aufrichten in die Silberschüssel zu legen – bei Berti ist es eine Porzellanschüssel –, zwirbele ich sie zu einem Knäuel, schiebe es rasch unter die Schürze und drücke es auf dem Oberschenkel fest. Mit einer so unauffälligen Bewegung, dass Berti in ihrer Rolle als Kaiserin nichts davon bemerkt, selbst wenn sie im Spiegel bewusst nach hinten unten starrt.

Beim ersten Mal ist das gar nicht so einfach, aber beim zweiten Mal fällt es mir schon leichter, und beim dritten Mal bemerkt Berti nichts mehr davon.

»Aber wenn sie mich trotzdem durchschaut?« Ich fühle mich unwohl beim Gedanken an einen Betrug.

Berti runzelt die Stirn. »Fanny, du stiehlst hier nicht die Kronjuwelen. Selbst wenn es herauskommen sollte, wirst du dafür nicht ins Gefängnis kommen. Du verbirgst ja nur eine unumgängliche Tatsache vor dem Blick der Kaiserin, die ihr sonst täglich die Laune verderben würde.« Auf einmal grinst Berti spitzbübisch. »Ich glaube, ich mache das ab jetzt im Theater auch so. Es wird niemandem schaden und meinen guten Ruf mehren. Was soll daran falsch sein?«

»Du hast recht. Es schadet niemandem! Und ich habe noch eine weitere Idee, die uns beiden ebenfalls nützen wird. Wir nehmen jetzt all unser Erspartes und kaufen ein.«

Als Bertis Mann Johann abends aus seiner Werkstatt kommt, trifft er uns wieder in der guten Stube an. Stolz präsentieren wir ihm unsere Errungenschaften, die wir auf dem Esstisch ausgebreitet haben: zwei bauchige Ledertaschen, ähnlich wie Mutters Hebammentasche, dunkelbraun, nagelneu, nach feinem Rindsleder duftend. Daneben ein Sortiment an zueinanderpassenden Gläsern mit Schraubverschluss, Tiegeln und Dosen in allen Formen und Größen, erlesen ausgestattet mit silbernen Deckeln.

»Um Himmels willen«, sagt Johann entsetzt. »Was das gekostet haben muss!« Aber er tadelt Berti nicht. Ich glaube, auch er ist froh, dass ihre Augen endlich wieder leuchten.

»Ja, unser Notgroschen ist jetzt weg. Aber manchmal muss man Geld ausgeben, um neues Geld zu verdienen«, sagt Berti selbstbewusst. Und dann erzählt sie ihrem Mann von der Neuanstellung am Burgtheater.

So richtig glücklich sieht Johann immer noch nicht aus. Natürlich nicht. Bis vor ein paar Tagen hatte er auf Familienglück gehofft, jetzt schlägt seine Frau eine ganz andere Richtung ein. Aber er sagt wieder nichts gegen ihre Pläne. Johann Schwerdtner ist ein feiner Mensch. Berti hatte wirklich Glück mit der Wahl ihres Ehemanns.

Kapitel 10

Drei Tage später
Hofburg, Frisierzimmer der Kaiserin

Ich entwickle bei meiner neuen Tätigkeit schon so etwas wie erste Routinen. Die morgendliche Kutschfahrt raubt mir inzwischen nicht mehr den Atem. Den Weg zu den Gemächern der Kaiserin finde ich mittlerweile selbst. Und wenn ich eintreffe, werde ich nicht mehr von der pampigen Pilat, sondern von Kammerdiener Koderle erwartet, einem älteren Herrn mit Lachfältchen, dessen Vornehmheit nicht nur dünne Tünche ist wie bei der Pilat. Offiziell ist der Kammerdiener nur hier, um meine Ankunftszeit zu protokollieren, aber jedes Mal fragt er mich auch, ob ich irgendetwas brauche, und wenn das der Fall ist, kümmert er sich umgehend darum. Susanna sei Dank!

Auch mit der Kaiserin harmoniere ich immer besser. Wir probieren täglich neue Frisuren aus, und sie verhält sich dabei so natürlich, dass ich gestern tatsächlich für einen kurzen Moment vergessen habe, dass nicht Berti vor mir sitzt, sondern die Kaiserin von Österreich.

Außerdem gewöhne ich mir allmählich die bei Hofe übliche Sprechweise an. Schönbrunner Deutsch nennt man diese spezielle Artikulation. Ja, sogar die Haltung der Kaiserin habe ich übernommen, ihre langsamen Bewegungen und ihre stolze Art, den Kopf zu tragen. Ich glaube, sie schätzt das.

Gestern sagte sie zu mir: »Fräulein Angerer, Sie machen sich wirklich gut. Weiter so!«

Wenn ich Ihre Majestät kämme, lasse ich etwa die Hälfte der losen Haare unbemerkt unter meiner Schürze verschwinden. Und es funktioniert. Bertis Idee ist genial.

Die übrigen Haare wandern in die Silberschüssel, wo sie von der Kaiserin nach dem Frisieren begutachtet und beklagt werden. Aber ohne echten Schmerz, eher aus Gewohnheit, das ist deutlich zu spüren. Ihre Majestät ist mit meiner Arbeit mehr als zufrieden.

An meinem ersten Haarwaschtag allerdings steige ich doch wieder mit Magenflattern aus der Kutsche. Mina hat mir nämlich gestern zugeflüstert, dass jeder in der Hofburg vor den Launen der Kaiserin an diesem Tag größten Respekt hat. Sogar der Kaiser.

»Kopf hoch! Bis jetzt haben es noch alle überlebt«, raunt Franz Koderle mir aufmunternd zu, als er meine Leichenbittermiene bemerkt.

»Aber in welchem Zustand?«, frage ich leise zurück.

Er schmunzelt. »Bebend zwar, aber immer am Stück.«

Ich warte länger als sonst, und meine Anspannung steigt. Dann ist es so weit, die Türen öffnen sich, ich gebe mir einen Ruck und trete ein.

Warme Luft schlägt mir entgegen, und im Kamin auf der anderen Seite des Raums lodern hohe Flammen. Das ist gut überlegt. Um die Haare zu trocknen, muss der Raum heute stärker beheizt werden als sonst. Aus den Augenwinkeln sehe ich, dass die Kaiserin und ich nicht allein sein werden. Am Waschtisch steht Frau von Pilat mit der üblichen Sauertopfmiene und überprüft die Wassertemperatur in den bereitstehenden Kannen. Vor dem Kamin hängen Mina und das ungarische Kammermädchen

Trockentücher über ein Gestell, vermutlich, um sie vom Feuer anwärmen zu lassen.

Die Kaiserin erwartet mich heute in der Mitte des Raumes. Sie ist diesmal nicht in einen Spitzenmantel gehüllt, sondern in einen Umhang aus festem, glänzendem, wasserabweisendem Stoff. Ihre Haare sind bereits feucht, am Haarwaschtag lässt sie sie beim morgendlichen Bad benetzen.

Wie üblich versinke ich in einem Hofknicks. »Zu Füßen Eurer Majestät ich mich lege.«

»Oh, heute lieber nicht«, antwortet die Kaiserin munter. »Dort könnte es feucht sein.« Tatsächlich tropfen ihre Haare, und der Teppich unter ihr ist deswegen mit einem Tuch bedeckt. »Lassen Sie uns beginnen! Ich bin schon gespannt auf Ihre Haarwaschkünste! Wie ich hörte, verwenden Sie Eier und französischen Branntwein dafür?«

Die Kammerfrau und die beiden Kammermädchen halten in der Bewegung inne und spitzen die Ohren.

»Ja, in der Tat«, antworte ich. »Das pflegt und gibt einen erstaunlichen Glanz.«

Ich trete an den Waschtisch, und Frau von Pilat weicht zur Seite. Täusche ich mich, oder umspielt ein schadenfrohes Lächeln ihre Lippen?

Nun, ich bin gewappnet, mich wird sie nicht zu Fall bringen, das nehme ich mir ganz fest vor. Scheinbar ohne sie zu beachten, verschaffe ich mir rasch einen Überblick über die bereitstehenden Utensilien. Jetzt darf mir kein Fehler unterlaufen. Jeder Fauxpas wird sich bei Hofe wie ein Lauffeuer verbreiten.

Neben den Wasserkrügen steht eine weiße Porzellanschale mit Eigelbmasse, daneben Kristallflaschen mit einer goldenen Flüssigkeit. Ich schnuppere vorsichtshalber an allem, denn der Pilat traue ich alles zu. Aber falls sie mir eine Falle gestellt hat, ist diese raffinierter. In den Flaschen befindet sich eindeutig Cognac, und die Eier in der Schüssel sind unverdorben.

»Eigelb pflegt und nährt das Haar«, erkläre ich, während ich die gelbe Masse mit einem Schneebesen durchrühre. »Und Cognac reinigt es anschließend schonend und kräftigt die Kopfhaut«, fahre ich fort. Dann bücke ich mich und entnehme meiner neuen Ledertasche ein kleines Fläschchen. »Außerdem füge ich diesem Shampoo Kräuteressenzen aus eigener Herstellung zu, die Haarausfall verhindern.«

Ich gebe einige Tropfen meines Elixiers in die Schüssel mit dem Ei und sehe im Spiegel, wie sich die Nasenflügel der Kaiserin weiten. »Für die besondere Wirkung habe ich dem Shampoo einen Hauch Orangenöl beigemischt«, sage ich rasch.

Kurz ist es so still im Raum, dass ich das Knacken des Holzes im Kamin höre.

»Es duftet sehr angenehm«, sagt die Kaiserin.

Erst als ich aufatme, merke ich, dass ich die Luft angehalten habe. »Ich arbeite diese Masse nun ein, dann hüllen wir das Haar in warme Tücher und lassen alles eine halbe Stunde einwirken.«

»Benötigen Sie dabei Hilfe?«, will die Kaiserin wissen.

Ich schüttele den Kopf. »Nein. Dazu sind nur zwei Hände erforderlich, und die habe ich selbst.«

Die Kaiserin nickt zufrieden. »Wir klingeln dann, wenn wir Hilfe brauchen.« Mit einer einzigen Handbewegung wedelt sie die Pilat und die Kammermädchen aus dem Raum. »Wohin mit mir?«, fragt sie mich. »Heute bestimmen Sie die Regeln, und ich gehorche.«

Ich knickse. »Wenn Eure Majestät auf dem Frisierstuhl Platz nehmen würden, könnte ich mir alles bequem in Reichweite stellen.«

Die Kaiserin schreitet zum Stuhl, ich hebe den schweren

Umhang an, sie setzt sich, und ich breite den Stoff über der Stuhllehne aus. Das feuchte Haar reicht nun bis zum Boden.

Rasch schiebe ich den Beistelltisch näher, auf dem wie üblich die berüchtigte Silberschale steht, und tausche sie gegen die große Waschschüssel aus, die ich zu diesem Zweck bei Susanna angefordert habe. Dann rücke ich den Tisch direkt hinter die Kaiserin und hebe ihr feuchtes Haar in die Schüssel.

Nun kann ich die Eigelbmasse einfach über die Haarflut gießen und einarbeiten. Als ich jedes Haar bis in die Spitze damit gesalbt habe, massiere ich den Rest der goldgelben Masse in sanft kreisenden Bewegungen in die Kopfhaut und den Haaransatz ein.

Meine Handschuhe ruiniere ich dabei, aber so ist das nun einmal. Ich habe für die weiteren Arbeitsschritte an diesem Tag noch drei weitere Paare eingepackt. Zuletzt umwickele ich das kaiserliche Haupt mit einem warmen Tuch und schlinge daraus einen Turban, der die gesamte Haarfülle umfasst.

Fertig.

Jetzt kann die Schüssel wieder weg. Ich ziehe die Handschuhe aus, lege sie in die Schale und ziehe den Tisch an seine frühere Position zurück.

»Lassen Sie nur alles stehen«, sagt die Kaiserin. »Darum kann sich nachher Frau von Pilat kümmern.«

»Sie wird nicht begeistert sein«, rutscht es mir heraus.

»Sie beide harmonieren nicht«, murmelt die Kaiserin. Und das ist keine Frage, das ist eine Feststellung.

Ich senke den Blick und schweige.

Eine Weile bleibt es still, dann räuspert sich die Kaiserin.

»Fräulein Angerer, vielleicht haben Sie sich gewundert, als Sie erfuhren, wie hoch Ihre Bezahlung ist«, sagt sie. »Sie haben so viel ja gar nicht verlangt.«

Ich nicke verlegen. »Das ist wahr, Eure Kaiserliche Majestät. Ich war tatsächlich erstaunt.«

»Natürlich habe ich das nicht ohne Grund verfügt«, fährt Elisabeth fort.

»Gewiss nicht«, wispere ich, verwundert über die Richtung, die dieses Gespräch nimmt.

»Ich möchte, dass Sie viel zu verlieren haben, wenn Sie diese Stellung riskieren, Fräulein Angerer. Und ich möchte verhindern, dass Sie falsche Freunde gewinnen.«

»Ich verstehe nicht …«

Die Kaiserin nickt. »Natürlich nicht. Sie sind jung, Sie sind direkt, Sie sind ehrlich und unverdorben. Sie können die merkwürdigen Mechanismen bei Hofe gar nicht verstehen.« Sie denkt kurz nach, dann fährt sie fort. »Nun, mein erster Grund ist schnell erklärt. Sie sind eine bildschöne junge Frau mit vielen Talenten. Und durch Ihre Tätigkeit bei Hofe sind Sie in den Blick einer größeren Öffentlichkeit geraten. Es ist nur eine Frage der Zeit, bis Sie sich vor Heiratsanträgen gar nicht mehr retten können.«

Ich murmele einen Widerspruch, doch Elisabeth hebt abwehrend die Hände, und ich verstumme erschrocken, denn ich wurde ja nichts gefragt.

»Ich möchte, dass keiner Ihrer Galane Ihnen das bieten kann, was Ihnen die Arbeit Ihrer eigenen Hände ermöglicht«, sagt die Kaiserin. »Ich möchte Sie nämlich nicht verlieren. Es soll sich für Sie schlicht und ergreifend nicht lohnen, zu heiraten und Ihre Stellung zu kündigen.«

Ich knickse. »Das ist sehr freundlich, Eure Majestät. Allerdings werde ich bestimmt nicht kündigen, nicht einmal, wenn ich je heiraten sollte.«

Sie zieht eine Augenbraue hoch. »Das werden Sie aber müssen.«

»Ich verstehe nicht …«, beginne ich, stocke dann aber. Steht es mir zu nachzufragen?

»Als verheiratete Frau müssen Sie mich verlassen«, erklärt die Kaiserin. »Das ist so üblich. Man kann nicht gleichzeitig einem Ehemann und der Kaiserin dienen.«

»Aber …«

»Das sind die Regeln«, schneidet Elisabeth mir das Wort ab. »Sie gelten für alle!«

Fast hätte ich entgegnet, dass der Kammerdiener durchaus verheiratet ist. Aber Franz Koderle ist ein Mann, für ihn gelten zweifelsohne andere Regeln. Und warum weiter streiten? Ich möchte ja überhaupt nicht heiraten, ich will es im Leben selbst zu etwas bringen.

»Mein zweiter Grund ist komplizierter zu erklären«, fährt Elisabeth fort. »Sie wissen es noch nicht, aber an diesem Hofe haben die Türen Ohren, die Fenster Augen, und viele der Dienstboten sind nicht so freundlich und arglos, wie sie erscheinen. Einige von ihnen haben ein zugleich unterwürfiges und machthungriges Naturell. Eine gefährliche Mischung, das musste ich selbst schmerzhaft lernen. Für Sie, Fräulein Angerer, bedeutet das konkret: Man wird Ihnen devot nach dem Mund reden, und kaum haben Sie sich abgewandt, wird man alles Gesagte gegen Sie verwenden. Rechnen Sie also immer damit, dass man Ihnen Fallen stellen wird, mal mehr, mal weniger geschickt. Die einen wollen vielleicht dafür sorgen, dass Sie entlassen werden, andere wollen Sie möglicherweise in ihre intriganten Netze einspinnen. Trauen Sie bei Hofe niemandem! Schließen Sie keine Freundschaften! Seien Sie mir und sich selbst gegenüber offen und ehrlich, aber sonst so verschlossen wie eine Auster! Fast niemand bei Hofe ist der Macht so nahe wie Sie jeden Morgen. Man wird Ihnen wehtun, seien Sie da gewiss. Und um diesen

Schmerz auszugleichen, bezahle ich Ihnen ein angemessenes Honorar.«

Unauffällig mustere ich im Spiegel die Miene der Kaiserin. Diese Frau ist so schön, dass selbst der weiße Turban ihr Antlitz nicht entstellt. Aber sie kennt mich schlecht.

»Ich habe beruflich viel mit Menschen zu tun, ich kann erfahrungsgemäß sehr gut unterscheiden, wer mir Übles will«, sage ich, obwohl sie mir keine Frage gestellt hat.

»Nun.« Die Kaiserin zieht eine ihrer sanft geschwungenen Brauen hoch. »Können Sie das? Ich hörte beispielsweise von Ihrem Interesse an meinem … Paravent.« Sie weist mit dem Daumen in die Zimmerecke, die ich vor ein paar Tagen mit Mina erkundet habe.

Siedend heiß schießt mir das Blut in die Wangen. Woher weiß sie davon?

»Ich wollte nicht …«, stammele ich, breche dann aber ab, weil mir die Worte fehlen. Und weil es auch gar keine passende Entschuldigung gibt. Um Himmels willen, war ich dumm! Jetzt werde ich entlassen, und ich habe es wirklich verdient.

»Beruhigen Sie sich«, sagt die Kaiserin sanft. »Man hat Sie in meinem Auftrag aufs Glatteis geführt, und Sie haben sich wacker geschlagen. Sie sind nur ein wenig ins Rutschen geraten, gerade so weit, wie es verzeihlich ist. Ich hoffe, Sie werden aus diesem Gespräch eine Lehre ziehen und sich nie wieder zu so etwas hinreißen lassen. Und vor allem werden Sie an diesem Hofe niemals mehr jemandem trauen. Außer mir. Ich betone es noch einmal: Sie haben hier keine Freunde! Bleiben Sie für sich! Haben Sie das jetzt verstanden?«

Ich sinke in einen Hofknicks, und weil mir nichts Besseres einfällt, flüstere ich. »Zu Füßen Eurer Majestät ich mich lege. Diese Lektion habe ich verstanden. Durch und durch.«

Die Kaiserin nickt, dann läutet sie nach Personal für die Spülung des Haares.

Mina, Fräulein von Mendelenýi und die Pilat betreten den Raum, und deren helfende Hände benötigen wir auch, denn es ist viel Arbeit, die Eiermasse wieder aus dem üppigen Haar der Kaiserin zu spülen. Dafür sind erst kannenweise Wasser erforderlich, und dann der gesamte Cognac. Die Waschschüssel, in der wir den Sud auffangen, muss ständig in einen Trog entleert werden, den der Kammerknecht später hinausträgt.

Wir arbeiten schweigend. Ich weiche den Blicken der anderen aus, während ich mich frage, wer von ihnen mich verraten hat. War es Mina, die geplaudert hat? Oder wurden wir durch einen Türspalt beobachtet und belauscht? Wenn ja, von wem? Von der Pilat? Oder steckt vielleicht sogar Kammerdiener Franz Koderle hinter diesem Komplott? Ach, ich weiß es nicht, und vermutlich werde ich es auch nie erfahren. Aber die Botschaft habe ich wirklich verstanden: Ich habe hier keine Freunde. Punkt.

Irgendwann ist es geschafft, das kaiserliche Haar glänzt vor Sauberkeit. Ich mache es noch mit Essigwasser geschmeidig, spüle es ein letztes Mal mit Rosenessenz, dann tupfe ich die dunkel glänzende Haarmasse mit warmen Tüchern ab, während die anderen Helferinnen das Frisierzimmer wieder in seinen üblichen Zustand zurückversetzen. Nur die Holzgestelle bleiben am Kamin stehen, obwohl keine Tücher mehr daran hängen. Die Kaiserin setzt sich vors Feuer, und wir breiten die Haare hinter ihr auf den Gestellen aus. Schneller würden sie zwar trocknen, wenn die Kaiserin mit dem Rücken zum Feuer säße, aber das konnte ich gerade noch abwenden. Haare dürfen nicht zu sehr erwärmt werden, um sie nicht auszutrocknen. Wärme benötigt heute vor allem die Kaiserin selbst, die jetzt stundenlang mit feuchten Haaren ausharren muss.

»Sie können sich jetzt alle bis auf Fräulein Angerer zurückziehen«, sagt die Kaiserin von Österreich. »Bringen Sie mir bitte die Kinder.«

Ich trete in den Hintergrund und warte ab, was passiert. Noch immer schäme ich mich wegen der Sache mit dem Paravent.

Es klopft diskret an der Tür. »Kronprinz Rudolf, Erzherzogin Gisela, Freifrau Karoline von Welden«, kündigt der Türhüter an.

Zwei Kinder betreten den Raum, so fein ausstaffiert, wie ich es noch nie gesehen habe. Es sind hübsche Kinder mit niedlichen, runden Gesichtern. Noch lässt sich nicht sicher sagen, wem sie später ähneln werden, ob Vater oder Mutter. Aber ich glaube, es steckt mehr vom Kaiser in den kleinen Gesichtern als von der Kaiserin. Den beiden folgt eine freundlich wirkende Matrone in einem violetten Kleid, die umgehend im Hofknicks versinkt. Die siebenjährige Gisela folgt ihrem Beispiel. Sie trägt ein weißes Kleid mit bauschendem Rock und niedliche Schnürstiefelchen. Ihre Haare werden von einem Band mit Schleife aus dem Gesicht gehalten und fallen offen über den Rücken.

Der schmächtige Rudolf müsste fünf oder sechs sein, er steckt in einer winzigen Uniform, auf dem Kopf trägt er sogar den passenden Tschako. Er macht eine Verbeugung, und der Tschako rutscht ihm vom Kopf. Rasch greift er danach und drückt ihn wieder auf seinen blonden Schopf. Sein kleines Gesicht läuft feuerrot an.

Die kaiserliche Mama allerdings tut, als hätte sie nichts von seinem Malheur bemerkt. »Guten Morgen, Frau von Welden!«, begrüßt sie die Kinderfrau. Dann wendet sie sich an die Kleinen. »Guten Morgen, ihr beiden! Seid ihr denn auch immer so brav, wie ihr ausseht?«

»Ja, Mama!«, sagt Gisela artig.

Der kleine Rudolf senkt den Blick und nickt. Aha, er hat heute eindeutig etwas angestellt.

»Und lernt ihr auch schön? Englisch? Französisch? Ungarisch? Tschechisch?«

»Ja, Mama«, wiederholt Gisela.

»Ja, Mama«, echot Rudolf. Jetzt sieht er auf, in diesem Punkt hat er offenbar ein reines Gewissen.

»Das höre ich gern«, sagt die Kaiserin. »Sprachen sind wichtig.«

Die Kinder nicken. Das Feuer knackt. Die Wanduhr tickt.

Giselas Blick wandert in meine Richtung. »Mama, wer ist das?«, fragt sie kaum hörbar.

»Das ist Fräulein Angerer«, sagt die Kaiserin. »Sie frisiert mir die Haare, damit ich aussehe wie eine Märchenprinzessin.«

Rudolf legt den Kopf schräg. »Sehen Prinzessinnen im Märchen denn so aus?« Er zeigt auf die Haare der Kaiserin auf dem Trockengestell.

Die Kaiserin lacht. »Nein, meine Frisur ist noch nicht fertig. Das dauert noch lange.«

Schweigend starren die Kinder mich an.

»Soll Fräulein Angerer dich auch einmal frisieren?«, fragt die Kaiserin ihre Tochter.

Heftig schüttelt Gisela den Kopf.

Frau von Welden blickt ihren Zögling streng an. »Wie heißt das richtig?«, will sie wissen.

»Nein danke, Mama.« Gisela knickst. »Lieber nicht. Das dauert mir zu lang.«

Die Kaiserin schmunzelt. »Ja, das kann ich gut verstehen.

Vielleicht warten wir bis zu deinem ersten Ball. Nun geht weiterlernen, ihr beiden. Es hat mich sehr gefreut, euch gesund und munter zu sehen.«

Die Freifrau und die kleine Erzherzogin knicksen, Rudolf verbeugt sich. Dann ziehen sich alle drei im Rückwärtsgang zurück.

»Reizend«, sagt die Kaiserin versonnen. Es klingt, als spräche sie über die Kinder fremder Leute.

Kapitel 11

Spittelberg, Burggasse 29

Ich tippe auf die Pilat«, sagt Berti. »Die hat dich verraten.«

Es ist schon halb neun. Berti und ich putzen im Licht der Öllampen Vaters Salon. Das tun wir seit Jahren jeden Freitagabend, und dabei soll es auch bleiben, trotz unserer glanzvollen neuen Stellungen und trotz Haarwaschtag, da sind wir uns einig. Denn Mutter soll das in ihrem Alter nicht mehr übernehmen. Für Berti und mich ist diese Arbeit eine gute Gelegenheit, unseren Eltern einen ganz kleinen Teil von dem zurückzugeben, was sie für uns getan haben. Außerdem können wir dabei ungestört reden. Und ich brenne darauf, Berti zu erzählen, was ich heute erlebt habe. Eben habe ich ihr den Test der Kaiserin in groben Zügen geschildert. Was gar nicht so einfach war, die Sache mit dem Paravent musste ich ja für mich behalten. Aber Mina und die Pilat konnte ich ihr immerhin in allen Einzelheiten schildern, und darauf kommt es mir an.

»Bestimmt hat diese miesepetrige Kammerfrau an der Tür gehorcht und Mina und dich belauscht.« Wütend wischt Berti über die Lehne eines hölzernen Drehstuhls.

Ich stehe auf einem Schemel und poliere mit zusammengeknülltem Zeitungspapier einen hohen Wandspiegel. »Meinst du wirklich?«, frage ich nachdenklich. »Aber hätte die das Ganze nicht in den glühendsten Farben ausgeschmückt? Bestimmt hätte sie behauptet, ich hätte das ganze Zimmer durchstöbert und lästerliche Bemerkungen über Ihre Majestät gemacht. Aber so war es nicht. Die Kaiserin sagte ausdrücklich, ich sei nur ein bisschen auf glattem Eis ausgerutscht. Das klingt fast nach einem ehrlichen, fairen Spitzel, falls es so etwas gibt. Und das ist die Pilat sicherlich nicht.«

»An wen denkst du?« Berti reibt einen Pomadenfleck von der Rückenlehne eines Stuhls.

Ich recke mich, um auch den oberen Rand des Spiegels zu erreichen. »Leider tippe ich auf Mina«, sage ich. »Sie konnte mir heute nicht in die Augen sehen, und das passt gar nicht zu ihr.«

Berti hält inne und sieht mich an. »Wenn es so wäre, würdest du es ihr übel nehmen?«

Ich schüttele den Kopf. »Nein. Falls sie es war, hat sie den Auftrag dazu bestimmt direkt von der Kaiserin erhalten. Sie musste das tun.«

Ich springe vom Schemel und begutachte das Resultat meiner Arbeit. Die schimmernde Spiegelfläche blitzt vor Sauberkeit. Nachdenklich betrachte ich mein Spiegelbild. »Ich glaube, ich hätte auch so gehandelt«, sage ich ehrlich. »Und ich hätte mich danach trotzdem noch ruhigen Gewissens im Spiegel betrachtet.«

Berti richtet sich auf und zieht eine Augenbraue hoch. »Aber Mina hat dich in eine Falle gelockt.«

Ich seufze. »Weißt du, bei Hofe ist alles anders als im richtigen Leben. Man schwört der Kaiserin Treue, und diese Maxime bestimmt fortan alles Handeln. Sie definiert auch neu, was Gut und Böse ist.«

Berti legt den Kopf schräg und mustert mich neugierig. »Wie meinst du das? Heißt das, dass du alles tun wirst, was die Kaiserin befiehlt? Auch wenn es eine Sünde ist?«

Ich schüttele den Kopf. »Natürlich nicht. Ich folge immer noch meinem eigenen Gewissen. Aber es ist keine Sünde, wenn eine Kaiserin mit allen ihr zur Verfügung stehenden Methoden herausfinden will, wem sie trauen kann. Und falls Mina mich verpetzt haben sollte, hat auch sie keine Sünde begangen. Sie hat ja nicht gelogen. Vielleicht hat sie mich aufs Glatteis gelockt, aber ob ich dort ausrutschen würde oder nicht, das lag in meiner Hand.«

Berti rümpft die Nase. »Ich finde das alles ziemlich kompliziert.«

»Ja«, seufze ich. »Kompliziert ist wirklich alles bei Hofe. Allein diese Fülle an Angestellten und Dienerschaft, bei der man kaum durchblickt. Es gibt eine Obersthofmeisterin und mehrere Hofdamen, eine Kammerfrau, einen Kammerdiener und zwei Kammermädchen. Dann noch ein Kammerweib, einen Kammerknecht, einen Kammertürhüter und was weiß ich, wer da noch alles herumschwirrt. Jeder davon hat tausend Aufgaben bei Hofe, die ich nicht durchschaue. Im Grunde tun alle dasselbe: Sie bedienen die Kaiserin. Aber wehe, du bittest den Falschen um irgendeine lächerliche Kleinigkeit, dann sind sie alle so empört, als hättest du die Kronjuwelen geraubt.«

Berti lässt sich auf einen Frisierstuhl fallen. »Wie ging es denn dann weiter, als die Haare der Kaiserin gewaschen waren? Es hat ja bestimmt lange gedauert, bis sie trocken waren.«

Ich wende mich einem der Waschbecken zu und beginne, es zu reinigen. »Sie saß vor dem Kamin. Ich wollte ihr eigentlich Luft zufächern, um die Sache zu beschleunigen. Aber das hat sie abgelehnt. Sie hatte beschlossen, mir all ihren Haarschmuck aus der Schatzkammer zu zeigen, und ließ ihn holen. Weil ich diese Schmuckstücke kennen müsse, wenn ich mir Frisurenkreationen für sie ausdenke, sagte sie.«

Berti pfeift leise durch die Zähne. »Sie hat dir ihre Schätze gezeigt? Die hätte ich auch gern gesehen!«

Ich nicke. »Nur die für die Haare. Aber schon die waren unglaublich. Ein Gefunkel und Geglitzer, das du dir schöner nicht ausmalen kannst. Überall Diamanten. Sie hat ein Stück nach dem anderen aus der Truhe genommen und mir seine Geschichte erzählt. Nach einer Weile schien sie ganz vergessen zu haben, wer ich bin. Ja, sogar, dass ich überhaupt da bin. Es war, als führe sie ein Gespräch mit sich selbst.« Details kann ich Berti leider nicht erzählen, hier beginnt meine Schweigepflicht.

Die Kaiserin hatte das erste Stück aus der Truhe genommen, ein Diadem in Form einer Blütenranke aus Diamanten und wunderschönen dunkelgrünen Smaragden. Sie betrachtete es eine Weile versonnen und starrte dann lange geistesabwesend ins Feuer.

In ihren feucht schimmernden Augen spiegelten sich die Flammen, als sie leise sagte: »Der Kaiser hat mir diesen Schmuck in Ischl geschenkt. Nach der Verlobung. Das war das erste Geschenk, das ich von ihm bekam. Jungfräuliches Grün wie der Frühling, sagte er. Grün wie deine unbeschwerte Jugend. Grün wie die Hoffnung auf unser Glück.« Sie schwieg kurz. »Er hatte mich damals in Ischl gesehen und sich im ersten Augenblick in mich verliebt.« Sie zögerte, dann fügte sie hinzu: »Und ich mich in ihn.« Leise lachte sie auf. »Sofern man überhaupt lieben kann, wenn man fünfzehn ist.« Sie schüttelte sacht den Kopf. »Wie jung ich war. Und wie naiv.« Sie ließ das Schmuckstück gedankenverloren durch ihre Finger gleiten. »Und eitel. Ja, auch das war ich. Er war der Kaiser, und das hat einen unglaublichen Zauber auf mich ausgeübt.« Sie legte den Kopf schräg, als müsse sie über sich selbst nachdenken. »Ich wollte nie Kaiserin sein«, murmelte sie. »Wirklich nicht. Ich hatte Angst davor. Und doch erschien es mir zugleich erstrebenswert. In seinen Augen lag so viel Begehren und Glück. Das hat mich berauscht. Ein Märchen wurde wahr, und ich spielte darin die Hauptrolle, ich war die Märchenprinzessin. Zwei Tage später war ich verlobt.«

Sanft, fast zärtlich, legte Elisabeth das Diadem auf sein Samtpolster zurück. Dann seufzte sie abgrundtief. »Märchen enden mit der Hochzeit. Dann heißt es: *Und sie lebten glücklich bis an ihr Lebensende*. Daran habe ich geglaubt, ich dummes Kind. Aber im wahren Leben ist es natürlich niemals so. Da kommt alles anders.«

Seltsam, wie offen sie plötzlich mit mir sprach. Es schien, als hätte sie ganz vergessen, dass ich überhaupt da war.

Sie nahm ein weiteres Diadem aus der Truhe, einen Haarreif, über und über mit Diamanten besetzt, dazwischen weiße Opale, die bei jeder Bewegung in allen Farben des Regenbogens schillerten. Sie drehte den Reif in der Hand. »Weiß wie die Unschuld. Meine Schwiegermutter trug ihn bei ihrer Hochzeit. Sie hat ihn mir kurz nach der Verlobung geschenkt, um meinen Wert zu erhöhen.« Bei diesen Worten verzog die Kaiserin schmerzlich das Gesicht.

»Ihren Wert, Kaiserliche Majestät?«, fragte ich leise, denn ich verstand nicht, was sie meinte.

Sie nickte. »Als Tochter eines Herzogs war ich von Geburt an eine Prinzessin«, sagte sie. »Und wir haben immer in Schlössern gewohnt. Meine Mutter war eine Tochter des Königs von Bayern und eine Schwester der österreichischen Kaisermutter. Ich fühlte mich stets reich und privilegiert, obwohl mir das nie etwas bedeutet hat. Aber für den Kaiser von Österreich gehörte ich zur armen Verwandtschaft.« Jetzt sah sie mich an. »Stellen Sie sich das einmal vor: Meine herzoglichen Eltern konnten sich keine Aussteuer leisten, die einer Kaiserin würdig war. Mein zukünftiger Ehemann musste mir mit Geschenken aushelfen, damit ich überhaupt eine standesgemäße Brautausstattung, einen Trousseau, zusammenbekam. Und der Wiener Adel lachte darüber.« Sie lächelte bitter. »Was die Freude an solch erlesenen Geschenken natürlich empfindlich trübt.«

Sie nahm ein weiteres Stück aus der Truhe. Eine Tiara, also ein Haarreif in Form einer zierlichen, vor lauter Diamanten geradezu gleißenden Krone. »Die habe ich vor meinem Einzug in Wien als Brautgeschenk erhalten.« Sie runzelte die Stirn. »Einige Tage vor meiner Ankunft rutschte sie einem Bediensteten aus der Hand, fiel zu Boden und wurde verbogen. Das haben viele als schlechtes Omen gedeutet. Sie wurde natürlich rechtzeitig repariert, und ich trug sie, als ich in einem silberdurchwirkten rosa Kleid in Wien einzog, in einer von acht Lipizzanern gezogenen Kutsche. Die Pferde hatten weiße Federbüsche auf dem Kopf, ihr Geschirr war goldbestickt, aber ich hatte keine Augen für die prächtigen Tiere, ich war blind vor Tränen. Ich weinte aus Angst vor der jubelnden Menge. Vor lauter Müdigkeit nach der langen Reise. Und weil mir eine meiner neuen Hofdamen von dem Unfall mit der Krone erzählt hatte, was nun auch ich selbst als schlechtes Zeichen ansah.«

Elisabeth hielt kurz inne und blickte versonnen auf das Schmuckstück in ihrer Hand. »Vielleicht lag wirklich ein Fluch darauf, denn die schlechten Vorzeichen mehrten sich an diesem Tag. Als ich vor der Hofburg vorfuhr, hatte sich die gesamte kaiserliche Familie dort versammelt, um mich zu begrüßen. Und ich strauchelte beim Aussteigen, blieb mit der Krone an der Tür der Kutsche hängen und wäre fast gestürzt. Was für ein schmachvoller Beginn meines neuen Lebens. Und wie symbolträchtig.« Sie verzog die Lippen zu einem bitteren Lächeln. »Ich habe diese Tiara seither nie wieder getragen. Vielleicht werde ich die Steine neu fassen lassen.«

Der nächste Haarreif war breiter als die anderen und wieder reich mit Diamanten verziert. Dazwischen funkelten mehrere walnussgroße Rubine, deren Farbe an Rotwein in einem Kristallglas erinnerte.

»Wunderschön!«, entfuhr es mir.

»Finden Sie?«, fragte die Kaiserin überrascht. »Ich finde das Ding scheußlich. Vielleicht wegen seiner Geschichte. Und wegen der Farbe. Blutrot, wie passend.«

Sie zögerte, dann sprach sie weiter. »Die Steine gehörten einst Marie Antoinette, deren Leben mit der Guillotine beendet wurde. Und ich erhielt dieses Stück, nachdem ich selbst zum Schafott geschritten war. Zumindest fühlte sich dieser Moment so an.« Sie legte Daumen und Zeigefinger an die Nasenwurzel und schloss die Augen, als hätte sie plötzlich Kopfschmerzen. Aber dann gab sie sich einen Ruck, öffnete die Augen, ließ die Hand sinken und sprach weiter. »Dieses Schmuckstück war Teil der Morgengabe des Kaisers, ich erhielt es als Entlohnung für meine Jungfräulichkeit. Vor der versammelten kaiserlichen Familie.« Sie strich mit der Fingerspitze über einen der scharfkantigen roten Steine. »Erst am dritten Tag nach der Hochzeit war es so weit. Ich war sechzehn. Und wäre fast gestorben vor Scham«, setzte sie leiser hinzu.

Bei diesen Worten spiegelte sich in ihren Augen noch heute die Demütigung von damals.

Ich bekomme eine Gänsehaut, als ich an diesen Blick der Kaiserin zurückdenke. Sie schien wirklich vergessen zu haben, wer ich bin. Oder sie empfand all dies gar nicht als privat. Schließlich wurde selbst ihre Brautnacht vom gesamten Hofstaat diskutiert und kommentiert. Die Morgengabe erhält eine Kaiserin nämlich erst, wenn die Ehe vollzogen ist. Und dieses Geschenk wird ihr nicht einfach vom Kaiser überreicht. Das ist eine hochoffizielle Zeremonie, an der viele beteiligt sind. Ich kann mir gut vorstellen, welche Häme in diesem Hexenkessel herrschte, als der Termin drei Tage lang aufgeschoben werden musste, weil die Braut sich zierte. Und welches Entsetzen das in einem sechzehnjährigen Mädchen auslösen musste, das völlig fremd bei Hofe war und überhaupt nichts von der Liebe wusste. Ich weiß noch, wie naiv ich selbst mit sechzehn war. Und ich bin auf der Gasse aufgewachsen!

Die zauberhaftesten Schmuckstücke zeigte die Kaiserin mir zuletzt. In einer großen, flachen Schachtel glitzerten auf nachtblauem Samt lauter diamantbesetzte Sterne, die man sich einzeln ins Haar stecken kann. Sie waren zugleich schlicht und atemberaubend schön. Als Elisabeth sie allerdings betrachtete, hatte sie die traurigsten Augen, die ich in meinem ganzen Leben gesehen habe. Ich fragte, ob auch diese Schmuckstücke ein Geschenk des Kaisers seien, aber sie schüttelte den Kopf. Sie behaupte es stets, erklärte sie, aber in Wahrheit habe sie sie selbst anfertigen lassen. Es seien siebenundzwanzig Stück, und das nicht ohne Grund. Und sie trage sie nur an einem einzigen Tag im Jahr. Das war alles, was ich erfuhr. Danach schickte sie mich hinaus. Sie sei müde und wolle ein wenig ruhen, sagte sie.

»Fanny?«, fragt Berti und holt mich damit zurück in die Gegenwart. »Meinst du nicht, dass das Waschbecken jetzt sauber ist?«

Ich lasse den Lappen sinken. Sie hat natürlich recht. Alles blitzt und blinkt längst. »So, jetzt schrubben wir aber den Boden, sonst sind wir noch um Mitternacht hier. Und ich muss ja schon im Morgengrauen wieder los.«

Berti holt Wasser zum Wischen, während ich schon einmal den Besen schwinge.

Als sie zurückkommt, ist meine Schwester gedanklich noch immer am Kaiserhof. »Wo hast du eigentlich später gewartet, bis die Haare der Kaiserin trocken waren?«, will sie wissen. »Hast du jetzt ein eigenes Kammerl bei Hofe?«

»Ich bekomme demnächst eins für meine Utensilien«, berichte ich. »Da kann ich dann auch warten. Aber bis es so weit ist, sitze ich bei Susanna in der Küche, wenn man mich nicht braucht. Was auch nicht schlecht ist. Dort gibt es immer Tee. Und Trost.«

Ich denke an Susanna, die sich ächzend neben mich an den Küchentisch gesetzt und mir die Hand getätschelt hat. »Wie man sich erzählt, hat man dir heute ein paar Lektionen erteilt. Zuckerbrot und Peitsche, nur in umgekehrter Reihenfolge«, sagte sie und schob mir einen Teller mit Kuchen zu. »Erst der Peitschenhieb als Tadel. Dann das Zuckerbrot, der Schmuck und all die Vertraulichkeiten.«

Ich war erstaunt, dass Susanna das wusste. Ich hatte tausend Fragen im Kopf, doch ich schwieg. Ich hatte meine Lektion wirklich gelernt.

»Kluges Mädchen.« Susanna tätschelte noch einmal meine Hand. »Man darf bei Hofe wirklich keinem trauen. Aber vergiss trotzdem nicht, dass es hier auch gute Menschen gibt.« Ihr gutmütiges Gesicht verzog sich zu einem breiten Lächeln. »Das muss man sich stets vor Augen halten, sonst wird man ja irgendwann trübsinnig.«

»Da hat sie recht«, sagt Berti, als ich ihr davon erzähle.

Ich fege den Kehricht aus Staub und Haaren auf die Schaufel, gehe ins Hinterzimmer und leere alles in den Mistkübel. Dann schlendere ich zurück in den Salon, setze mich auf einen der Drehstühle und hebe die Füße, damit Berti darunter wischen kann.

Plötzlich pocht jemand an die Ladentür. Bestimmt Vater, der

uns abholen will. Aber er kann nicht eintreten, wir haben abgeschlossen.

»Machst du mal auf?«, fragt Berti, während sie weiter den Schrubber schwingt.

Ich balanciere auf Zehenspitzen zur Tür, um keine Fußtapsen zu hinterlassen, und öffne.

»Warte einen Moment, bis alles getrocknet ist«, rufe ich hinaus.

»Sehr gern!«, sagt ein großer, schlanker Mann vor der Tür, der eindeutig nicht unser Vater ist.

»Himmel!«, entfährt es mir vor Schreck.

»Nein, Hugo!«, korrigiert er mich vergnügt. »Ich benötige ganz dringend einen Haarschnitt. Und da hier noch Licht war, dachte ich, ich frage einfach mal, ob jemand …«

»Wir haben schon geschlossen«, unterbreche ich ihn und will rasch die Tür schließen.

Er schiebt den Fuß dazwischen. »Und wenn es wirklich dringend ist?«

»Dann auch.« Ich drücke die Tür gegen seinen Fuß, was den Mann aber überhaupt nicht zu kümmern scheint.

»Und wenn ich morgen um acht ein wichtiges Bewerbungsgespräch habe?«, fragt er völlig ungerührt.

»Dann hätten Sie vorher auf die Idee kommen können, dass Sie dabei nicht aussehen sollten wie ein ungeschorenes Schaf«, sage ich grob.

Denn das tut er. Seine blonden Haare sind viel zu lang, außerdem wirken sie, als hätte er sie vor sehr langer Zeit selbst geschnitten und dafür gar kein Talent. Und sie sind ganz verfilzt, genau wie sein blonder Bart. Wäre der Mann nicht ordentlich und teuer gekleidet, hätte ich ihn für einen Landstreicher gehalten.

»Ich habe eben erst von dem Gespräch erfahren«, teilt er mir jetzt mit, als würde mich das interessieren.

»Wenn Ihr Leben so überraschend verläuft, sollten Sie vielleicht grundsätzlich mehr auf Ihr Äußeres achten«, sage ich schnippisch. »Regelmäßiges Kämmen würde da übrigens schon viel helfen. Und jetzt nehmen Sie bitte den Fuß aus der Tür.«

»Ich war bis gestern auf hoher See«, sagt der Mann. »Und den heutigen Tag habe ich in einem überfüllten Eisenbahnwaggon verbracht. Da gab es keine Gelegenheit zum Kämmen.«

»Gibt es Probleme?«, ruft Berti mir aus der hintersten Ecke des Ladens zu. Sie richtet sich auf, stützt sich auf den Schrubber, wischt sich den Schweiß von der Stirn und blickt misstrauisch zu uns herüber.

»Bitte!«, sagt der Mann leise und sieht mich mit seinen hellblauen Augen so eindringlich an, dass ich nachdenklich werde. »Ich bin kein Bösewicht. Ich brauche wirklich nur eine ordentliche Frisur. Ich möchte mich morgen bei einer Bank bewerben, und mir liegt viel an der Stelle. Aber so sehe ich ja aus wie ein Räuber. Ich bezahle für eine ordentliche Frisur, was immer Sie wollen.«

»Komm, Fanny, sei doch nicht so!«, ruft Berti mir zu. »Solange ich das Hinterzimmer wische, kannst du das doch schnell erledigen. Die paar Haare haben wir danach schnell wieder zusammengekehrt.«

»Fanny? Ein schöner Name.«

Ich verdrehe die Augen. Seufzend lasse ich ihn eintreten. »Fünfzehn Minuten! Mehr Zeit habe ich nicht. Vorher waschen Sie sich aber bitte selbst den Kopf. Und das Wasser ist kalt, der Ofen ist längst aus.«

»Einverstanden.« Er lächelt, und seine blauen Augen strahlen dabei wie ein Sommertag.

»Dort ist das Waschbecken«, sage ich barsch. Aber nicht, weil ich wirklich verärgert bin, sondern weil ich diesem Hugo nicht zeigen will, wie bezaubernd ich sein Lächeln finde.

Ich weise ihm den Weg zum Waschbecken, und ein paar Minuten später sitzt er pudelnass im Frisiersessel. Ich lege ihm einen Umhang um und spüre, wie mein Herz dabei ein bisschen schneller klopft. Das liegt gewiss daran, dass ich schon lange keinen Mann mehr frisiert habe. Nun, dieser hier wird sich anschließend sicher nicht über das Ergebnis meiner Arbeit beschweren. Egal was ich anrichte, er wird hinterher ordentlicher aussehen als zuvor. Ich wähle eine scharfe Schere aus und lege los.

Der schnelle Herrenschnitt ist eine gute Abwechslung zu der stundenlangen Arbeit an den aufwendigen Frisuren der Kaiserin. Ich kürze die Haare des Fremden an den Seiten und im Nacken, dann stutze ich seinen Bart. Es ist angenehm, wieder einmal ohne Handschuhe zu arbeiten. Zum Schluss kämme ich das Stirnhaar noch mit etwas Pomade zurück, denn dieser Hugo, oder wie immer er heißen mag, hat eine klare, hohe Stirn, die man ruhig sehen darf. Seine Haut ist von der Sonne gebräunt, was ihm hervorragend steht.

»Woher kamen Sie mit dem Schiff?«, frage ich beiläufig.

»Aus Indien«, gibt er zurück. »Ich bin Handlungsreisender.«

»Und womit handeln Sie?«

»Zuletzt mit Gewürzen.«

»Dann verstehen Sie etwas vom Kochen?«

Er lächelt wieder sein sonniges Lächeln. »Nein, ich verstehe etwas vom Handel. Ich kenne mich mit Preisen und Menschen aus. Und ich plane und organisiere gern. Auch der kostengünstige Transport der Waren gehört zu meinen Aufgaben. Kochen kann ich also nicht, aber falls Sie ein Schiff voller Gewürze benötigen sollten, kann ich Ihnen weiterhelfen.«

»Momentan nicht«, sage ich. »Etwas zu essen wäre mir lieber.«

»Darf ich Sie dazu einladen?«, fragt er galant.

Ich erröte. »Nein, so war das nicht gemeint.« Ich bin inzwischen fertig und nehme ihm den Umhang ab. »Voilà! Sieht so ein Bankmensch aus?«

Er betrachtet sich im Spiegel. »O ja!«, sagt er zufrieden. »Diesem Mann würde ich all mein Geld anvertrauen! Ich bin Ihnen wirklich zutiefst dankbar, Fräulein Fanny. Was bin ich Ihnen schuldig?«

»Nichts«, sage ich. »Die Kasse ist auch schon geschlossen. Aber wenn Sie die Stelle bekommen, erwarte ich einen Blumenstrauß!«

Er deutet eine kurze Verbeugung an. »Das ist ein zusätzlicher Ansporn, mich morgen von meiner besten Seite zu zeigen.«

Als er kurz darauf die Ladentür hinter sich zuzieht, blicke ich ihm versonnen nach. Also, wenn ich ehrlich bin, sah dieser Hugo selbst nach dem Haarschnitt kein bisschen wie ein Bankbeamter aus. Eher wie ein schlaksiger Student. Aber ich drücke ihm trotzdem die Daumen, dass er die Stelle bekommt.

Drei Tage später wird in Vaters Salon ein Blumenstrauß für mich abgegeben. Weiße Rosen und Vergissmeinnicht. Eine Karte ist beigefügt:

Mit herzlichstem Dank des Bankangestellten Hugo Feifalik. Meine Haare sind schon wieder recht lang. Haben Sie demnächst einen Termin frei?

Nein, da hat der frischgebackene Bankangestellte leider Pech. Termine bekommt bei mir nur noch die Kaiserin.

Kapitel 12

Anfang Juni 1863
Hofburg

»Da kommen sie!« Susanna beugt sich vor.

Wir stehen an einem sonnigen Tag Anfang Juni an einem Fenster der Hofburg und sehen hinaus.

Glocken dröhnen, Posaunen schmettern, Gesang ertönt. Die Fronleichnamsprozession ist das wichtigste kirchliche Fest des Kaiserhofes, man nennt sie auch den Hofball Gottes. Und dabei bietet der Hof allen Prunk auf, zu dem er fähig ist. Durch das Schweizertor schreiten Garden in bunten, mittelalterlich anmutenden Uniformen. Ihnen folgen geistliche Würdenträger in weiß-goldenen Ornaten. Dahinter tritt ein Tross Hofbediensteter durch das Tor, alle in dunklen, goldverbrämten Livreen. Ein ebenfalls goldener Baldachin wird schwankend durch den Hof getragen, darunter verbirgt sich das Allerheiligste, Hostien in einer kunstvoll verzierten Monstranz aus reinem Gold.

»Da! Der Kaiser!«, ruft Susanna.

Tatsächlich, Franz Joseph folgt der Monstranz mit bloßem Haupt. Hinter ihm schreitet die Kaiserin. Sie funkelt wie ein Tautropfen im Morgenlicht. Ihr weißes Kleid ist von Silberfäden durchwirkt, es hat eine meterlange Schleppe, und auf der kunstvollsten Flechtfrisur, die ich je geschaffen habe, trägt sie die sagenumwobene Hochzeitstiara aus Diamanten.

Es ist das erste Mal, dass die Kaiserin öffentlich mit einer meiner Frisurenkreationen auftritt, und man tuschelt schon jetzt überall auf den Gängen der Hofburg, diese Frisur sei einzigartig.

»Vor Anfragen kannst du dich bestimmt bald nicht mehr retten!«, prophezeit Susanna.

Insgeheim bin auch ich stolz auf mein Werk. Und darauf, dass ich die Kaiserin überredet habe, dieses Diadem zu tragen. Eigentlich wollte sie es nie wieder aufsetzen, nachdem sie damit als Braut beim Aussteigen aus der Kutsche gestolpert war. Ich habe argumentiert, Diamanten seien so rein, dass gar kein Fluch auf ihnen liegen könne. Da hat sie gelacht und eingewilligt.

Jedes Mädchen da draußen in der wogenden Menge wäre jetzt bestimmt gern wie Elisabeth. Sie wissen ja nicht, wie früh die Kaiserin heute Morgen für diese Frisur aufstehen musste, ich wurde bereits um drei Uhr zu ihr gerufen. Sie können sich auch nicht vorstellen, wie unvorstellbar eng ihr Mieder geschnürt ist und wie schwer die Krone und die vielen Ellen Seide sind, die die zarte Taille Elisabeths umbauschen. Und sie ahnen nicht, wie sehr diese Frau es hasst, wenn sie aus Tausenden Augenpaaren angestarrt wird. Was von außen wirkt wie ein triumphaler Auftritt, fühlt sich für die Kaiserin von Österreich in Wahrheit an wie ein Gang zum Schafott.

***

Kaum habe ich mich in der Hofburg eingewöhnt, zieht das Kaiserpaar wie jedes Jahr für die Sommermonate nach Schönbrunn.

Mein Arbeitsplatz zieht natürlich mit, doch das ändert nicht viel. Die Frisierutensilien, die Frisuren, die Launen und das Personal der Kaiserin bleiben gleich. Nur die morgendliche Kutschfahrt wird länger. Dafür sind die Räume in Schönbrunn prächtiger und heller, und sie riechen anders, nicht muffigmodrig wie die in der Hofburg, sondern staubig und ein bisschen nach Maus.

Täglich kehre ich gegen Mittag nach Wien zurück und verbringe den Rest des Tages damit, mich fortzubilden. Wenn Berti Zeit hat, probiere ich mit ihr neue Frisuren aus. Arbeitet sie im Theater, besuche ich nachmittags die besten Putzmacherinnen und Schönheitssalons der Stadt, um mir die neusten Hüte und Kosmetikprodukte zeigen zu lassen, oder ich beobachte feine Damen beim Flanieren im Park, um neue Frisur- und Kleidermoden frühzeitig zu erkennen. Gerade scheinen die Reifröcke vorn flacher und hinten ausladender zu werden, das hat die Kaiserin sehr interessiert.

Mina ist jetzt auch in Schönbrunn, aber wir gehen uns aus dem Weg, wann immer es möglich ist. Stattdessen sehe ich Fräulein von Mendelenýi regelmäßig, denn in den Frisierstunden liest sie der Kaiserin jetzt ungarische Bücher vor. So kann Ihre Majestät den Kopf beim Flechten leichter gerade halten.

Leider ist Fräulein von Mendelenýi eine schlechte Vorleserin, das merke sogar ich. Ungarisch ist ja eigentlich eine lebendige Sprache, richtig betont klingt es feurig wie Paprikagulasch. Aber aus dem Mund des Fräuleins hört es sich eher an wie Haferflockensuppe. Manchmal unterbricht die Kaiserin den Vortrag sogar und wiederholt eine Passage mit besserer Betonung.

Außerdem wird das Fräulein nach spätestens einer halben Stunde heiser und muss pausieren. Das wiederholt sich Morgen für Morgen, und die Kaiserin wird immer unzufriedener.

* * *

Eines Morgens sitzt Fräulein von Mendelenýi plötzlich nicht mehr neben dem Frisiertisch. Sie darf wieder einfach nur Kammermädchen sein. Was für eine Erleichterung für alle Beteiligten.

»Es gibt Wichtigeres als Vorlesen«, sagt die Kaiserin. »Heute zum Beispiel benötige ich eine besondere Frisur! Meine Schwester, die frühere Königin von Sizilien, legt auf der Durchreise einen Halt in Schönbrunn ein.« Sie seufzt. »Ich fühle mich heute nicht gut, aber wenn ich blass und krank wirke, schreibt Marie das an unsere Mutter, und die macht sich dann Sorgen. Dem müssen wir entgegensteuern.«

Die Mutter der Kaiserin würde sich zu Recht sorgen. Ihre Tochter sieht fahl aus, das Gesicht wirkt kantig, unter den Augen liegen dunkle Schatten. Sie hat stark abgenommen, und bisweilen hüstelt sie.

Inzwischen weiß ich, welche Art von Frisur Elisabeth erwartet, wenn sie sich unwohl fühlt. Also lege ich die Haare in weiche Wellen, die den Gesichtszügen schmeicheln, und achte darauf, dass an der Frisur nichts ziept, drückt oder ihre Bewegungen einschränkt, denn so fällt der Kaiserin alles leichter, auch das Lächeln. Wunder allerdings kann ich damit nicht bewirken, und als ich fertig bin, sieht Elisabeth noch immer müde und angestrengt aus.

»Bin ich blass?«, fragt sie und betrachtet sich kritisch im Spiegel.

Ich zögere zu lange mit der Antwort, um mich noch in eine höfliche Lüge flüchten zu können. »Wunderschön, aber blasser als sonst«, sage ich deswegen.

Die Kaiserin nickt, sie wirkt nicht verärgert, sondern sogar zufrieden. »Ich sehe es ja selbst. Und weiß es zu schätzen, dass Sie ehrlich sind.« Sie betrachtet sich wieder mit gerunzelter Stirn. »Aber so darf es nicht bleiben. Was kann ich dagegen tun?«

»Wie viel Zeit bleibt uns?«, antworte ich mit einer Gegenfrage.

Sie seufzt. »Nur noch ein paar Minuten.«

»Dann hilft nur ein Hauch von Rouge«, sage ich, obwohl ich weiß, wie sehr die Kaiserin geschminkte Frauen verachtet. »Wenn man es richtig aufträgt, bemerkt man es nicht, aber es bewirkt viel. Und ich kenne da noch einen Trick.«

Die Kaiserin betrachtet ihr blasses Gesicht missmutig, dann nickt sie. »Versuchen Sie es. Aber es muss wirklich natürlich aussehen.«

Ich nestele ein versilbertes Döschen und einen sauberen Pinsel aus meiner Tasche. »Das ist Karmesin, versetzt mit Stärke. Kein fettiges Cremerouge also, sondern ein rosiger Puder.« Behutsam streiche ich einen Hauch davon auf die Wangenknochen der Kaiserin. »So, das ist der erste Schritt«, murmele ich dabei. »Und jetzt kommt mein Trick.«

Ich entnehme meiner Tasche eine kleine Dose aus Porzellan, die eine fast durchsichtige Creme enthält. »Das ist Vaseline, versetzt mit dem Staub echter Perlen«, erkläre ich. »Majestät können den Finger selbst hineinstippen und winzige Spuren davon an den Stellen verteilen, die ich Ihnen zeige. Dort schimmert die Haut dann unauffällig, und das Gesicht wirkt insgesamt so frisch wie nach einem Ritt in der Morgensonne.«

Elisabeth mustert mich skeptisch, aber dann nickt sie und taucht die Spitze ihres Zeigefingers in den Salbentopf.

Ich mache ihr an meinem eigenen Gesicht vor, wo sie die Glanzeffekte setzen soll. Unter den Augenbrauen. Mitten auf der Stirn. In einer feinen Linie auf dem Nasenrücken. Und zum Schluss kommen Tupfen aufs Lippenherz und mitten aufs Kinn.

»Jetzt ein bisschen einklopfen.« Ich führe es vor, sie macht es nach. »Fertig!«

Verblüfft betrachtet die Kaiserin ihr Spiegelbild. »Ich sehe tatsächlich um drei Jahre jünger aus. Mindestens. Und es wirkt ganz natürlich. Das haben Sie gut gemacht, Fräulein Angerer!«

Ich versinke in einen Hofknicks und danke ihr für das großzügige Lob.

Plötzlich klopft es an der Tür. Die Pilat erscheint. »Verzeihung, Eure Majestät! Seine Majestät, der Kaiser, wünscht Ihre Majestät, die Kaiserin, zu sprechen.«

Statt mich aufzurichten, sinke ich noch tiefer in den Knicks. An die Gegenwart der Kaiserin habe ich mich mittlerweile gewöhnt, aber dem Kaiser von Österreich stand ich noch nie persönlich gegenüber.

Die Antwort der Kaiserin überrascht mich. »Ich habe jetzt keine Zeit«, sagt sie. »Fräulein Angerer muss noch meine Frisur vollenden, und danach habe ich Termine. Richten Sie dem Kaiser bitte mein größtes Bedauern aus, und sagen Sie ihm, ich würde ihn am späten Nachmittag aufsuchen.«

»Gewiss. Ich gebe es weiter.« Die Pilat zieht sich zurück.

Langsam richte ich mich auf.

»Legen Sie bitte noch ein Netz über die Haare«, wendet sich die Kaiserin so beiläufig an mich, als ob nichts gewesen wäre.

Ich nicke und mache mich mit unbewegter Miene daran, ein geeignetes Haarnetz auszuwählen. Auch diese Episode wird mein Geheimnis bleiben, und ich sollte versuchen, sie zu vergessen. Doch es gibt Gedanken, die sich nicht beiseitedrängen lassen, egal wie sehr man es versucht.

Ich war in den vergangenen Wochen oft bei Susanna in der Küche und habe dort viel Klatsch und Tratsch gehört. Natürlich auch über den Kaiser. Alle scheinen ihn sehr zu mögen, weil er stets höflich ist, auch zu den Dienstboten, und sich nie dünkelhaft verhält. Man sagt, er liebe die Kaiserin abgöttisch und nenne sie seine Engels-Sisi. Eben allerdings hatte ich nicht den Eindruck, als ob die Kaiserin einem Treffen mit ihrem Mann entgegenfiebert, um es vorsichtig auszudrücken.

Ein Klopfen an der Tür reißt mich aus meinen Gedanken. Wieder kündigt der Türhüter die Pilat an.

Sie rauscht mit hochrotem Kopf herein und versinkt im Hofknicks. »Seine Majestät, der Kaiser, wünscht Ihre Majestät, die Kaiserin, umgehend und sofort zu sprechen«, flüstert sie. »Es ist offenbar wirklich wichtig.«

Die Kaiserin lächelt schmallippig. »Momentan geht es leider nicht. Richten Sie dem Kaiser aus, ich würde mit ihm zu Mittag essen. Um zwölf. Ich finde mich dann bei ihm ein.«

Die Pilat neigt den Kopf. Schweißperlen glitzern auf ihrer Stirn. »Selbstverständlich.« Sie verlässt den Raum.

»Zeigen Sie mir nun die Silberschüssel«, wendet sich die Kaiserin an mich.

Doch bevor ich ihrem Befehl Folge leisten kann, wird die Tür ein drittes Mal geöffnet.

»Was ist denn nun schon wieder?«, faucht die Kaiserin und fährt herum. »Frau von Pilat, ich habe Ihnen jetzt schon zweimal gesagt …«

Sie unterbricht sich, denn in der goldverzierten Tür steht nicht ihre Kammerfrau, sondern der Kaiser von Österreich. Er trägt eine rote Uniformhose mit goldener Seitenpasse und einen hellblauen Uniformrock. Das blonde Haar ist kurz geschnitten, gescheitelt und mit Pomade zurückgekämmt. Der Schnurrbart geht in einen krausen Backenbart über. Schon damals im Burgtheater habe ich festgestellt, dass der Bart ihm leider nicht steht, schade, dass er ihn beibehält. Der Kaiser ist zierlich und könnte beinahe unscheinbar wirken, aber seine klaren blauen Augen verleihen ihm eine verblüffende Ausstrahlung.

Im Moment blitzen diese Augen wütend.

Jetzt erst wird mir klar, dass ich den Kaiser anstarre. Rasch sinke in einen Hofknicks. »Zu Füßen Eurer Majestät ich mich lege.« Das passt im Zweifelsfall immer. Dann richte ich mich auf und will rückwärts den Raum verlassen, so schnell ich kann.

Die Stimme der Kaiserin hält mich zurück. »Bleiben Sie, Fräulein Angerer!«, herrscht sie mich an. »Wir sind noch nicht fertig.«

Zögernd bleibe ich stehen.

»Ich muss dich unter vier Augen sprechen«, sagt der Kaiser leise.

Elisabeth betrachtet sich konzentriert im Spiegel und zupft an einer Haarsträhne. »Im Augenblick ist das nicht möglich.«

»Marie kann hier nicht empfangen werden«, sagt der Kaiser. »Ich wünsche sie nicht zu sehen.«

Die Kaiserin dreht sich ganz langsam zu ihm um. »Das musst du auch nicht. *Ich* empfange sie«, sagt sie. »Du kannst in aller Ruhe deiner Arbeit nachgehen.«

»Sie hat …« Nach einem schnellen Seitenblick auf mich unterbricht sich der Kaiser selbst.

»Sie hat nichts getan, was der Kaiser von Österreich nicht auch selbst tut.« Die Stimme der Kaiserin klingt scharf wie ein Bajonett. »Ich wüsste daher keinen Grund, warum ich *sie* nicht empfangen sollte, *ihn* aber schon.«

Der Kaiser wirft mir einen raschen Blick zu, dann strafft er die Schultern und verlässt den Raum.

Kurz ist es so still, dass man seine wütenden Schritte noch hören kann, als sich die Tür bereits hinter ihm geschlossen hat.

Ich warte noch einen Moment, dann gehe ich zum Frisiertisch zurück und präsentiere der Kaiserin die silberne Schale mit den ausgekämmten Haaren. Oder zumindest mit dem Teil davon, den ich ihr heute eingestehe. Sie nickt geistesabwesend.

Wie jeden Tag nach getaner Arbeit sinke ich in den Hofknicks. »Zu Füßen Eurer Majestät ich mich lege.«

Als ich mich wieder aufrichte, senden mir die Augen der Kaiserin eine klare Drohung. »Kein Wort zu irgendjemandem über dieses Gespräch eben!«, sagt sie leise.

Ich halte ihrem Blick stand. »Welches Gespräch?«, frage ich. »Ich habe nichts gehört.«

Als ich kurz darauf Susannas Küche betrete, bin ich aufgewühlt. Alle bezeichnen die Schwester der Kaiserin und ehemalige Königin von Sizilien als *Heldin von Gaeta*, weil sie sich höchstpersönlich den revolutionären Truppen entgegenstellte, um die Festung Gaeta zu verteidigen, bevor die Aufständischen sie und ihren Mann zur Abdankung zwangen.

Warum will der Kaiser diese mutige junge Frau nicht empfangen? Es ist nicht ihre Schuld, dass Österreich allen Einfluss in Italien verloren hat. Ist es etwa wahr, was alle tuscheln? Dass die jüngere Schwester der Kaiserin eine heimliche Liebschaft hatte? Eine, aus der ein uneheliches Kind hervorging? Falls ja, gibt das den Worten der Kaiserin eine Bedeutung, über die ich nicht einmal nachdenken will, denn dann hätte der Kaiser ja auch …

Hat die Kaiserin ihren Gemahl deswegen so eiskalt abblitzen lassen? Nein, das will ich mir lieber nicht vorstellen. Das wäre ja ungeheuerlich!

»Ist alles in Ordnung?«, fragt Susanna nach einem prüfenden Blick in mein Gesicht.

»Ich habe ein bisschen Kopfschmerzen«, behaupte ich rasch. Über meine Lippen wird in dieser Sache kein Wort kommen.

Umso erstaunter bin ich, als ich feststellen muss, dass zumindest ein Teil der Geschichte längst bekannt ist. Egal, wer heute in die Küche kommt, jeder weiß es: Die Kaiserin hat den Kaiser nicht empfangen, das ist Tagesgespräch.

»Die Türhüter haben geplaudert«, raunt Susanna mir zu.

Und in der halben Stunde, die ich am Küchentisch sitze, erfahre ich noch mehr. Die Kaiserin lässt den Kaiser nachts auch nicht mehr ins Schlafzimmer. Zumindest behauptet das eine Wäscherin. »Seine Seite des Ehebetts ist immer unbenutzt«, verkündet sie vor allen anderen.

»Das geht niemanden etwas an«, sage ich mit schneidender Gouvernantenstimme und verlasse den Raum.

Freunde habe ich mir mit diesen fünf Worten sicher nicht gemacht, aber solche Gespräche möchte ich nicht mit anhören. Und je wichtiger eine Angelegenheit ist, desto weniger sollte man um den heißen Brei herumreden, das bringt nur zusätzliche Probleme.

* * *

Zu Hause erwartet mich im Flur unserer Wohnung ein Berg von Paketen. Ich komme kaum daran vorbei.

»Was ist das?«, rufe ich Richtung Küche, wo Mutter vor sich hin werkelt.

Sie erscheint in der Küchentür und trocknet sich die Hände an der Schürze ab. »Das wurde heute alles für dich abgegeben. Mehr weiß ich auch nicht.«

Ich untersuche die Sendungen und die beiliegenden Briefe. Als ich einige davon gelesen habe, wird mir klar, was passiert ist. Ich habe mir Visitenkarten drucken lassen und sie vorgestern bei einigen Putzmacherinnen abgegeben, mit der Bitte, mich zu benachrichtigen, sobald neue Ware aus Paris eintrifft. Nie hätte ich gedacht, dass sie mir nun Stoffe und Hüte zuschicken. Ich soll sie sogar behalten, und zwar unentgeltlich! *Es wäre mir eine Ehre, wenn Sie beiliegende Kreation recht oft tragen würden.* So oder ähnlich lauten die Briefe. Und: *Empfehlen Sie uns gern an die Kaiserin.*

Ich setze einen zauberhaften weißen Hut auf, der mir von der berühmtesten Modistin der Stadt geschickt wurde.

Vater taucht in der Tür zur guten Stube auf. Montags ist sein Salon geschlossen. »Hübsch«, sagt er.

»Kann ich das denn annehmen?«, frage ich. »Ohne dafür zu bezahlen? Nur, damit ich darin gesehen werde?«

Er zuckt mit den Schultern. »Ich glaube, das ist ein Phänomen unserer neuen Zeit. Du bist jetzt eine berühmte Person, und davon profitierst du. Übrigens nicht nur du.« Er schmunzelt. »Wir alle.«

»Wie meinst du das?«

Sein Lächeln vertieft sich. »Ich bin zurzeit der gefragteste Friseur der Stadt. Und jeder, der auf meinem Stuhl Platz nimmt, fragt irgendwann beiläufig nach Neuigkeiten vom Kaiserhof.«

Ich sehe ihn erschrocken an. »Oje! Und was erzählst du dann?«

»Natürlich nur das, was auch schon in der Zeitung stand«, beruhigt er mich. »Ein ganz verrückter Vogel taucht neuerdings übrigens fast täglich bei mir auf, lässt sich den Bart schneiden und trägt mir einen Gruß an dich auf. Er behauptet, er würde dich kennen. Was Unsinn ist. Ich habe den Mann nie zuvor gesehen.«

»So?«, frage ich geistesabwesend und rücke den Hut zurecht. »Wie heißt er denn?«

»Pfeiferling«, sagt Vater.

»Den kenne ich nicht.«

»Ein Bankangestellter«, sagt Vater.

Ich halte inne. »Ist er groß, schmal, blond und schlaksig wie ein Student?«

Vater nickt. »Das ist er.«

»Ja, den habe ich tatsächlich flüchtig kennengelernt. Feifalik heißt er.« Betont beiläufig lege ich den Hut in die Schachtel zurück. »Halte seine Haare kurz, sonst sieht er aus wie ein Schaf.«

Vater zieht eine Augenbraue hoch. »Genau das hat er auch gesagt!«

* * *

Die Spatzen pfeifen es von den Dächern Schönbrunns: Die Kaiserin hat ihre Schwester empfangen. Der Kaiser nicht. Er ist vor ihrer Ankunft nach Laxenburg aufgebrochen, um dort auf die Jagd zu gehen.

Was es damit auf sich hat, erfahre ich nicht. Aber als die Kaiserin verkündet, sie würde früher als geplant zur Kur nach Kissingen reisen, vermute ich einen Zusammenhang.

Oder gibt es doch keinen? Kurz darauf kommt die Nachricht, der Kaiser begleite sie auf der Fahrt.

Überall wird getuschelt.

Meine Gedanken beherrscht jedoch etwas ganz anderes: Zum ersten Mal in meinem Leben werde ich Wien verlassen, denn natürlich kann Elisabeth auch in Kissingen nicht auf mich verzichten.

Die Kammerfrau Pilat kommt allerdings offenbar sehr gut ohne mich aus. Das erfahre ich am nächsten Morgen, als diese Giftnatter der Kaiserin einen Tee serviert.

»Eure Majestät, ich hörte, dass es in Kissingen Probleme bei der Unterbringung des Hofstaates gibt«, sagt sie wie nebenbei, während sie das Tablett abstellt. »Man hat dort bisher nicht mit dem Gefolge des Kaisers gerechnet, und nun stehen in den Dienstbotengebäuden zu wenig Betten zur Verfügung.«

»Oh, ist das so?«, fragt die Kaiserin geistesabwesend. Sie blättert gerade in einem Buch, und die Unterbringung des Hofstaates an ihrem Kurort scheint ihr herzlich egal zu sein. »Nun, Sie werden eine Lösung finden, nicht wahr?«, murmelt sie.

»Vielleicht habe ich schon eine«, sagt Frau von Pilat mit einem raschen Seitenblick zu mir. »In Kissingen stehen ja keine offiziellen Termine an, da ist kein großer Frisieraufwand erforderlich. Ich könnte in dieser Zeit das Frisieren übernehmen. Fräulein Angerer müsste dann gar nicht mitreisen. So könnten wir ein Bett einsparen. Und weitere Dienstboten könnten wir in Privatquartieren unterbringen.« Sie senkt den Kopf in gespielter Demut, aber ich habe das verschlagene Funkeln ihrer Augen bereits bemerkt.

Die Kaiserin klappt ihr Buch zu und sucht im Spiegel nach meinem Blick. »Hm. Was meinen Sie, Fräulein Angerer? Kommt Ihnen dieser Vorschlag gelegen? Dann könnte ich ihm durchaus entsprechen. Oder möchten Sie mitreisen? Ist es Ihr ausdrücklicher Wunsch? Selbst um den Preis eines nicht ganz so bequemen Quartiers?«

Tausend wütende Worte drängen sich auf meine Lippen, doch ich schlucke sie alle herunter. »Ich reise wirklich gern mit.«

Mehr als diese fünf Worte sage ich lieber nicht. Mit jedem unbedachten Satz könnte ich einen Fehler machen und der Pilat weitere Munition liefern.

Elisabeth mustert mich aufmerksam, es scheint, als würde sie auf eine Erklärung warten. Also entschließe ich mich zu einer weiteren kurzen Ergänzung.

»Mein Quartier ist nicht wichtig.«

Die Kaiserin nickt langsam. »Es wird sich eine Lösung finden«, sagt sie. »Ich werde mich persönlich dafür einsetzen.«

Die Pilat erschrickt sichtlich. Sie holt tief Luft, dann sprudeln ihre Worte nur so hervor. »Ich wollte Eurer Majestät keine Umstände bereiten«, sagt sie hastig. »Ich wollte nur helfen. Das ist ja meine Aufgabe. Und das soll es auch bleiben, Eure Majestät müssen sich nicht bemühen. Selbstverständlich kümmere ich mich gern um eine private Schlafgelegenheit für Fräulein Angerer. Irgendetwas wird sich schon finden, sie scheint ja nicht anspruchsvoll zu sein.« Ein bösartiges Lächeln umspielt ihre Lippen, und ich befürchte, dass sie dabei an ein verwanztes Bett oder einen Strohsack denkt.

Doch mit einem Blick auf die Kaiserin erkenne ich, dass die Pilat mit ihrem Wortschwall genau das erreicht hat, was ich bewusst vermieden habe. Sie hat sich um Kopf und Kragen geredet.

Zwischen Elisabeths Augen entsteht eine scharfe Falte. »Ich habe bereits eine Lösung gefunden«, sagt sie mit kühler Stimme. »Frau von Pilat, Sie werden Fräulein Angerer Ihr Zimmer überlassen. Und für sich selbst suchen Sie eine Privatunterkunft in der Stadt. Sie wirken derzeit ein wenig, nun …« – die Kaiserin denkt kurz nach – »… angespannt. Ja, das trifft es. Ein Morgenspaziergang wird Ihnen zweifelsohne guttun.« Jetzt schlägt Elisabeth ihr Buch wieder auf. Das Gespräch ist eindeutig beendet.

Die Pilat knickst, dann rauscht sie beleidigt davon.

Täusche ich mich, oder lächelt die Kaiserin?

Kapitel 13

Mitte Juni 1863
Kissingen, Hotel Carl von Hess

Unglaublich! Ich bin in Bayern. Und ich residiere im selben feinen Hotel wie das Kaiserpaar.

Es ist sechs Uhr früh an einem sonnigen Junimorgen, ich stehe am Fenster, und das Blut prickelt in meinen Adern, als wäre Champagner darin.

Reisen erweitert ja angeblich den Geisteshorizont. Bei mir weitet es das Herz, es zerspringt fast vor Glück.

Wenn ich bisher morgens aus dem Fenster gesehen habe, waren da immer nur graue Straßenschluchten. Hier sehe ich sanft geschwungene grüne Hügel, und im Vordergrund einen majestätischen Tempel mit gusseisernen Säulen, reich verziert, lichtdurchflutet, elegant, in dem aus mehreren Quellen Heilwasser in steinerne Becken plätschert.

Noch glänzt dieser Brunnenpavillon still und leer in der Morgensonne. Aber bald schon werden bestimmt die ersten Kurgäste auftauchen, edel gekleidete Damen und Herren, die das Wasser in silbernen Bechern auffangen, um mit bedeutungsvollen Mienen daran zu nippen. Denn man muss sich beim Trinken ganz auf seine Eingeweide konzentrieren, damit man an Körper und Seele gesundet, hat die Kaiserin erzählt. Man darf es nicht einfach gedankenlos herunterstürzen.

Das sei keine Quacksalberei, das helfe wirklich, sagte sie. Nur deswegen reisen Patienten aus aller Welt in diese winzige Stadt, darunter viele gekrönte Häupter.

Ich werde nachher auch von dem Wasser kosten, denn das darf jeder. Zwar tut mir nichts weh, und meinen Eingeweiden geht es bestens, aber es kann ja nicht schaden. Und ich nehme es niemandem weg, der es vielleicht dringender braucht. Es sprudelt einfach so literweise aus der Erde und plätschert Tag und Nacht in die Brunnenbecken.

Vornehm gekleidet muss man natürlich sein, um hier unter den feinen Herrschaften flanieren und Heilwasser schlürfen zu dürfen, aber das kriege ich hin. Ich habe drei neue Seidenkleider dabei. Die Wiener Putzmacherinnen werden mir dankbar sein, wenn ich sie hier ausführe.

Wie wunderbar, dass ich all dies erleben darf!

Ich dachte ja vorher, meine erste Bahnfahrt wäre der aufregendste Teil unserer Reise. Und Zugfahren ist wirklich ein ganz fantastisches Abenteuer. Das Bahnhofsgetümmel. Die schnaubende und dampfende Lokomotive. Die feinen Waggons des Hofes, die eingerichtet sind wie ein vornehmer Wohnsalon. Man sitzt darin ganz bequem in einem Polstersessel und betrachtet die Landschaft, die in höllischer Geschwindigkeit vorbeirast. Und was für eine Landschaft! Wälder, Berge, Seen, Wasserfälle, alles so unnahbar, kraftvoll und wild.

Aber im Zug ist selbst die schönste Reise doch nur ein Vergnügen für die Augen. Nach der Ankunft an einem fremden Ort dagegen erlebt man die Welt mit allen Sinnen, das ist noch viel schöner.

Es war ein unglaubliches Spektakel, als der Zug des Kaiserpaars in der kleinen Stadt mit dem wenig poetischen Namen Schweinfurt eintraf, zusammen mit einem Tross aus fünfunddreißig Personen. Erst stiegen die hohen Herrschaften aus und wurden unter strengen Sicherheitsvorkehrungen zur bereits wartenden Kutsche geleitet. Danach luden kaiserliche Bedienstete und bayrische Bahnangestellte gewaltige Mengen an Gepäck ab, was eine ebenso anstrengende wie verantwortungsvolle Arbeit war, denn von den wertvollen Gepäckstücken durfte keines verloren gehen.

Da ich mich aber nur um mein eigenes Gepäck und die Frisiertasche kümmern musste, konnte ich das alles ganz entspannt verfolgen. Konnte den Lärm und Dampf der schnaubenden Lokomotive bestaunen, das weiche Bayrisch und das härtere Preußisch der Träger belauschen und natürlich die Passagiere beobachten, die vor dem Bahnhof mit wuchtigen Koffern warteten.

Zusammen mit Frau von Pilat, der von der Zugfahrt übel war, wurde mir schließlich eine der vielen wartenden Kutschen des Kaisertrosses zugewiesen. Wir haben unterwegs kein einziges Wort gewechselt.

Mir war das gleichgültig, ich habe der sauertöpfischen alten Krähe keine Beachtung geschenkt. Ich war viel zu sehr davon beansprucht, die kleinen, bunten Häuser Schweinfurts zu bewundern, danach die bayrische Landschaft und schließlich das friedliche, ruhige Kissingen.

Unsere Ankunft am vornehmen Hotel Carl von Hess am Kurpark war überwältigend. Es ist ganz für den Hof reserviert. Das Kaiserpaar residiert in der Beletage, die Hofdamen ein Stockwerk darüber.

Ich hatte erwartet, in einem Nebengebäude untergebracht zu werden. Aber ich bekam eine reizende Kammer unter dem Dach des Hotels, von wo ich diesen zauberhaften Ausblick habe, den ich gerade in der Morgensonne bewundere.

Doch jetzt muss ich mich davon lösen. Ich muss auch hier um Punkt sieben die Kaiserin frisieren.

Als ich wenig später die Treppe zur Beletage hinabschreite, klopft mein Herz nach all den überwältigenden Eindrücken noch immer so aufgeregt wie das eines Kaninchens.

»Nanu? Was ist denn mit Ihnen los?«, fragt die Kaiserin, als ich mich nach dem üblichen Morgengruß aus dem Hofknicks aufrichte. »Sie sprühen ja förmlich vor Energie!«

Offenbar bin ich nicht so gut darin, meine Gefühle zu verbergen, wie ich dachte. Rasch senke ich den Blick. »Vermutlich ist das die ungewohnt frische Luft. Und der Blick aus dem Fenster. Die helle Morgensonne, überall ist so viel Licht. Und … haben Eure Majestät die Vögel gehört? Es ist erstaunlich, wie viele verschiedene Arten es geben muss. Jeder singt anders, und ihr Jubilieren bewirkt Wunder. Wenn man ihnen eine Weile lauscht, fühlt man sich plötzlich so … glücklich und lebendig. Und …« Ich stocke.

»Und das Heilwasser?«, forscht die Kaiserin nach. »Haben Sie davon auch schon gekostet? Es erquickt Körper und Seele.«

»Nein, ich muss mir erst einen Becher zulegen. Ich glaube, es ist nur einfach die Aufregung, die mich so vibrieren lässt. Ich sehe und erlebe gerade so viele neue Dinge, das ist ausgesprochen belebend.«

Die Kaiserin schmunzelt. »Ja, so geht es mir auch jedes Mal. Kaum habe ich Wien verlassen, kehren all meine Lebensgeister zurück.«

Tatsächlich sieht Ihre Majestät so rosig aus wie schon lange nicht mehr, und die Schatten unter ihren Augen sind fast verschwunden. Sie scheint gut geschlafen zu haben in dem hellen, großen Hotelzimmer mit den hohen Flügeltüren, die auf einen steinernen Balkon führen.

»Eure Kaiserliche Majestät wirken tatsächlich schon nach einer einzigen Nacht in Kissingen erholt«, stelle ich fest, während ich die Haare der Kaiserin behutsam aufschüttele, um sie vor dem Kämmen zu lockern.

Sie nickt. »Es liegt so viel Ruhe und Frieden über dieser kleinen Stadt.« Versonnen blickt sie aus dem Fenster, und die Morgensonne lässt ihr Gesicht leuchten. »Da spürt man sich wieder selbst. Und ich kann in diesen Räumen viel leichter atmen als in den Wiener Prachtbauten.« Sie holt tief Luft und atmet langsam aus. »Mein Arzt sagt, ich rede mir das ein. Aber merken Sie nicht auch, dass hier alles frischer riecht als in den muffigen, alten Wiener Gemäuern?«

»O ja!«, sage ich, ohne nachzudenken, während ich das goldbraune Haar vorsichtig mit dem Kamm entwirre. »In der Hofburg riecht es nach Maus. Und in Schönbrunn nach Moder. Hier riecht es nach Erde, Wald und Sonne.«

Die Kaiserin lacht laut auf. »Ganz genau so ist es«, sagt sie fröhlich. »Bitte stecken Sie meine Haare heute sehr weit oben fest. Auf meinem Tagesplan stehen Heilbäder, und das Thermalwasser würde sie auslaugen.« Sie rümpft die Nase. »Es sind kalte Vollbäder! Sie können sich nicht vorstellen, wie unangenehm das ist.«

Ich kann es mir wirklich nicht vorstellen, denn ich habe noch nie ein Vollbad genommen. Ich kenne nur Waschwasser in Kannen und einen nassen Schwamm. Beides ist meistens auch kalt.

»Sie sind doch die Kaiserin von Österreich«, sage ich und flechte das Haar um den Oberkopf. »Sie könnten einfach warmes Wasser bestellen.«

Die Kaiserin zieht eine Augenbraue hoch. »Einfach? Fräulein Angerer, haben Sie das noch nicht bemerkt? Im Leben einer Kaiserin ist nichts einfach. Sie muss rund um die Uhr tun, was andere ihr vorschreiben, und wenn sie ausbrechen will, wird alles höchst kompliziert.«

»Nun«, sage ich, während ich einen Zopf einrolle und mit Haarnadeln feststecke, »mich haben Eure Kaiserliche Majestät damals in einer Theaterpause einfach zu sich bestellt. Und hier bin ich noch immer.«

Sie schenkt mir ein ungewohnt breites Lächeln. »Das ist wahr. In diesem Fall hat es funktioniert, weil ich es ohne Rücksicht durchgesetzt habe. Aber würde ich das öfter tun, bekäme ich bald starken Gegenwind.«

»Versuchen Sie es doch wieder einmal«, schlage ich vor. »Vielleicht gewöhnt sich der Hof irgendwann daran. Bestellen Sie doch heute *einfach* mal warmes Wasser!«

Sie lacht leise. »Ich würde keinen Erfolg haben. Mein Arzt würde sagen, dass Patienten mit meinen Leiden in warmem Wasser auf der Stelle tot umfallen. Meine Obersthofmeisterin würde behaupten, gemäß der Hofetikette seien warme Heilbäder Mitgliedern der kaiserlichen Familie strengstens untersagt, mindestens seit Maria Theresia, wenn nicht gar seit Karl V. Und mein Gemahl würde mich ermahnen, es sei Aufgabe einer Kaiserin, schnellstmöglich gesund zu werden, um weitere Thronfolger zu gebären. Je kälter, desto belebender und desto eher würde es dann ein Junge.«

Ich schüttele den Kopf. »Mit Verlaub, das entspricht nicht den Tatsachen. Meine Mutter ist Hebamme, und sie sagt, wenn Mütter unter Not oder körperlicher Belastung leiden, bringen sie eher Mädchen als Buben zur Welt.«

»Interessant«, sagt die Kaiserin versonnen. »Aber leider sehen meine Ärzte das anders.«

»Sie wissen es nicht«, sage ich. »Sie kennen die Lebensumstände der Mütter ja meistens gar nicht. Hebammen verbringen mehr Zeit mit ihren Patientinnen und haben tiefere Einblicke.«

Die Kaiserin nickt. »Auch das ist ein interessanter Gedanke.«

»Ich wette, Eure Majestät würden warmes Wasser bekommen, wenn Sie es wollten«, überlege ich laut. »Eure Majestät müssten nur sehr raffiniert vorgehen.«

»Aha«, sagt sie. Ihre Augen blitzen amüsiert. »Und wie mache ich das Ihrer Ansicht nach?«

»Ich habe die Erfahrung gemacht, dass man viel öfter bekommt, was man will, wenn man es in kurzen Sätzen verlangt. Sie sollten nicht mehr als vier oder fünf Wörter enthalten.«

Die Kaiserin sieht mich im Spiegel irritiert an. »Die Anzahl der Wörter ändert doch nichts an der Stichhaltigkeit eines Arguments.«

»Das ist richtig«, gebe ich zu. »Aber wenn man sich auf wenige Wörter beschränkt, spricht man ohne Umschweife aus, was man will. Das hat eine ganz andere Wucht als eine lange Erklärung, mit der man dem Gegenüber nur breite Angriffsflächen für Tausende von Gegenargumenten bietet.«

Die Kaiserin runzelt die Stirn. »Ich verstehe nicht, was Sie meinen.«

»Passen Sie auf!«, sage ich und halte im Flechten kurz inne. »Wie klingt dieser Wunsch: Sehr verehrter Herr Bademeister! Wäre es Ihnen wohl möglich, für mein heutiges Bad warmes Wasser zu verwenden? Es ist mir nämlich angenehmer, beim Baden nicht zu frösteln, und ich glaube, dass wohltemperiertes Wasser dieselbe Heilkraft entwickelt wie kaltes, oder sogar eine stärkere, da ich mich länger darin aufhalten kann und glücklicher bin, was die Heilwirkung zweifelsohne verstärken würde.« Ich warte kurz, um meine Worte wirken zu lassen.

»Die längere Wirkdauer ist ein gutes Argument«, murmelt die Kaiserin versonnen.

Ich nicke. »Möglicherweise. Aber man könnte es leicht zum Gegenargument verdrehen, indem man zum Beispiel einfach behauptet, ein längeres Bad sei für die Konstitution nicht nützlich, sondern schädlich. Und dann steht Meinung gegen Meinung, verstehen Sie?«

Sie nickt zögernd. »Ja. Ich sehe, worauf Sie hinauswollen.«

»Hören Sie sich nun meine zweite Variante derselben Bitte an.« Ich mache eine kurze Pause, dann sage ich laut und klar: »Ich will warmes Wasser!«

Kurz ist es ganz still im Raum.

»Das war es schon?«, fragt die Kaiserin.

»Vier Wörter«, gebe ich selbstbewusst zurück.

Sie schmunzelt. »In der Tat. Das hat mehr Wucht. Aber diese Knappheit wirkt schroff, nicht wahr?«

Ich nicke. »Ja, ein bisschen. Aber man kann die Worte je nach Gegenüber mit einem kleinen Lächeln abmildern. Oder man sagt anstatt *ich will* etwas verbindlicher *ich möchte*. Dann allerdings sollte man nicht auch noch lächeln, sonst hat man alle Wucht entschärft. Und wenn Widerspruch kommt, wiederholt man dieselben Worte nicht weniger freundlich. Einmal, zweimal, dreimal. Aber man fügt keines hinzu.«

»Woher kennen Sie diese Methode?«, will die Kaiserin wissen.

»Ich habe sie selbst erfunden und erprobt. Zusammen mit meiner Schwester. Erst im Friseursalon unseres Vaters, dann bei der Arbeit im Theater.«

»O ja, ich erinnere mich«, sagt die Kaiserin. »Ein Friseursalon ist die beste Schule des Lebens, die man sich denken kann.«

Jetzt bin ich es, die schmunzelt, denn das habe ich bei unserer ersten Begegnung tatsächlich zu ihr gesagt. Erstaunlich, dass sie es sich gemerkt hat.

Die Kaiserin denkt kurz nach. »Gut, ich versuche es. Mal sehen, ob es klappt. Worum wetten wir?«

Ich zucke zusammen. Eben habe ich mit ihr gesprochen, als

würde ich mich mit einer ganz normalen Kundin in Vaters Salon unterhalten. Erst jetzt fällt mir wieder ein, dass vor mir die Kaiserin von Österreich sitzt. »Natürlich um nichts«, sage ich rasch. »Das wäre ungebührlich!«

»O nein, so kommen Sie mir nicht davon.« Mit gespielter Strenge verschränkt Elisabeth die Arme. »Wir schließen eine Wette ab, und wer verliert, muss die andere in den kommenden Tagen mit irgendetwas überraschen. Freudig überraschen. Einverstanden?«

Ich knickse. »Natürlich, Eure Majestät. Und ich weiß auch schon, was ich tun werde, wenn ich verliere.«

Ich habe mit Berti eine traumhafte neue Frisur kreiert. Zwar beherrsche ich sie noch nicht virtuos, ich müsste eigentlich noch üben, aber wenn ich verliere, wage ich schon jetzt einen Versuch. Doch ich glaube nicht, dass es dazu kommen wird. Bestimmt bekommt Elisabeth ihr warmes Bad

Die Kaiserin schmunzelt. »Ich bin gespannt!«

Wenig später trinke ich wie gewohnt mit Susanna Tee. Diesmal sitzen wir allerdings nicht in der Küche, sondern in meinem Zimmer. Ich lenke das Gespräch auf die Hofetikette.

»Wie kann es sein, dass sich die Kaiserin an so viele ungeschriebene Regeln und Gesetze halten muss? Sie hat doch die höchste Macht. Sie müsste eigentlich alles ändern können, was ihr nicht gefällt.«

Susanna rührt nachdenklich in ihrem Tee. »Ich glaube, bei Hofe haben selbst scheinbar sinnlose Handlungen ihren ganz eigenen Sinn.«

Ich runzele die Stirn. »Das verstehe ich nicht.«

»Stell es dir vor wie ein Schachspiel. Der weiße König und die weiße Dame sind umgeben von lauter Getreuen, und sie werden in vorderster Front von vielen Bauern wehrhaft verteidigt. Aber alle können sich nur auf die ihnen vorgeschriebene Weise bewegen, keiner macht einen Schritt, der ihm nicht zusteht. So sind alle Beteiligten berechenbar und verlässlich. Wenn sie klug agieren, können sie auf diese Weise Schlachten gegen ein anderes, schwarzes Königreich gewinnen. Wenn nicht, unterliegen sie.«

»Und wenn sich die Regeln ändern?«, frage ich. »Wenn sich jemand einfach anders bewegt als vorgesehen?«

Susanna zuckt mit den Schultern. »Dann tun das alle, und dem Herrscherpaar steht künftig keine Phalanx aus Getreuen mehr zur Seite.«

Ich schüttele den Kopf. »Dieser Vergleich hinkt. Das Leben ist kein Schachspiel.«

Susanna nickt. »Du hast recht. Aber sieh es mal so: Der Kaiser entscheidet über Leben und Tod, über Krieg und Frieden, über Armut und Reichtum. Diese unglaubliche Macht hat er nur, weil er kein Mensch wie du und ich ist. Er ist Kaiser von Gottes Gnaden. Ein höheres Wesen als wir, genau wie die Kaiserin. Und daran erinnert das Hofzeremoniell. Wären die beiden wie wir, warum sollten wir sie ehren, ihren Gesetzen folgen und sie bedienen? Ihr Herrschaftsanspruch gründet auf einer gottgegebenen Macht. Deswegen müssen sie auch anders leben und handeln als du und ich. Deswegen legen wir uns ihnen sinnbildlich zu Füßen, wenn wir ihnen begegnen. Deswegen berührst du die Kaiserin niemals mit bloßen Händen. Und deswegen dürfen der Kaiser und die Kaiserin nicht einfach sein, wie sie sind, und tun, was sie wollen. Sie leben von und für den kaiserlichen Glanz.«

»Aber sie sind doch Menschen wie du und ich«, sage ich leise.

»Ja und nein«, antwortet Susanna. »Sie haben Hunger und

Durst wie wir. Sie werden krank und gesund wie wir, fühlen Schmerzen und Liebe und Hass. Aber sie müssen sich darüber hinwegsetzen, denn sie müssen mehr sein als wir. Und mit der Einhaltung der Etikette zeigen sie, dass sie das wissen.«

»Was würde passieren, wenn sich eine Kaiserin dauerhaft gegen die Hofregeln auflehnte?«

Susanna bedenkt mich mit einem nachdenklichen Blick. »Das ist eine gute Frage. Es hat noch keine versucht.«

Bevor ich weitere Fragen stellen kann, klopft es an der Tür. Ein livrierter Hoteldiener tritt ein und überreicht mir eine kleine Schachtel.

Als ich sie öffne, finde ich darin einen kleinen silbernen Becher, wie man ihn für eine Trinkwasserkur benötigt. *Zur freudigen Überraschung!*, lese ich, und darunter: *Elisabeth.*

Tatsächlich freue ich mich. Aber nach dem Gespräch mit Susanna beschleicht mich gleichzeitig ein ungutes Gefühl.

* * *

Brrr. Das Wasser des Maxbrunnens schmeckt, als hätte man es aus einem alten, eiskalten Putzlappen gewrungen. Säuerlich und salzig zugleich. Außerdem prickelt es auf der Zunge wie vergorenes Obst. Ich schüttele mich schon nach dem ersten Schluck vor Ekel und beschließe, den restlichen Inhalt meines Bechers einer Azalee zu spenden, die unweit der Quelle in einem Blumentopf wächst.

Aber ich gebe nicht auf, ich teste auch noch die anderen beiden Quellen.

»Und?«, fragt eine Stimme hinter mir, als ich gerade das Rakoczy-Wasser koste. »Wie schmeckt es?«

Ich fahre herum. Hinter mir steht die Kaiserin von Österreich und lächelt schelmisch. Sie ist allein unterwegs, zumindest auf den ersten Blick, ihre Leibwächter halten sich im Hintergrund.

Ich sinke in einen Hofknicks und presse mit rotem Kopf hervor: »Nun, interessant.«

Die Kaiserin nickt. »Als hätte jemand einen rostigen Nagel in Salzwasser aufgelöst, nicht wahr? Und es sprudelt so stark, dass der Geschmack von hinten durch den Gaumen in die Nase steigt, wo man dieses Aroma ganz gewiss nicht haben will.«

Ich räuspere mich und nicke. »Besser hätte ich es nicht ausdrücken können.«

Elisabeth seufzt. »Ich muss dieses Getränk dreimal täglich zu mir nehmen. Aber immerhin ist es nur Rakoczy und nicht Pandur. Das ist noch schlimmer. Um Pandur freiwillig täglich zu trinken, müsste ich schon sterbenskrank sein und ganz sicher wissen, dass es auch wirklich hilft.«

»Ich probiere es dennoch«, sage ich tapfer. »Ich habe mir nämlich geschworen, diese Reise mit allen Sinnen auszukosten. Da darf ich mich jetzt nicht drücken.«

»Nippen Sie lieber nur«, rät die Kaiserin.

Sie hat recht, Pandur ist die schlimmste der drei Heilquellen. Salzig, rostig und sprudelig wie die anderen, aber dazu noch gallenbitter. Unter dem amüsierten Blick der Kaiserin schaffe ich es dennoch, keine Miene zu verziehen.

»Es ist faszinierend«, sage ich, »dass jemand auf die Idee kam, es könnte von medizinischem Nutzen sein, von diesem Wasser mehr als einen Schluck zu trinken. Hätte ich diese Quellen entdeckt, ich hätte sie für giftig gehalten und zuschütten lassen. Dann wäre Kissingen nicht einmal annähernd das, was es heute ist.«

Die Kaiserin nickt bedächtig. »Das Leben ist wirklich von unzähligen Zufällen bestimmt, im Großen wie im Kleinen, nicht wahr? Nie war mir das klarer als jetzt.«

Über unseren gespielten Ernst müssen wir beide lachen, und die Umstehenden recken neugierig die Hälse. Bestimmt fragen sie sich, mit wem die Kaiserin von Österreich da gerade so angeregt im Kurpavillon plaudert.

Stolz und selbstbewusst straffe ich den Rücken. Ich trage ein sehr elegantes, grünseidenes Kleid mit passendem Schultertuch, und meine Haare habe ich kunstvoll aufgesteckt. Niemand wird mich in diesem Moment für eine Bedienstete halten, und die Kaiserin schämt sich meiner Gegenwart eindeutig nicht.

»Das warme Bad war herrlich«, raunt sie mir zu. »Nur eins habe ich dabei bedauert.«

»Und das wäre?«, wage ich zu fragen.

»Nun werde ich nicht erfahren, womit Sie mich überrascht hätten, wenn Sie die Wette verloren hätten. Wir müssen bald eine neue abschließen. Und diesmal gewinne ich!«

»Es wäre mir ein Vergnügen.« Ich sinke wieder in einen Hofknicks, und die Kaiserin wandelt weiter.

Ich flaniere noch ein wenig durch den Park, und eine halbe Stunde später begegne ich der Kaiserin erneut. Diesmal bemerkt sie mich aber nicht, denn sie plaudert angeregt mit einem jungen Mann im Rollstuhl. Als ich an den beiden vorbeigehe, höre ich, dass sie Englisch sprechen, und ich glaube, er weiß gar nicht, dass er die Kaiserin von Österreich vor sich hat. Sie verhält sich ganz natürlich, und er antwortet völlig unbefangen. Ihre Leibwächter halten sich noch immer im Hintergrund und wirken wie normale Spaziergänger. Hier in Kissingen wird die Hofetikette eindeutig weniger streng gehandhabt als in Wien, und die Kaiserin lebt dabei auf. Sie geht jetzt sogar jeden Tag stundenlang wandern oder reiten. Sie ist hier ein ganz anderer Mensch.

* * *

In den kommenden Tagen sehe ich Ihre Majestät öfter mit dem jungen Engländer. Und als der Kaiser abgereist ist, um sich mit dem preußischen König zu treffen, gesellt sich noch ein dritter Kurgast hinzu, ein gut gekleideter, stattlicher Mann, der allerdings blind zu sein scheint, denn er sucht sich den Weg tastend mit einem Stock.

Es handelt sich um den Großherzog von Mecklenburg-Strelitz, wie ich von Susanna erfahre. Ein mächtiger Mann. Er ist nach einem Unfall auf dem rechten Auge erblindet und versucht nun mit einer Kur, das linke Augenlicht zu retten, das ebenfalls zunehmend verblasst. Die drei sitzen bei schönem Wetter oft zusammen im Park, der Herzog und die Kaiserin teilen sich eine Bank, der junge Engländer namens John Collett sitzt ihnen im Rollstuhl gegenüber. Und dann diskutieren sie, gestikulieren, lachen. Niemand weiß, worüber die drei reden. Aber fernab des Wiener Hofes scheint niemand der Kaiserin diesen Umgang zu verübeln, obwohl er sicher nicht dem Hofzeremoniell entspricht, denn zumindest der Engländer verfügt zweifelsohne nicht über die für ein Gespräch mit der Kaiserin erforderlichen sechzehn hochadeligen Vorfahren. Trotzdem oder gerade deswegen zeigen sich alle gerührt über die Liebenswürdigkeit der jungen Kaiserin gegenüber den beiden Kranken.

Als ich das beim morgendlichen Frisieren erwähne, wehrt Elisabeth mein Lob allerdings lächelnd ab.

»Ich verfolge dabei keinerlei karitativen Motive«, gesteht sie freimütig. »Diese Gespräche sind ausgesprochen geistreich und bereichernd für mich. Die Herren sind feinsinnig und gebildet. Und im Übrigen erfahre ich dabei viel über Politik und betreibe sie auch selbst.« Die Kaiserin lächelt geradezu spitzbübisch. »Österreich benötigt dringend Freunde. Feinde haben wir mehr als genug. Russland. Frankreich. Italien. Ungarn. Und das wissen die Preußen zu nutzen, unser größter Feind. Der Kaiser glaubt, beim Fürstentag in Frankfurt mit guten Argumenten Anhänger für seine Pläne zu finden. Aber bei allen Fürsten außer ihm selbst regiert das Herz und nicht der Verstand. Habe ich schon erwähnt, dass der Großherzog von Mecklenburg direkt von Kissingen aus zum Fürstentag reisen wird?«

Bisher hatte ich gedacht, politische Fragen interessierten die Kaiserin nicht. Jetzt sehe ich mich eines Besseren belehrt. Hinter ihrer glatten Stirn geht sehr viel mehr vor, als sie in unseren Frisierstunden normalerweise preisgibt.

Sie mustert im Spiegel aufmerksam mein Gesicht. »Sie denken, ich wäre kein politischer Mensch«, sagt sie verblüffend hellsichtig. Ich muss dringend an meiner Mimik arbeiten.

»Nur weil ich selbst keiner bin«, entgegne ich rasch. »Politik spielt in meinem Leben überhaupt keine Rolle.«

Langsam nickt sie. »Mag sein, dass ich auch so denken würde, wäre ich nicht die Kaiserin von Österreich. Und ich weiß, dass man mir eine unpolitische Haltung nachsagt, obwohl ich Kaiserin bin. Wobei ich es ehrlich gesagt nicht nachvollziehen kann. Jeder meiner Schritte, jedes meiner Worte ist schließlich Politik. Jeder Herzschlag, jeder meiner Atemzüge. Sogar jedes Beisammensein mit meinem Gemahl und meinen Kindern.«

Sie versinkt in ihren Gedanken, und ich arbeite schweigend weiter.

Kapitel 14

Drei Wochen später
Kissingen, Hotel Carl von Hess

Weil das kaiserliche Gefolge in Kissingen klein ist, erhalte ich täglich zusätzliche Aufgaben von der Kaiserin, die ich sehr gern übernehme. Ich habe ja viel freie Zeit, und jeder Auftrag bedeutet für mich ein kleines Abenteuer. Mal soll ich herausfinden, wo es in Kissingen die besten Süßigkeiten gibt, sodass ich mich einen ganzen Vormittag lang durch die feinsten Konditoreien der Stadt nasche. Ein anderes Mal benötigt Elisabeth ein ungarisches Buch, und ich betrete zum ersten Mal eine Buchhandlung, um eine Bestellung aufzugeben.

Auch heute hat sie wieder einen Auftrag für mich. »Ich benötige einen Fotografen, aber in Kissingen gibt es nur ein einziges Atelier. Machen Sie sich hübsch, gehen Sie persönlich hin und lassen Sie Aufnahmen von sich selbst aus möglichst vielen Perspektiven anfertigen«, ordnet sie an. »John Collett und der Herzog wünschen sich zum Abschied ein Bild von mir in meinem Lieblingskleid. Ich muss herausfinden, ob das Kissinger Atelier etwas taugt oder ob ich dafür den Münchner Hoffotografen kommen lassen muss.«

Am Nachmittag ziehe ich also mein smaragdgrünes Kleid an, frisiere mich hübsch und gehe zum ersten Fototermin meines Lebens. Als Herr Neubauer hört, warum ich sein Atelier aufsuche, komplimentiert er mich mit viel »habe die Ehre« und »bitte schön gnädiges Fräulein« in einen repräsentativ eingerichteten Salon. Und dann geht es los. Ich setze mich auf einen Stuhl und recke das Kinn. Die Tochter des Fotografen pudert meine Nase mit einer weichen Quaste, damit sie nicht glänzt.

»Weiter nach rechts«, kommandiert Meister Neubauer. »Die Nase höher, die Schultern tiefer.« Endlich nickt er zufrieden. »Jetzt stillhalten.« Eine gleißende Flamme leuchtet auf, und das Bild ist im Kasten.

Der Fotograf wedelt mit der Hand. »Stellen Sie sich bitte vor den Spiegel dort. Leicht schräg.«

Gehorsam platziere ich mich vor einem hölzernen Standspiegel und sehe über die Schulter zu Meister Neubauer.

»Nein, sehen Sie mich nicht an, blicken Sie nach vorn. Ich halte Ihr Spiegelbild fest, eine solche Perspektive ist gerade sehr modern.«

Die Flamme zischt, wieder ist ein Bild geschossen. Und so geht es noch lange weiter. Der Fotograf schlingt mir mein Tuch mal um die Schultern, mal ums Haar, er setzt mich auf einen Stuhl und lässt mich dann auf einer Chaiselongue lagern. Anschließend macht er noch Porträtaufnahmen meines Gesichts. Dabei muss ich mal melancholisch blicken, mal heiter, mal streng, mal weiblich und weich. Ich soll das Kinn in die Hände legen und versonnen in die Ferne sehen. Danach den Arm über den Kopf strecken, als würde ich mich rekeln.

Zuletzt verlangt Neubauer, dass ich lächele. »Nicht so breit. Denken Sie einfach an Ihren Schatz und schmelzen Sie dahin«, schlägt er vor.

Seine Tochter, ein Backfisch von vielleicht fünfzehn Jahren, kichert.

»Ich habe keinen«, protestiere ich gespielt empört.

»Dann wird es Zeit«, sagt Neubauer in breitem Bayrisch. »So ein hübsches Maderl muss doch geherzt werden.« Er lächelt dabei so väterlich freundlich, dass ich lachen muss.

Eines habe ich heute gelernt: Ich liebe es, fotografiert zu werden. Man steht dabei auf angenehme Weise im Mittelpunkt, und es ist ein bisschen wie Theaterspielen.

* * *

Als ich die Bilder zwei Tage später abhole, klemme ich mir den Umschlag nach dem Bezahlen einfach unter den Arm, ohne ihn zu öffnen.

»Möchten Sie die Fotografien nicht prüfen?«, fragt Herr Neubauer.

»Das wird die Kaiserin tun«, entgegne ich. Aber in Wahrheit möchte ich allein sein, wenn ich zum allerersten Mal in meinem Leben ein Bild von mir sehe.

In meinem Zimmer angelangt, kann ich jedoch nicht länger warten. Ich lasse mich aufs Bett fallen, reiße das Papier auf und lasse den Inhalt des dicken Umschlags auf die Decke gleiten, lauter Bilder auf Pappe in unterschiedlichen Größen.

Das bin ich? Im ersten Moment fühle ich Enttäuschung in mir aufsteigen. Mein schönes grünes Kleid, das im Sonnenlicht so zauberhaft schimmert, wirkt auf den Fotografien unscheinbar braun. Mein Blick ist viel scheuer, als ich dachte. Und ist mein Mund wirklich so breit? Zeigt meine Nase tatsächlich so vorwitzig nach oben?

Nach dem ersten Schreck gewöhne ich mich aber an meinen eigenen Anblick und gefalle mir zumindest auf einigen Bildern. Mein Gesicht ist offen und freundlich, mein Rücken gerade, meine Taille wirkt zierlich, und meine Haare schimmern. Aber das Wichtigste ist: Auf diesen Bildern sehe ich so glücklich aus, wie ich es bin.

Die Kaiserin hat mich angewiesen, ihr die Fotografien gleich vorbeizubringen, wenn sie fertig sind. Also suche ich Frau von Pilat auf und bitte darum, bei Ihrer Majestät vorgelassen zu werden. Ob sie es wohl weitergeben wird?

Tatsächlich werde ich kurz darauf von einem Diener gerufen.

Die Kaiserin ist höchst beeindruckt. »Sie sehen wunderschön aus, Fräulein Angerer!«, sagt sie. »Sowohl in diesem zauberhaften Kleid als auch auf den Bildern.« Nach kurzem Zögern setzt sie hinzu: »Wie gern würde ich beim Fotografieren auch einmal lächeln.«

»Dann tun Sie es! Sie haben ein so zauberhaftes Lächeln«, ermuntere ich sie.

Die Kaiserin schüttelt abwehrend den Kopf. »Das habe ich ein einziges Mal gewagt, und der Skandal ist immer noch nicht ganz verebbt!«

Fragend sehe ich sie an.

Sie lächelt. »Ach, das war eine dumme Geschichte. Ich habe mich auf Madeira lächelnd zwischen meinen Hofdamen ablichten lassen. Und ich habe das Bild nach Wien schicken lassen, weil ich in meiner Naivität dachte, man freue sich dort über jedes Zeichen meiner Gesundung. Aber in dem Brief, den meine Schwiegermutter mir daraufhin schickte, glühten die Buchstaben förmlich vor Zorn. Bei Hofe erwartet man, dass eine Kaiserin auf einer Erholungsreise leidend aussieht. Alles andere wird nicht toleriert.«

Vor dem Fenster des kaiserlichen Salons ertönt plötzlich Musik. Ein Orchester muss sich dort aufgestellt haben, es spielt den Vermählungswalzer des Kaiserpaars von Johann Strauß.

Die Kaiserin verdreht die Augen. »Nicht schon wieder! Jeden

Tag erweist mir eine andere Musikervereinigung aus der Umgebung die Reverenz. Und immer mit diesem Lied.« Sie seufzt. »Fräulein Angerer, Sie sehen heute so zauberhaft aus. Wollen Sie diese Huldigung an meiner Stelle entgegennehmen?«

»Wie bitte?«, entfährt es mir. »Eure Majestät scherzen!«

»Nichts liegt mir ferner.« Elisabeth reibt sich die Stirn. »Ich bin müde vom Bad, ich habe Kopfschmerzen, ich möchte jetzt nicht angestarrt werden. Bitte treten Sie ans Fenster und heben Sie huldvoll die Hand! Sie haben so viel Schönheit und Grazie, niemand wird von unten merken, dass nicht ich es bin, die winkt.«

Ich zögere.

»Fräulein Angerer, würden Sie das für mich tun?«, fragt die Kaiserin sanft.

»Natürlich. Wenn Sie es wünschen …« Ich hole tief Luft, richte mich auf, schreite zum Fenster und achte darauf, nicht zu dicht an die Scheibe heranzutreten.

Sofort spielen die Musiker lauter. Ich hebe die Hand, und Jubel brandet auf. Um das Orchester hat sich eine Menge Schaulustiger versammelt.

»Sehen Sie? Niemand merkt etwas«, sagt die Kaiserin.

Mutiger geworden winke ich noch einmal und lächele.

»Nicht zu freundlich«, mahnt mich die Kaiserin. »Nicht vergessen, wir sind leidend! Wir wollen doch keine Post aus Wien bekommen!«

Sofort blicke ich wieder ernst, was mir angesichts des Jubels draußen nicht leichtfällt. »Reicht es jetzt?«, frage ich leise.

»Ja, ich denke, das ist genug.«

Mit klopfendem Herzen trete ich in den Schatten des Zimmers zurück.

Nachdenklich mustert die Kaiserin mich. »Sie haben das sehr

gut gemacht. Schade, dass Sie sich nicht an meiner statt fotografieren lassen können. Ihnen scheint das zu liegen, das sieht man den Bildern an. Aber ich fürchte, das muss ich doch selbst tun, obgleich ich persönlich es hasse.«

Auf der Fotografie, die die Kaiserin drei Tage später beim Atelier Neubauer anfertigen lässt, wirkt sie angespannt, distanziert und sehr ernst. Sie hat nicht einmal den Hut abgesetzt, der ihr nicht besonders gut steht. Und sie sieht viel kränklicher aus als in Wirklichkeit. Niemand würde glauben, dass diese Frau täglich mehrstündige Fußmärsche über die umliegenden Hügel unternimmt. Auch sie spielt also beim Fotografieren Theater.

»Ich habe in diesem Moment an meine bevorstehende Rückreise nach Wien gedacht, deswegen der Gesichtsausdruck«, gesteht sie, als sie mir das Bild zeigt.

Insgeheim frage ich mich, ob sie auch an den Kaiser gedacht hat. Falls ja, hat dieser Gedanke sie eindeutig nicht zum Dahinschmelzen gebracht.

Kapitel 15

18. August 1863
Spittelberg, Burggasse 9

»Du hast dich verändert.« Berti lässt sich in unserer guten Stube auf einen Sessel fallen. »Ich erkenne dich kaum wieder.«

Ich grinse. »Kein Wunder!«

Meine Schwester hat mich beim Lesen einer Zeitung angetroffen, und das hätte die frühere Fanny niemals getan. Ihr dienten Zeitungen allenfalls zum Fensterputzen.

Hübsch sieht Berti aus mit ihrem neuen weißen Sommerhut, unter dem ihre dunklen Augen unternehmungslustig blitzen. »Siehst du dieses Kunstwerk?« Sie zeigt auf den flaumweichen weißen Federbusch an der Seite des Hutes. »Es muss unbedingt ausgeführt werden. Los, komm mit!« Sie springt auf. »Wir gehen zum Kaisergeburtstagsfest auf den Prater.«

Ich bleibe sitzen. »Tut mir leid, ich kann nicht, ich arbeite.«

»Du tust *was*?« Fassungslos starrt Berti auf die Zeitung. »Fanny, darf ich dich an deinen Beruf erinnern? Du bist Friseurin. Sieh einmal genauer hin: Das da vor dir ist keine Frisur.«

Ich lege den Kopf schräg. »Ach so? Deswegen ist es mir nicht gelungen, diesem Ding Locken zu drehen. Das erklärt einiges.« Dann werde ich wieder ernst. »Spaß beiseite. Es gehört wirklich zu meiner Arbeit, Zeitung zu lesen. Und zwar nicht nur eine.«

Ich klopfe auf den Papierstapel, der neben mir auf dem Kanapee liegt. »Neben der *Morgenpost* hab ich auch ein Modeblatt und eine illustrierte Damenzeitschrift abonniert. Ich muss alles wissen, was darin steht, weil sich die Kaiserin mit mir darüber unterhalten möchte. Außerdem berate ich sie jetzt auch bei Modefragen. Also muss ich unbedingt auf dem Laufenden sein, was man zurzeit trägt, nicht nur hier, sondern auch in Paris und London. Und ich muss mich besser in der Politik auskennen.«

»In der Politik?« Berti zieht eine Augenbraue hoch. »Du bist doch nur dafür zuständig, dass der kaiserliche Kopf anständig aussieht. Was darin vorgeht, ist nicht deine Angelegenheit.«

Ich verschränke die Arme vor der Brust. »Aber wir unterhalten uns darüber, die Kaiserin und ich. Morgen ist Haarwaschtag, da müssen wir viele Stunden verplaudern. Und dabei will ich nicht ungebildet erscheinen. Sieh mal hier.« Ich deute auf einen Artikel. »Das Fürstentreffen in Frankfurt hat vorgestern mit einer Schlappe für den Kaiser begonnen. Der preußische König Wilhelm ist gar nicht erst angereist. Und ohne ihn wollten die anderen Fürsten keine Beschlüsse fassen.«

Berti reibt sich nachdenklich die Nase. »Und das ist schlimm?«

»Na, hör mal«, sage ich. »Der Kaiser nimmt trotz seines Geburtstags an diesem Treffen teil. Da wird es schon wichtig sein. Zumal heute auch noch der zehnte Jahrestag der kaiserlichen Verlobung ist. Er nimmt all das in Kauf, weil er damit Österreichs Zukunft absichern will, und dieser Preuße bleibt einfach fern.«

»Vielleicht ist Österreich ihm nicht ganz so wichtig wie dem Kaiser«, vermutet Berti mit einem Augenzwinkern.

Ich seufze. »Genau das ist ja das Problem. Er erkennt einfach nicht, dass Österreich und Preußen im Deutschen Bund dieselben Ziele verfolgen müssen, wenn sie sich dauerhaft gegen den Zaren und Napoleon III. behaupten wollen. Aber das eigentlich Interessante steht hier.« Ich zeige weiter unten auf die Zeitungsseite. »Der blinde Großherzog Friedrich Wilhelm von Mecklenburg-Strelitz hat sich in allem der Meinung des Kaisers angeschlossen und sich dabei sogar gegen seinen unmittelbaren Nachbarn, den Großherzog von Mecklenburg-Schwerin, gestellt, was er sonst nie tut. Und das ist nicht das Verdienst des Kaisers. Hier hatte die Kaiserin ihre Hand im Spiel.«

Berti runzelt die Stirn. »Aha«, sagt sie. »Das ist sicher sehr, sehr interessant und auch überaus bildend. Aber mein Hut braucht wirklich ganz dringend frische Luft, und deiner auch. Außerdem müssen doch wenigstens wir den Geburtstag des Kaisers feiern, wenn er es schon nicht selbst tun kann. Los, komm, wir gehen auf den Prater!« Sie nimmt meine Hand und zieht mich hoch.

Ich werfe einen Blick aus dem Fenster. Der Himmel ist grau. »Es wird regnen«, wende ich ein.

Berti schüttelt den Kopf. »Wird es nicht!«

»Und wenn doch?«

»Dann nehmen wir einen Fiaker und fahren zurück. Geld hast du doch jetzt wie Heu. Los, hol deinen Hut!«

»Sollten wir nicht auch einen Schirm …?«, beginne ich, doch Berti schneidet mir das Wort ab. »Das kannst du gern machen, wie es dir am liebsten ist. Aber ich habe keine Lust, einen zu tragen. Es hat seit Wochen nicht geregnet, es wird auch heute nicht passieren.«

Was für eine seltsame Logik. Trotzdem folge ich Berti ohne Schirm, denn der Himmel wird tatsächlich schon wieder ein bisschen heller.

Wenig später spazieren wir einträchtig untergehakt durch die Straßen der Stadt. Ich trage genau wie Berti ein weißes Sommerkleid und einen dazu passenden Hut, aber meiner ist mit bunten Seidenblumen geschmückt. Die Straßen sind heute extrem voll, denn alle haben zur Feier des Tages frei. Und alle streben zum Prater, wo die Wiener heute erstmals alle zusammen den Kaisergeburtstag feiern wollen. Obwohl ganz Wien auf den Beinen ist und die vielen Fiaker stellenweise kaum durchkommen, hört man nirgends ein barsches Wort. Jeder ist gut gelaunt und voller Vorfreude. Jetzt bin ich doch froh, dass Berti mich zum Mitgehen genötigt hat. Es wäre wirklich schade gewesen, dieses Spektakel zu verpassen.

»Ich sage Vater noch eben Bescheid, wo wir sind«, sagt Berti, als wir an seinem Salon vorbeikommen.

Der Salon ist voll, deswegen warte ich draußen.

Beim Herauskommen lächelt Berti geheimnisvoll. »Rate mal, wer gerade da drinsitzt und dich grüßen lässt.«

»Oh«, sage ich leichthin. »Wer kann das nur sein?«

»Lass ihn nur zappeln«, sagt Berti. »Der ist noch grün hinter den Ohren, der muss erst reifen.«

Als wir gegen drei Uhr auf dem Prater eintreffen, schallt uns Walzermusik entgegen. Am Himmel allerdings ballen sich graue Wolken zusammen, und der Wind frischt merklich auf.

»Sollen wir umkehren?«, frage ich mit bangem Blick nach oben.

»Nein, das verzieht sich wieder, das erkennt man an der Wolkenform«, behauptet Berti. »Wo wollen wir zuerst hin?«

»Erst mal rein ins Getümmel.«

Zunächst müssen wir nämlich das Tor passieren, und wir sind nicht die Einzigen mit diesem Ziel. Ich halte Bertis Hand fest, und wir drängen uns mit dem Strom vorwärts.

Geschafft! Auf der anderen Seite empfangen uns schmetternde

Fanfaren und dröhnende Paukenschläge, gleich beginnt die Eröffnungsfeier.

»Lass uns direkt zu den Buden gehen«, schlägt Berti vor. »Die Reden sind bestimmt langweilig, und jetzt ist es dort noch nicht so voll.«

Ich nicke.

Doch kurz bevor wir unser Ziel erreicht haben, fegt auf einmal ein Windstoß über unsere Köpfe hinweg. Ich kann gerade noch meinen Hut festhalten.

»Wie war das noch?«, rufe ich Berti zu. »Es regnet heute nicht?«

Noch bevor sie antworten kann, fallen die ersten Tropfen. Erst sind es nur ein paar. Doch mit der nächsten Windböe wird das Tröpfeln zum Schauer, und schließlich ergießen sich wahre Wassermassen vom Himmel.

Ein kollektiver Aufschrei geht durch die Menge, dann rennen alle los. Leider nicht in dieselbe Richtung. Berti und ich werden von den drückenden und schubsenden Passanten erst zusammen- und dann auseinandergedrängt. Ein dicker Mann windet sich zwischen uns durch, Bertis Hand entgleitet mir, ich verliere sie aus den Augen.

»Wir treffen uns …«, höre ich sie noch rufen. Dann ist sie weg.

»Berti!«, schreie ich verzweifelt.

»Hier!«, höre ich sie antworten.

Ich wende mich in die Richtung, aus der die Stimme kommt, und werde erneut zur Seite gedrängt.

»Berti? Wo bist du?« Eiskalter Regen prasselt auf meinen Hut und läuft mir den Nacken herab.

Ich drehe mich um meine eigene Achse. Keine Berti weit und breit.

»Hier entlang!«, sagt plötzlich eine Männerstimme hinter mir. Ich fahre herum. Vor mir steht ein hagerer, kleiner Mann mit schlecht sitzendem Anzug, zerknautschtem Hut und ungepflegten Zähnen. Er arbeitet hier offenbar als Ausrufer. Mit einladender Armbewegung weist er schräg hinter sich auf die Tür einer Schaubude. »Nur hereinspaziert ins Trockene, es kostet nichts, und Sie können den Regen drinnen abwarten.«

»Nein danke, ich suche jemanden.«

Er deutet eine Verbeugung an. »Sie werden bereits erwartet.«

»Berti?«, rufe ich ins Innere der Bude.

Meine Zähne klappern vor Kälte, und mein nagelneuer Hut löst sich gleich auf. Wahrscheinlich hat Berti sich hierher geflüchtet, um ihren Federschmuck zu retten.

»Bitte schön!« Der Ausrufer macht eine tiefe Verbeugung. »Treffen Sie Berti, und erleben Sie außerdem Arabella, die Dame ohne Unterleib!«

Ach herrje. Was hat Berti sich nur dabei gedacht? Zögernd betrete ich die dämmrige Bude.

Seltsam, ich sehe meine Schwester nicht. Außer dieser Arabella, die von vier Lampen angestrahlt wird, sind höchstens eine Handvoll Besucher hier, allesamt Männer.

Die Dame ohne Unterleib ist nicht mehr ganz jung und stark geschminkt. Sie wiegt sich auf einer Schaukel vor und zurück. Hielte sie sich nicht mit beiden Händen an den Seilen fest, würde sie wohl herabfallen. Ihr Rumpf, der in einem schwarz-rosa gestreiften Schnürkorsett steckt, endet kurz unterhalb der Taille auf dem Schaukelbrett, darunter existiert sie nicht.

Mir ist diese Dame im Moment allerdings völlig gleichgültig. »Berti?«, frage ich in die Dunkelheit, in der Hoffnung, dass meine Schwester doch irgendwo in einem schattigen Winkel steht.

»Was schreist denn so?«, fragt die unterleibslose Dame.

»Verzeihung«, stammele ich. »Ich suche jemanden. Aber ich glaube, ich habe mich geirrt, hier bin ich falsch.«

»Da ist er doch, dein Berti«, sagt Arabella. »Wirklich ein fescher Kerl!« Sie weist mit dem Kinn hinter mich.

Ich drehe mich um und pralle gegen einen hochgewachsenen Herrn, der mir offenbar in die Bude gefolgt ist.

»Fräulein Angerer?«, fragt der Mann überrascht. »Was tun Sie denn hier?«

Völlig entgeistert starre ich Hugo Feifalik an. Er ist frisch frisiert und duftet nach Rasierseife.

»Nehmen Sie auch einen Hugo, wenn sich kein Berti finden lässt?« Er nimmt den tropfenden Hut ab, ein scheußliches, altes Ding, und verbeugt sich höflich vor mir.

Ich bin unendlich erleichtert, in dieser unheimlichen Dämmerbude ein bekanntes Gesicht zu sehen, aber das lasse ich mir nicht anmerken. »Sieh einer an, der Herr Bankangestellte«, sage ich gedehnt. »Welch unverhofftes Zusammentreffen.«

»Tatsächlich.« Er nickt. »Das Schicksal geht manchmal seltsame Wege. Offenbar hat es den Regen bemüht, um uns beide hierher zu spülen.« Er lächelt.

Ich runzele die Stirn. »Sie nennen das Schicksal? Das scheint mir ein zu großes Wort für dieses zufällige Treffen.«

»Zufall?« Hugo Feifalik runzelt die Stirn. »Nein, es ist sicher mehr als das. Aber egal, was uns hier zusammengeführt hat, ich freue mich darüber.«

Die Dame ohne Unterleib wiegt sich auf ihrer Schaukel vor und zurück. »Zufall? Schicksal? Wer will das wissen?«, singt sie leise vor sich hin. Was für eine unangenehme Person.

»Wollen wir gehen?«, fragt Hugo Feifalik, der meine Miene richtig deutet. »Ich habe einen Regenschirm. Damit könnten wir es bis ins nächste Café schaffen.«

»Hätte ich Beine, würde ich mitgehen«, säuselt die Dame ohne Unterleib. »Er ist ja wirklich fesch, dein Berti!«

»Hugo«, korrigiert Feifalik.

»Gehen wir!«, sage ich, um dieser Dame endlich zu entkommen.

»Gern geschehen«, singt Arabella, als wir die Bude verlassen.

Draußen regnet es schon etwas weniger. Hugo Feifalik setzt seinen schrecklichen alten Hut zu meinem Leidwesen wieder auf und bietet mir den Arm an. Nach kurzem Zögern hake ich mich unter, denn nur so passen wir zu zweit unter seinen Schirm.

»Sie tat mir leid, diese Dame auf ihrer Schaukel, so ganz ohne Beine«, sage ich. »Aber hätte sie welche, hätte ich ihr schonungslos gesagt, wie impertinent ich sie finde.«

»Oh, sie hat welche.« Feifalik bleibt stehen. »Der Rumpf auf der Schaukel ist nur ein optischer Trick. Sollen wir umkehren? Und sie beschimpfen?«

Ich muss lachen. »Nein, bitte nicht!«

Im Café Restaurant Zum Eisvogel ist es laut und voll. Wir haben Glück und ergattern den letzten Tisch.

Hugo Feifalik schafft es, einen Kellner auf uns aufmerksam zu machen.

»Was darf ich den Herrschaften bringen?«

»Eine Tasse Schokolade bitte«, sage ich.

Feifalik bestellt eine Tasse Kaffee.

»Ich freue mich, Sie endlich wiederzusehen«, sagt er, als der Kellner sich entfernt hat. »Sie wissen es wahrscheinlich nicht, aber seit meinem ersten Haarschnitt im Salon Angerer bin ich dort Stammkunde. Die Frisur damals hat mir nämlich Glück gebracht.«

»Also sind Sie zufrieden mit Ihrer neuen Stellung?«

»Mehr als das!«

Der Kellner bringt den Kaffee und die Schokolade. Mit einer kleinen Verbeugung stellt er beides vor uns hin. »Bitte schön, die Herrschaften.«

»Die Arbeit ist verantwortungsvoll und angenehm«, nimmt Feifalik das Gespräch wieder auf. »Meine Vorgesetzten sind anständige Männer, und seit ich nicht mehr aussehe wie ein Schaf, werde ich in Wien deutlich respektvoller behandelt.« Um seine sommerblauen Augen bilden sich verschmitzte Lachfältchen. »Ich hörte allerdings im Salon Ihres Vaters, dass Sie einen weit interessanteren und verantwortungsvolleren Beruf haben als ich.«

Ich nicke. »So verantwortungsvoll, dass ich nie darüber spreche.«

»Dann müssen wir wohl über das Wetter reden«, sagt Hugo Feifalik. »Oder über Hüte. Ihrer beispielsweise steht Ihnen ganz ausgezeichnet.«

Oha. Er macht mir zwar Komplimente, aber er hält mich eindeutig für ungebildet und dumm. Na warte, Hugo!

»Viel wichtiger als ein Hut ist der Kopf darunter«, sage ich scharf. »Reden wir lieber über Politik. Herr Feifalik, was halten Sie von der Entscheidung des preußischen Königs, den Fürstentag in Frankfurt zu sabotieren?«

Feifalik wirkt überrascht, aber er fängt sich sofort wieder. »Ich halte das nicht für eine Entscheidung des Königs«, sagt er. »Das geht eindeutig auf Bismarcks Einwirken zurück. Und dessen Einfluss auf Wilhelm sehe ich mit Erstaunen und Sorge.«

»Warum?«

Er runzelt die Stirn. »Ein König in einer ausweglosen Situation. Ein völlig skrupelloser Berater, der verspricht, ihn retten zu können. Ich halte das für eine ganz gefährliche Mischung.«

Die Kaiserin hat gestern fast wortgleich dasselbe gesagt, aber das verschweige ich natürlich.

»Wagen Sie einen Ausblick«, sage ich. »Was wird passieren?«

Feifalik trinkt nachdenklich einen Schluck Kaffee, dann setzt er die Tasse ab. »Um den nächsten Krieg vorherzusehen, muss man momentan kein Hellseher sein.« Er tupft sich den Bart mit einer Serviette ab. »Aber um zutreffende Aussagen über die Dauer des Krieges, über Gegner und Verbündete sowie die künftige Rolle Österreichs zu machen, müsste man übersinnliche Kräfte besitzen. Da ist alles und nichts möglich. Wir sitzen auf einem Pulverfass.«

Auch da ist Hugo Feifalik einer Meinung mit der Kaiserin.

»Was würden Sie tun, wenn Sie der Kaiser von Österreich wären?«, frage ich.

»Mir Freunde schaffen«, sagt Hugo Feifalik wie aus der Pistole geschossen. »Und der preußische König würde für mich auf gar keinen Fall dazugehören.« Er hält inne. »Es wäre übrigens nett, wenn Sie meine Worte nirgends zitieren würden.«

»Ich kann schweigen.«

Er lächelt. »Das habe ich schon bemerkt.«

»Sprechen wir nun über Hüte«, sage ich und erwidere sein Lächeln. »Genauer gesagt über Ihren. Er begleitet Sie schon eine ganze Weile, nicht wahr?« Ich weise auf die unmoderne Melone, die ihr Besitzer auf einem leeren Stuhl an unserem Tisch abgelegt hat.

Feifalik lehnt sich zurück, nimmt seinen Hut, dreht ihn in den Händen und betrachtet ihn nachdenklich. »Ja, das ist ein treuer Gefährte«, sagt er. »Wir haben schon viel miteinander erlebt.«

»Ich habe den Eindruck, dass die gemeinsame Zeit sich dem Ende zuneigt«, sage ich spitz.

»Sie mögen ihn nicht?«

Ich nicke. »Er ist grauenhaft.«

»Ich hörte, es käme auf Hüte weniger an als auf die Köpfe darunter.«

»In diesem Fall trifft das leider nicht zu.«

Feifalik betrachtet den Hut mit traurigem Blick. »Meine Mutter sagte heute früh etwas Ähnliches.«

»Sie sollten mehr auf sie hören.«

Feifalik lächelt. »Zum Glück verfüge ich über die Gabe, Hüte in Sekundenschnelle umarbeiten zu können.« Er erhebt sich von seinem Stuhl, legt den Hut darauf und setzt sich wieder.

Eine Frau am Nachbartisch starrt ihn an.

»Was machen Sie da?«, frage ich peinlich berührt.

Feifalik grinst. »Voilà! Jetzt ist er ein Sitzkissen.«

Ich muss laut lachen. Und insgeheim gebe ich Berti recht. Dieser Hugo Feifalik sollte noch ganz erheblich reifen.

Es hat aufgehört zu regnen, wir stehen vor dem Café, und ich reiche Hugo Feifalik die Hand.

»Herzlichen Dank für die freundliche Einladung«, sage ich lächelnd. »Mein Beileid zum Abschied von Ihrem Freund, dem Hut. Und herzlichen Glückwunsch zum neuen Sitzkissen.«

»Darf ich Sie nach Hause begleiten?«, fragt Feifalik. »Nur zu Ihrem Schutz, versteht sich.«

Ich schüttele den Kopf. »Das ist wirklich nicht notwendig. Es ist ja noch hell. Kaufen Sie sich lieber eine neue Kopfbedeckung.«

»Dann leihe ich Ihnen aber wenigstens meinen Schirm.« Er drückt mir den Griff einfach in die Hand.

»Sie benötigen ihn selbst«, wende ich ein und will ihn zurückgeben. »Es wird gleich wieder regnen, und Ihr neues Sitzkissen können Sie kaum aufsetzen.«

Feifalik hebt abwehrend die Hände. »Ich werde gern nass«, behauptet er. »Es erinnert mich an meine Zeit auf See. Und das tut gut, manchmal ist die Arbeit in der Bank doch sehr trocken.« Er lächelt verschmitzt, seine Augen sind so blau wie das Meer.

»Das ist sehr nett von Ihnen«, sage ich. »Aber ich glaube Ihnen kein Wort.«

»Ich bestehe darauf!« Sein entschlossener Blick zeigt, wie ernst ihm der Widerspruch ist.

»Nun gut. Wohin kann ich ihn anschließend schicken?«

Er hebt abwehrend die Hände. »Bitte behalten Sie ihn. Das Schicksal führt uns bestimmt irgendwann wieder zusammen.« Er zwinkert mir zu.

»Ich hinterlege ihn im Salon meines Vaters für Sie.«

Er schmunzelt. »Und ich werde ihn dort nicht abholen.«

Ich runzele die Stirn. »Dann wird er dort bis zum Sankt Nimmerleinstag hängen.«

»Abwarten!« Hugo Feifalik verabschiedet sich mit einer Verbeugung und verschwindet in der Menge.

Kurz vor unserem Haus treffe ich Berti wieder. Als ich ihr von dem Treffen mit Feifalik erzähle, kommt sie aus dem Lachen gar nicht mehr heraus.

»Was für ein komischer Vogel! Aber fesch ist er ja, der Herr.«

Ich verdrehe die Augen. »Jetzt fang du nicht auch noch an!«

»Gib's doch zu. Er gefällt dir.«

Ich gebe ihr einen kleinen Schubs. »Für fesche Kerle habe ich wirklich keine Zeit!«

»Das ist gut«, sagt Berti, und zwar in einem Tonfall, der mich misstrauisch macht.

»Warum?«

»Na, es vergeht im Salon kaum eine Stunde, in der nicht irgendjemand nach dir fragt«, sagt sie. »Damen, die von dir frisiert werden wollen, und Herren, die dich kennenlernen möchten. Du bist jetzt eine Berühmtheit, Fanny. Und natürlich bist du mit deiner Verbindung zum kaiserlichen Hof auch eine gute Partie.«

»Was willst du damit sagen?«

»War euer Zusammentreffen wirklich Zufall? Oder hat der feine Herr Feifalik dem Schicksal da ein bisschen nachgeholfen?«

Ein guter Einwand. Genau das habe ich mich auch schon gefragt.

Kapitel 16

Am nächsten Tag
Schloss Schönbrunn

Die Haare sind gewaschen, und die Kaiserin sitzt am weit geöffneten Fenster, um sie in der Sonne trocknen zu lassen.

»Zum Glück hat sich der Regen verzogen«, sagt sie, während ich meine Utensilien einsammle. »Das war ja ein wahrer Wolkensturz.«

Ich blicke vom Frisiertisch auf. »Ja, gestern auf dem Prater bin ich klatschnass geworden.«

»Sie waren beim Volksfest?« Die Kaiserin richtet sich auf. »Erzählen Sie! Alles!«

Ich traue meinen Ohren nicht. Da habe ich meinen Kopf mit Politik, der neuesten Mode und raffinierten Schminktipps vollgestopft, und alles, was Ihre Majestät interessiert, ist der Wurstelprater?

Aber sie scherzt nicht, sie scheint ehrlich interessiert.

»Nun ja, meine Schwester wollte unbedingt hin, da habe ich mich überreden lassen.«

»Sie sind einfach losgegangen? Nur mit Ihrer Schwester? Ohne weitere Begleitung?«, will die Kaiserin wissen. Doch ich komme nicht zum Antworten, ich kann nur nicken, denn schon prasseln weitere Fragen auf mich ein. »Sie beschließen so einen Ausflug also ganz spontan? Vorbereitungen sind dafür nicht erforderlich?«

»Nun, zehn Minuten benötige ich schon. Ich kleide mich dem Wetter und Anlass entsprechend, stecke Portemonnaie und Wohnungsschlüssel in meinen Pompadour, und los geht's.«

»Und Sie laufen einfach zu Fuß durch die Straßen, bis Sie am Prater ankommen?«

»Ja, Eure Majestät.«

»Wie lange dauert das? Und woher kennen Sie den Weg?«

»Von unserem Haus zum Prater läuft man etwas mehr als eine Stunde. Diesen Weg kennen Berti und ich seit unserer Kindheit, wir waren oft und gern dort.«

»Und dann kam der Regen? Was taten Sie?«

Ich erzähle es ihr in groben Zügen.

Die Kaiserin hört so aufmerksam zu, als wäre ich auf einer Dschungelexpedition gewesen. »Auf dem Prater geht man als Dame einfach allein in eine Bude hinein?«

»Nein, eigentlich nicht«, gebe ich zu. »Aber der Regen war so kräftig, und ich dachte, meine Schwester wäre bereits darin.«

»Ja, natürlich. Ich hätte auch so gehandelt. Und diese Frau auf der Schaukel gab nur vor, keinen Unterleib zu haben?«

»Ja, sie schafft anscheinend mit Lampen, Tüchern und Spiegeln eine Illusion. Aber ich weiß nichts Genaues, man hält es geheim.«

»Das ist Betrug!«, empört Elisabeth sich.

»Ja und nein«, sage ich zögernd. »Es ist ein Effekt, der das Publikum staunen lässt. Und darum geht es ja auf dem Jahrmarkt. Nicht um Wahrheit, sondern um Illusionen.«

Die Kaiserin lächelt. »Genau wie bei Hofe«, sagt sie. »Aber erzählen Sie mehr. Dieser junge Mann, Hugo Feifalik, lud Sie in ein Kaffeehaus ein, sagten Sie. Kann man dort ohne Voranmeldung einfach hereinspazieren?«

»Ja, wenn ein Tisch frei ist, geht das.«

»Und diesen Mann hatten Sie zuvor erst einmal gesehen?«

An dieser Stelle wird unser Gespräch von Fräulein von Mendelenýi unterbrochen, die zum Vorlesen eintrifft. Zum Glück! Dieser Teil meines Erlebnisses gehört mir ganz allein.

* * *

Eine Woche später gibt es frühmorgens ganz plötzlich eine Planänderung.

»Wir fahren nach Laxenburg«, teilt der Kutscher mir beim Einsteigen mit. »Dort weilt Ihre Majestät seit gestern Abend.«

»Oh, warum? Sie hat gestern nichts davon gesagt.«

»Weil sie es so will«, erwidert der Kutscher, und mir fällt auf, dass das nur fünf Wörter sind. Vermutlich zitiert er die Kaiserin höchstpersönlich.

Als er mein verwirrtes Gesicht sieht, holt er doch noch ein bisschen aus. »Sie hat gestern Nachmittag beschlossen, sich heute noch einmal die Haare waschen zu lassen. Und sie empfindet diese Prozedur in Laxenburg als angenehmer, weil dort weniger Rummel ist.«

»Sie will sich schon wieder die Haare waschen lassen?«, frage ich ungläubig. »Nach nur einer Woche?«

Der Kutscher nickt. »Es scheint erforderlich. Offenbar ist beim letzten Mal ein Malheur passiert.«

»Ein Malheur?« Ich bin fassungslos. »Aber davon wüsste ich doch!«

Der Kutscher zuckt mit den Schultern. »Die Kaiserin sagte wohl, ihr Haar röche seltsam.«

»Es riecht?« Jetzt verstehe ich gar nichts mehr. »Wonach denn?«

»Auf jeden Fall so, wie es nicht riechen soll.« Der Kutscher öffnet die Wagentür und hält sie für mich auf.

Verwirrt steige ich ein, und auf der langen Fahrt nach Laxenburg grübele ich ununterbrochen, was passiert sein könnte. Ein falscher Duftstoff ist mir ganz gewiss nicht ins Haarwasser geraten. Das hätte ich beim Waschen doch selbst gerochen. Habe ich die Eiermasse etwa nicht sorgfältig genug ausgespült? Oje, ich mag mir gar nicht vorstellen, wie Eier im Haar nach einer Woche riechen müssen!

Aber kann das sein? Ich habe die Kaiserin täglich frisiert und nichts bemerkt. Nein, es muss einen anderen Grund für die plötzliche Planänderung geben. Ach, wenn wir doch nur schon da wären, diese Ungewissheit ist schrecklich.

Als wir nach über einer Stunde in Laxenburg ankommen, werde ich sofort zur Kaiserin geführt. Wie so oft begrüßt mich beim Eintreten ein stürmischer Hund. Heute ist es nicht die Dogge Shadow, sondern ein riesiger, junger Wolfshund namens Horseguard, der meinen Hofknicks als wunderbare Chance betrachtet, an meinem Ohr zu knabbern. Ich wehre ihn unauffällig ab und richte mich auf.

»Bitte lassen Sie uns allein!«, fordert die Kaiserin drei Mägde auf, die dampfende Kannen, warme Tücher und die übliche Eiermischung aus der Küche bringen. »Und wie bereits mehrfach betont: Ich wünsche heute, nicht gestört zu werden. Von nichts und von niemandem. Selbst wenn die Welt untergeht, will ich es nicht wissen. Ich habe starke Kopfschmerzen und brauche Ruhe. Fräulein Angerer wird sich um alles kümmern, was ich benötige.«

»Sehr wohl, Eure Majestät.« Die Mägde knicksen und ziehen sich zurück.

Ich unterdrücke einen Seufzer. Kopfschmerzen am Haarwaschtag, und das auch noch nach einem übel riechenden Malheur. Das kann heiter werden.

Aber kaum hat sich die Tür hinter den drei Mädchen geschlossen, lacht die Kaiserin leise auf. »So, die wären wir los! Und jetzt kommen wir zum wahren Grund dieses Theaters.« Sie blickt mich an, ihre Augen blitzen entschlossen.

»Was ist mit den Haaren Eurer Majestät nicht in Ordnung?«, frage ich vorsichtig.

Elisabeth winkt ab. »Ach, ich habe nur eine Ausrede benötigt, um heute hierherkommen zu können. Ich habe meinen Haarwaschtag früher öfter der Ruhe wegen nach Laxenburg verlegt, niemand wird deswegen misstrauisch.«

»Eine Ausrede?«, wiederhole ich fassungslos. Ich muss mich verhört haben.

Das schelmische Lächeln belehrt mich eines Besseren. »Heute gehe ich mit meiner Schwester auf den Prater. Ganz allein, ohne Leibwächter. Und Sie ersetzen mich hier!«

»Was?«, entfährt es mir. Dann atme ich tief durch. »Ich meinte natürlich: Majestät belieben zu scherzen.«

»Ich scherze nie auf diese Weise«, sagt die Kaiserin.

Und das stimmt. Also will sie wirklich mit ihrer Schwester auf den Prater.

»Das ist unmöglich! Der Weg ist viel zu weit.«

»Wir gehen nicht nach Wien«, beruhigt mich die Kaiserin. »Einen kleinen Prater gibt es auch hier im Laxenburger Park. Und den werden wir heute erkunden. Niemand wird etwas bemerken.«

»Wie soll das gehen?«, frage ich völlig fassungslos.

Die Kaiserin von Österreich kann doch nicht einfach aus dem Schloss marschieren und den Wächtern sagen, sie wolle allein sein. Das machen die nicht, sie folgen ihr trotzdem. Und welche Schwester überhaupt? Meines Wissens weilt keines der kaiserlichen Geschwister in Österreich.

»Ganz einfach«, sagt Elisabeth. »Wir tauschen die Rollen. Ihre Haare werden gewaschen, Fräulein Angerer. Und danach sitzen Sie hier am Fenster, tragen meinen Frisierumhang und lassen Ihr Haar trocknen. Ich schlüpfe in dieser Zeit in Ihr Kleid und verlasse als Fanny Angerer das Schloss. Für einen Spaziergang im Park, wo ich dann an einem verabredeten Ort meine Schwester Mathilde treffe, die sich derzeit unerkannt auf der Durchreise hier eingefunden hat.«

»Aber …«

»Kein Aber. Fangen wir an!«

Doch ich muss widersprechen, weil die Kaiserin sich sonst in Gefahr begibt. Sie kann und darf sich nicht einfach so am helllichten Tag ohne Bewachung mitten ins Gewühl stürzen. Außerdem will ich mein Kleid unter gar keinen Umständen hergeben. Nicht auszudenken, was passiert, wenn Elisabeth den Klebestreifen unter meiner Schürze entdeckt.

»Ich möchte nicht respektlos sein«, sage ich. »Aber ich muss Eurer Majestät ganz dringend von diesem gefährlichen Plan abraten. Jemand könnte diese Gelegenheit für ein Attentat nutzen. Denken Sie nur daran, wie der Kaiser damals beim Spaziergang auf der Bastei fast ermordet worden wäre. Hätte er keine Begleitung gehabt, wäre er jetzt tot.«

Die Kaiserin schüttelt den Kopf. »Mir wird nichts passieren. Ich bin ja nicht als Kaiserin unterwegs. Ich bin Fanny Angerer. Und die kann gefahrlos über den Prater spazieren.«

»Die Kaiserin von Österreich ist eine bekannte Persönlichkeit in Wien. Man wird Eure Majestät erkennen.«

»Ach, papperlapapp!«, widerspricht Elisabeth. »Kaum jemand hat mein Gesicht je aus der Nähe gesehen. Fast alle kennen nur Gemälde und Fotografien von mir, die mir überhaupt nicht ähneln. Und wer mir schon einmal persönlich gegenüberstand, ist nicht hier im Park unterwegs. Der ganze Hofstaat weilt derzeit in Schönbrunn, Laxenburg ist um diese Jahreszeit wie ausgestorben. Wenn ich schlicht gekleidet und ohne Leibwächter über den Prater flaniere, wird niemand auf die Idee kommen, dass ich die Kaiserin bin.«

»Das mag zwar sein«, gebe ich zu. »Aber bei so einem Spaziergang kann trotzdem alles Mögliche und Unmögliche passieren. Und dann kommt alles heraus.«

»Ich bestehe darauf«, sagt die Kaiserin von Österreich. Und diesmal braucht sie sogar nur drei Worte, um ihren Willen durchzusetzen. Ich bin mit meinen eigenen Waffen geschlagen.

Oje, mein Kleid! Was soll ich nur machen?

Ich ergreife den letzten Strohhalm, der mir bleibt. »Niemand geht in einem Dienstbotenkleid auf den Prater. Das ziemt sich nicht. Eure Majestät würden dort in meinem Kleid auffallen wie ein bunter Hund. Dieses Risiko ist viel zu groß.«

»Dann benötige ich eben ein anderes«, sagt die Kaiserin mit trotziger Miene. »Überlegen Sie sich etwas. Ich befehle es.« Ein Blick in ihre entschlossenen Augen verrät, dass ich besser nachgebe.

»Sehr wohl, Eure Majestät«, antworte ich. »Wenn ich mir die Alltagskleider Eurer Majestät, die in Laxenburg verblieben sind, einmal ansehen dürfte, könnte ich vielleicht etwas Passendes finden.«

Die Kaiserin wedelt mit der Hand in eine unbestimmte Richtung. »Durchsuchen Sie meine Schränke. Irgendwo müssen Kleider sein, die ich nur selten auf dem Lande trage. Suchen Sie etwas aus, das Ihnen passend erscheint.«

Ich knickse und befolge den Wunsch der Kaiserin.

Wenig später bin ich zurück, mit einem schlichten schwarzen Seidenkleid über dem Arm. Mit meinem Schultertuch könnte es als Sonntagskleid einer wohlsituierten Bürgersfrau durchgehen. Hoffe ich zumindest. Ich habe sogar ein passendes schwarzes Hütchen mit Schleier gefunden.

»Schwarz?«, fragt die Kaiserin enttäuscht, als sie das Kleid sieht. »Es ist doch so warm draußen.«

Ich schüttele den Kopf. »Das täuscht, im Schatten ist es kühl.«

Die Kaiserin runzelt die Stirn. Sie scheint nicht zufrieden.

»Alle andern waren zu auffällig«, sage ich, und das überzeugt sie schließlich.

»Frisieren Sie mich passend und helfen Sie mir hinein. Meine Schwester erwartet mich um zehn im Park.«

Eine Stunde später dreht sich die Kaiserin vor dem Spiegel. »Nun? Wie sehe ich aus?«

»Wie eine feine Dame, die im Park flanieren will.«

»Aber nicht wie eine Kaiserin?«

»Nein. Ganz unauffällig!«

Und das ist wahr. Der kleine Hut sitzt auf einer schlichten Flechtfrisur, der Schleier verhüllt das Gesicht Ihrer Majestät, und mein schwarzer Paletot, den ich morgens gegen die kühle Luft getragen habe, verbirgt die legendäre schlanke Taille der Kaiserin. Wenn sie es nun auch noch schafft, unbemerkt aus dem Schloss zu huschen, kann sie bestimmt inkognito im Park flanieren.

Ich selbst sitze im weißen Frisiermantel der Kaiserin am Fenster, und meine Haare sind nass. Sie sind zwar nicht so lang wie Elisabeths, aber von Weitem fällt das nicht auf. Zumindest nicht durchs Fenster.

Zufrieden ruht der Blick der Kaiserin auf mir. »Schreiben Sie irgendetwas. Oder gehen Sie umher. Sollte jemand klopfen, verschwinden Sie hinter dem Paravent und befehlen Sie, dass man Sie in Ruhe lässt.«

Ich nicke. »Sehr wohl, Eure Majestät.«

»Haben Sie auch Anweisungen an mich?«, will Elisabeth wissen. »Für meine Rolle als Fanny?«

Ich nicke erneut. »Legen Sie den Schleier nicht ab. Sprechen Sie niemanden an. Betreten Sie keine Bude, auch nicht in Begleitung Ihrer Schwester, denn man sieht, dass Sie wohlhabend sind. Sollte jemand Sie ausrauben, käme alles heraus.«

Die Kaiserin lacht. »Aber ich habe ja gar nichts bei mir, was man rauben könnte. Geld besitze ich nicht, und ich trage nicht einmal Schmuck.«

»Aber wenn Sie in ein Kaffeehaus gehen oder etwas essen möchten, müssen Sie das doch bezahlen können.«

»O ja, natürlich.« Sie runzelt die Stirn. »Das muss ich sonst nie. Ich habe kein Geld.«

Ich nestele mein Portemonnaie aus der Frisiertasche. »Hier, nehmen Sie meins. Das Geld reicht gut für Kaffee und Kuchen, und Sie können auch Ihre Schwester davon einladen.«

Die Kaiserin schenkt mir ein strahlendes Lächeln, als sie die Geldbörse in einem Pompadour verstaut. »Ich werde Ihnen selbstverständlich alles zurückzahlen.« Sie sinkt in einen Hofknicks und säuselt: »Zu Füßen Eurer Majestät ich mich lege.«

Wir müssen beide lachen.

Die Tür fällt ins Schloss, und ich bin mit Horseguard allein. Er legt den Kopf schräg und blickt mich fragend an.

»Ja, du hast recht«, sage ich. »Hier läuft etwas ganz falsch.«

* * *

Abends fahren wir zurück. Die Kaiserin, Horseguard und ich, alle drei in derselben Kutsche. Ihre Majestät hat darauf bestanden.

Horseguard verbringt die Fahrt mit dem riesigen Zottelkopf auf meinem Schoß. Darauf hat er bestanden.

Es ist immer noch sommerlich warm.

Die Wangen der Kaiserin glühen rosig, während sie von ihrem heutigen Erlebnis erzählt. Von dem Spaziergang durch den Park ohne Leibwächter, Arm in Arm mit ihrer Schwester, die sie *Spatz* nennt. Vom Einkehren in einem Gartencafé am Wasserfall. »Ihr Portemonnaie habe ich gar nicht benötigt. Meine Schwester hatte Geld und wusste auch, wie man den Kellner bezahlt.«

Die Kaiserin berichtet von Schießbuden, die sie gesehen hat. Von zuckerüberzogenen Mandeln. Von einem Leierkastenmann mit einem Affen am Wegesrand. »In einer Bude waren wir nicht. Das hatte ich Ihnen ja versprochen! Und wir haben auch keine Bekanntschaften gemacht. Aber ich habe das nicht vermisst. Das Wundervollste an allem war die grenzenlose Freiheit, die ich heute hatte.«

Die Kaiserin lehnt sich gegen die Seidenpolster und schließt die Augen. Dann öffnet sie sie wieder und sieht mich nachdenklich an. »Fräulein Angerer, Ihr Leben muss herrlich sein!«

»Ja«, gebe ich zurück und denke insgeheim, wie langweilig im Vergleich dazu mein heutiger Tag als Elisabeth war. Mit der Kaiserin von Österreich würde ich auf Dauer nicht tauschen wollen.

»Fräulein Angerer?« Die Kaiserin reißt mich aus meinen Gedanken. »Sie wissen nicht, wie dankbar ich Ihnen für diesen Tag bin. Er war nur mit Ihrer Hilfe und dank Ihrer Verschwiegenheit möglich.« Sie löst eine goldene Anstecknadel von ihrem Umhang. »Nehmen Sie dies als Erinnerung an diesen Tag, den Sie für mich zum schönsten des ganzen Jahres gemacht haben.«

»Ich erwarte keinen Dank«, stammele ich.

»Es ist ein Geschenk.« Die Kaiserin nimmt meine Hand und

legt die Brosche einfach hinein. Sie ist oval, von kleinen Diamanten umrahmt, mit einem verschlungenen goldenen E in der Mitte.

Mir fehlen die Worte.

»Ich weiß.« Die Kaiserin lächelt. »Nun müssten Sie sich eigentlich zu meinen Füßen legen. Aber da sitzt schon Horseguard.«

Ich muss lachen, werde aber ganz schnell wieder ernst. »Das ist das schönste Geschenk, das ich je bekommen habe. Ich werde mich seiner würdig erweisen.«

»Sie sind es längst!«, sagt die Kaiserin.

Ich bin mir nicht sicher, ob das jeder so sehen würde. Dieser Tag hätte auch anders enden können, und dann würde ich die Verantwortung für eine Tragödie tragen. Dennoch freue ich mich über das Lob.

Kapitel 17

Ende September 1863
Volksgarten

Ich liebe Herbstlaub. Wenn wie beim heutigen Sonntagsspaziergang rote, gelbe und grüne Blätter vor einem leuchtend blauen Himmel durch die klare Luft wirbeln, bin ich glücklich.

Berti scheint es auch so zu gehen. Gerade hat sie einen Armvoll buntes Laub aufgehoben und über Johanns Kopf entleert. Lachend schüttelt er sich die Blätter aus dem Kragen.

Vater und Mutter sind von der Farbenpracht ebenfalls fasziniert, allerdings weniger ausgelassen als das junge Ehepaar. Mutter hält einen farblich fein abgestimmten Fächer aus Ahornblättern in der Hand, der links mit Grün beginnt, dann immer heller wird, bis er in Gelb übergeht und über leuchtendes Orange zuletzt in flammendem Rot endet. Wunderhübsch sieht das aus, und Vater hat ihr Werk eben wortreich bewundert.

Wir alle sind heute bester Laune, und es macht mir auch nichts aus, später noch ein zweites Mal zur Kaiserin zu fahren. Sie hat mich gebeten, am Spätnachmittag die kleine Erzherzogin Gisela für einen Kinderball zu frisieren, und das mache ich gern. Es ist ja nicht weit, die Kaiserfamilie ist für die Wintersaison in die Hofburg zurückgekehrt. Außerdem ist Gisela ein freundliches, höfliches Kind, das lange Frisierstunden verabscheut, und ich kenne einige gute Kniffe, mit denen ich ihr in wenigen Minuten eine zauberhafte Ballfrisur flechten kann. Ich freue mich schon jetzt auf ihr staunendes kleines Gesicht.

Eine scharfe Windböe reißt mich aus den Gedanken. Sie weht Vater fast den Hut vom Kopf, er erwischt ihn gerade noch rechtzeitig. Mutter zieht fröstelnd die Schultern hoch, und er legt ihr fürsorglich seinen Wollschal um.

Berti reißt im Wind die Arme hoch und tut, als würde sie wegfliegen. Sofort ist Johann bei ihr und nutzt die Gelegenheit, seine Arme um sie zu schlingen. Dann schwingt er sie im Kreis herum, bis sie quietscht.

Ich muss lachen, als ich die vier beobachte. Aber gleichzeitig fühle ich mich plötzlich wie ein fünftes Rad am Wagen. Niemand sorgt sich um mich, niemand scherzt mit mir. Kurz erscheint das Bild von Hugo Feifalik vor meinem inneren Auge, aber ich verscheuche es rasch. Er hat bis heute noch nicht einmal seinen Schirm abgeholt, ich werde ihn vermutlich nie wieder sehen. Schade, unser Treffen war erfrischend anders, und ein bisschen Abwechslung könnte ich gut brauchen.

Ein vorbeiflanierender junger Herr scheint meine Gedanken zu erahnen. Oder ist es Zufall, dass er den Hut hebt und freundlichst grüßt?

In mir erwacht ein kleiner Kobold. Unauffällig nestele ich mein Spitzentaschentuch aus der Rocktasche und lasse es im Wind davonflattern.

Der Mann eilt ihm nach, fängt es ein und bringt es mir lächelnd zurück. »Das haben Sie verloren.« Er überreicht es mir mit einer kleinen Verbeugung.

Ich erröte, ebenfalls lächelnd. »Danke, das ist sehr freundlich!«

Sein Blick fällt auf die gestickten Initialen auf dem Tuch in meiner Hand.

»F wie Friederike?«, will er wissen.

»Franziska«, antworte ich.

Als Vater sich mit misstrauischem Blick nähert, verbeugt der Fremde sich hastig. »Ich wünsche Ihnen noch einen schönen Tag, Fräulein Franziska. Falls Sie öfter um diese Zeit an diesem Ort sind, sehen wir uns ja vielleicht einmal wieder. Ich bin jeden Sonntag hier.«

Und schon ist er verschwunden. Eine Antwort hat er nicht abgewartet.

»Was wollte der Kerl?«, fragt Vater.

»Er hat mir nur mein Taschentuch zurückgebracht. Es ist mir davongeflogen.«

»Fanny, Fanny!« Vater schüttelt schmunzelnd den Kopf. »Funktioniert dieses alte Spiel noch immer?«

Jetzt ist auch Mutter herangetreten. »Das funktioniert sicher, solange es die Menschheit gibt.« Lachend hakt sie sich bei Vater unter.

Ja, sie hat recht, es funktioniert. Und es macht gute Laune. Beschwingt setze ich meinen Weg fort.

* * *

»Der Sommer starb«, murmelt die Kaiserin völlig zusammenhanglos.

Der Kinderball ist bereits in vollem Gange. Da Elisabeth mich um ein Gespräch gebeten hat, habe ich im Frisierzimmer auf sie gewartet, bis sie die Gäste begrüßt hat. Jetzt sitzt sie zusammengesunken auf dem Diwan, ihre Augen glänzen fiebrig.

»Ich verstehe nicht ganz«, sage ich.

Sie sieht auf. »Der Sommer starb. Wie finden Sie das als Titel für ein Herbstgedicht?«

»Sehr wirkungsvoll«, sage ich. »Es klingt wehmütig.«

Die Kaiserin nickt. »Das Gedicht ist von mir. Möchten Sie den Anfang hören?«

»Ja, sehr gern.«

Sie greift nach einem Schreibheft auf dem Tischchen vor sich, schlägt es auf und liest mit leiser Stimme vor:

»Der Sommer starb dahin, die Bäume streuen,
Auf seine Leiche trauernd Blatt um Blatt.
Die letzten bleichen Sonnenstrahlen weihen
Ihm schwindend einen Kuss noch, kalt und matt.«

Elisabeth blickt auf. »Wie finden Sie das?«

»Es ergreift mich. Die Wörter gehen mir direkt ins Herz.«

»Wollen Sie noch mehr hören?« Sie hustet.

»Es wäre mir eine große Ehre.«

Die Kaiserin räuspert sich und fährt etwas lauter als eben fort:

»Es krächzt ein Rabe Totenlitaneien
Vom Ast herab im schwarzen Trauerstaat.
Die Blumen aber sinken hin und bleichen,
Wie umgeweht durch unheilschwangre Seuchen.«

Behutsam schließt sie das Buch. »Weiter bin ich noch nicht gekommen.«

Ich stehe ratlos vor ihr, eine Haarnadel in der Hand, die ich gerade aufräumen wollte, und weiß nicht, was ich sagen soll. Es ist, als wäre die Kaiserin von völliger Düsternis umgeben. Dabei hat sie doch eben erst zugesehen, wie ich ihrem weiß gekleideten Töchterchen rosa Blüten in die Haare geflochten habe, worauf die Kleine vor Glück ebenfalls rosig erblühte. Ein helleres, fröhlicheres Bild ist kaum vorstellbar.

Warum wollte sie, dass ich bleibe? Doch sicher nicht, um mir dieses Gedicht vorzulesen. Vielleicht braucht sie gerade einfach eine freundliche Menschenseele, mit der sie unbefangen reden kann. »Im Herbst gerät man manchmal in eine beklommene Stimmung«, sage ich behutsam. »Es tut gut, wenn man sie in Worte fassen kann. Und was für schöne Worte das waren. Eure Majestät haben eine große Gabe, sich gekonnt auszudrücken.«

Die Kaiserin schweigt eine Weile, dann blickt sie auf. Ihre Augen sind unendlich traurig. »Ich weiß nicht, ob ich sie wirklich habe.« Wieder schüttelt ein Hustenanfall ihren schmalen Körper.

»Oh, da bin ich sicher«, sage ich mit fester Stimme. »Die Zeilen waren wie Wortzauberei. Ich freue mich schon auf die Fortsetzung des Gedichts.«

Die Kaiserin seufzt. »Die Strophen wollen sich einfach nicht zusammenfügen, egal wie sehr ich darum ringe. Vermutlich, weil ich noch nicht sicher bin, wohin ich damit will.«

»Der Herbst hat ja auch eine schöne Seite«, gebe ich zu bedenken. »Wirbelnde Herbstblätter im Wind sind bezaubernd. Rote, gelbe, grüne. Vielleicht könnten die Zeilen dorthin führen.«

Die Kaiserin blickt versonnen zum Fenster, doch draußen ist es schon dunkel. »Ich glaube nicht, dass es dazu kommen wird«, sagt sie. »Mir schwebt etwas anderes vor.«

Sie schweigt wieder kurz, dann sagt sie leise:

»O toter Sommer!
Könnte ich mich legen,
Zu dir, mit gelbem Laube überdeckt.«

In ihren Pupillen spiegelt sich die flackernde Flamme einer Kerze. Ich fröstele. Was geht hier vor?

»Ach, was könnte ich im Herbst alles tun, wenn ich Fanny

Angerer wäre«, fährt die Kaiserin fort. »Einen Markt besuchen. In einem Wirtshaus essen. Durch die Geschäfte bummeln und Weihnachtsgeschenke auswählen. Später dann Schlittschuh laufen wie früher als Kind. Als Kaiserin kann ich nichts davon tun. Ich kann aus der Hofburg nicht unbemerkt ausreißen. Und ich würde mich in der Stadt bei den kleinsten Alltagsdingen verraten. Seit beinahe zehn Jahren bin ich hier eingekerkert, ich weiß ja gar nicht mehr, wie Menschen heutzutage leben. In Wiens Gassen würde ich mich außerdem verlaufen, ich war in dieser Stadt noch nie zu Fuß unterwegs. Oder ich könnte ausrutschen und stürzen. Meine Schuhe sind für nasse, schmutzige Straßen völlig ungeeignet.« Sie seufzt. »Ich sitze wie ein bunter Paradiesvogel in einem goldenen Käfig und kann nicht hinaus.«

O weh, der Ausflug in den Laxenburger Prater hat schlimme Folgen, ich habe es ja geahnt. Wer die Freiheit einmal spürt, vermisst sie hinterher umso schmerzlicher. Zum Glück habe ich ihr kaum etwas von Hugo Feifalik erzählt. Nicht auszudenken, wenn sie auch noch von solchen Erlebnissen träumen würde!

Plötzlich sieht die Kaiserin auf. Rasch senke ich den Blick auf meine Hände.

»Was ist eigentlich aus Ihrem Schirmherrn geworden?«, will sie ganz unerwartet wissen. Was für ein abrupter Themenwechsel. Kann sie Gedanken lesen?

»Wen meinen Sie?«, frage ich unschuldig, um Zeit zu gewinnen. Jetzt darf ich keinen Fehler machen, um sie nicht erneut auf dumme Gedanken zu bringen.

»Nun, diesen Herrn Feifalik.«

Ich bin erstaunt, dass sie sich an den Namen erinnert.

»Ich habe ihn nie wieder gesehen«, sage ich wahrheitsgemäß.

»Ach? Wie schade. Aber vielleicht haben Sie ein anderes Abenteuer erlebt?«

»Die Frisur der kleinen Erzherzogin war eins für mich«, sage ich. »Gisela war so zauberhaft, wie sie vor Aufregung glühte. Ich wusste bisher nicht, dass es Kinderbälle gibt. Gerade stelle ich mir vor, wie Gisela tanzen lernt.«

»Solche Abenteuer meinte ich nicht«, sagt die Kaiserin unwirsch.

Ich senke den Blick. »Mir bedeuten sie viel mehr als ein verregneter Praterbesuch.«

»So ernst nehmen Sie Ihren Beruf?«

Ich knickse. »Ja, Eure Majestät. Man wird nur dann ein glücklicher Mensch, wenn man seine Pflichten so gut wie irgend möglich erfüllt«, sage ich mit fester Stimme. Meine Worte und Erlebnisse sollen für die Kaiserin nie wieder ein Quell der Unzufriedenheit werden.

Versonnen betrachtet die Kaiserin mein Mienenspiel. »Und mehr als Pflichten sollte es in einem Leben nicht geben?«, fragt sie.

»Doch, natürlich!«, antworte ich ehrlich. »Es muss sogar mehr geben. Aber alles andere im Leben darf mit den Pflichten nicht kollidieren.«

Elisabeth nickt langsam. »Vermutlich haben Sie recht. Arm ist nicht, wer wenig hat, sondern, wer sich mehr wünscht.«

»Das ist ein weiser Satz.«

»Er stammt von einem römischen Philosophen namens Seneca.«

»Das muss ein kluger Mann gewesen sein.«

Die Kaiserin wiegt zweifelnd den Kopf. »Ich bin nicht sicher. Vielleicht war er auch nur ein Fantast, der zwischen Wunschtraum und Wirklichkeit nicht unterscheiden konnte.«

»Wie kommen Sie darauf?«

Sie denkt kurz nach. »Umgekehrt könnte man auch sagen:

Reich ist nur, wer wunschlos glücklich ist. Und dieser Satz wäre nur dann weise, wenn wir unsere geheimen Wünsche willentlich steuern könnten. Aber können wir das? Ich glaube es nicht.«

Ich weiß nicht mehr, was ich sagen soll, deswegen nicke ich nur.

»Der Sommer starb dahin«, murmelt die Kaiserin. »Wie mache ich nur weiter?«

Ja, diese Frage stelle ich mir gerade auch.

* * *

Ich liege seit einer Stunde schlaflos im Bett und betrachte durchs Fenster den klaren Nachthimmel, an dem die Sterne wie kleine Diamanten funkeln. Das Gespräch mit der Kaiserin hat mich verstört. Am liebsten würde ich mit jemandem darüber reden. Aber das ist undenkbar, denn jedes Wort unterliegt meinem Schweigeschwur.

Ich setze mich auf und lehne mich an das hölzerne Kopfteil meines Bettes. Wie konnte die Stimmung der Kaiserin nur so schnell umschlagen? Vor wenigen Wochen in Laxenburg war sie noch so glücklich, aber heute klang sie plötzlich, als hätte sie jede Lebensfreude verloren. War es wirklich der kleine Ausbruch aus ihrem Alltag? Lässt diese kurze Atempause sie ihr Gefängnis umso heftiger spüren? Wenn ja, dann ist das meine Schuld. Ich muss mir meine Worte wirklich besser überlegen.

Mir wird plötzlich bewusst, welche Macht in meinen Händen liegt. Ich habe nicht nur Einfluss auf das Aussehen des kaiserlichen Kopfes, sondern auch auf die Gedanken darin. Das wollte ich nie, diese Verantwortung ist mir viel zu groß. Ich verstehe viel von Haaren, aber wenig von den Aufgaben einer Kaiserin.

Und eines zumindest ist klar: Es ist wenig hilfreich, wenn

meine Gedanken zu Hugo Feifalik wandern. Erstens lenkt mich das ab, und zweitens ist die Kaiserin erstaunlich sensibel. Sie wittert förmlich, was mich innerlich beschäftigt. Ich sollte den Mann also dringend aus meinem Kopf verbannen. Doch dann kommen mir Zweifel. Geht das denn überhaupt? Die Kaiserin sagte heute, man könne geheime Wünsche nicht willentlich steuern.

Wie ist das eigentlich? Habe ich den geheimen Wunsch, Hugo Feifalik wiederzusehen? Mein Herz schlägt bei diesem Gedanken rascher, und in einem ersten Impuls möchte ich ihn weit von mir weisen. Aber ich habe allein heute zweimal an Feifalik gedacht. Und im Schutz der Nacht, unter dem glitzernden Sternenhimmel, gestehe ich mir ein, dass ich mir tatsächlich etwas wünsche. Aber es ist nicht ein Wiedersehen mit diesem Hugo Feifalik. Es ist seine Leichtigkeit. Sein sonniges Gemüt. Seine Sorglosigkeit. Ich vermisse das Gefühl, jung und fröhlich zu sein. Genau genommen geht es mir da ähnlich wie der Kaiserin. Ich teile ihren goldenen Käfig, und manchmal flöge ich gern für eine Weile hinaus.

Vielleicht hat Elisabeth recht, vielleicht kann ich diesen Wunsch genauso wenig aus meinem Kopf vertreiben wie sie. Vermutlich müssen wir beide damit leben.

Aber ist das so schlimm? Macht es uns wirklich arm, etwas zu wollen, was wir nicht bekommen können?

Nein, ich glaube nicht.

Ich habe es ja heute selbst gesagt: Man wird nur dann ein glücklicher Mensch, wenn man seine Pflichten so gut wie irgend möglich erfüllt. Pflichten. Nicht Wünsche! Also los. Schlafen. Aufstehen. Frisieren. Trösten. So muss es weitergehen, Tag für Tag.

Kapitel 18

Winter 1863/64
Hofburg, Frisierzimmer der Kaiserin

Ich vergrabe mich in Arbeit, und davon gibt es in der Wintersaison bei Hofe mehr als genug.

Kaum ist ein Fest mit all seinen Vorbereitungen gefeiert, wirft das nächste schon seine Schatten voraus. Heiligabend mit dem Geburtstag der Kaiserin. Der Neujahrsempfang. Der große Hofball und sein kleinerer Bruder, der noch viel edlere Ball bei Hofe. Und bei jedem dieser Großereignisse verwandelt sich die Hofburg in einen vor Aufregung summenden Bienenstaat.

Für mich bedeutet das, ständig neue Frisuren zu kreieren, die die Kaiserin zum Tagesgespräch machen. Meistens benötigt sie täglich zwei, eine am Morgen und eine am Abend. Außerdem berate ich sie bei der Wahl der Kleider und des Haarschmucks. Und ich halte sie bei Laune, denn es gibt wenig, was Elisabeth so sehr hasst wie die vielen Blicke auf großen Bällen. Jeder einzelne sei für sie wie ein Nadelstich, hat sie mir anvertraut. Da hilft es, wenn ich sie vorher mit lustigen Geschichten über die Damen und Herren von Adel unterhalte. Da sich viele von ihnen vor den Feierlichkeiten von Vater und Berti frisieren lassen, verfüge ich über ein schier unerschöpfliches Repertoire. Ich weiß, welche der Damen um die teuersten Roben konkurrieren und welche aus Geldmangel heimlich ein Kleid aus der Vorsaison umgearbeitet haben. Ich kenne die Taillenumfänge vieler Debütantinnen, und keine davon ist so schlank wie die Kaiserin. Mir ist auch bekannt, wer von den Herren heimlich ein Toupet oder künstliche Zähne trägt.

Die Feste im Februar sind dieses Jahr allerdings ein wahrer Tanz auf dem Vulkan. Der preußische König Wilhelm hat unseren Kaiser nämlich im Kampf gegen Dänemark um Hilfe gebeten, und der hat sie ihm nicht versagt. Wir befinden uns also im Kriegszustand. Während in Wien getanzt wird, sterben im hohen Norden an Eider und Schlei Soldaten im Kugelhagel.

»Mir kommt das nicht nur falsch, sondern geradezu zynisch vor«, sagt die Kaiserin dazu.

Doch der Kaiser und seine Mutter sind anderer Meinung. Sie glauben, dass der Hof gerade jetzt Reichtum und Macht demonstrieren muss, und so entfalten sie allen Prunk der Habsburger, um die Kampfesmoral auf dem Feld zu erhöhen.

Bei den Festen sieht die Kaiserin strahlend schön aus, dafür sorge ich. Doch wenn wir allein sind, wird sie immer trauriger und stiller. Immer seltener lässt sie sich vorlesen, immer öfter schreibt sie Gedichte. Sie liest sie mir allerdings nicht mehr vor, und darüber bin ich fast froh. Wenn ich an die Düsternis des Herbstgedichtes denke, kann ich mir leicht ausmalen, wie viel Seelenschwärze in ihren Wintergedichten liegen muss.

Elisabeths Hustenattacken kommen und gehen, und manchmal ist ihr Gesicht merkwürdig aufgedunsen. Sie wirkt dann, als sei sie schwer krank, aber oft geht ihr Atem schon am nächsten Tag wieder ruhig und gleichmäßig. Das ist seltsam und macht ihr Angst. Übrigens nicht nur ihr. Die Hofärzte geben sich die Klinke in die Hand. Und in Susannas Küche wird schon getuschelt, wie lange sie wohl noch in Wien bleiben wird. Steht vielleicht schon bald die nächste Reise in den Süden an?

Der gesamte Hofstaat ist besorgt, und der Kaiser überschüttet seine Frau geradezu mit Geschenken. Was kann ich nur tun? Manchmal habe ich fast den Eindruck, dass die Gemütsverfassung der Kaiserin ansteckend ist, denn auch ich fühle mich neuerdings immer öfter matt und krank.

* * *

Als Berti sonntags zu Besuch kommt, bringt sie einen Brief mit nach oben. »Hier, der ist für dich.«

»Von wem stammt er?« Ich drehe ihn um, aber es steht kein Absender darauf.

»Keine Ahnung«, sagt Berti. »Sieh nach!«

Ich öffne den Umschlag, und mir rutschen drei Fotografien entgegen. Auf allen bin ich selbst zu sehen, vor einem hölzernen Standspiegel.

»Ach so, das schickt mir der Kissinger Fotograf, der mich im Sommer fotografiert hat.« Ich schiebe Berti eines der Bilder hin. »Hier, für dich. Ich fand sie so schön, dass ich noch welche nachbestellt habe.«

Berti betrachtet die Fotografie gerührt. »Danke! Das ist wirklich schön. So lebensnah! Das stelle ich auf meinen Nachttisch, dann hab ich dich beim Schlafengehen immer bei mir. Fast wie früher.«

Ich lächele. »Ein schöner Gedanke. Und ich wünsche mir eins von dir.«

Ich entfalte den beiliegenden Brief und überfliege die Zeilen. »Nein! Das ist doch unmöglich! Das kann doch gar nicht sein!«

»Was?«, fragt Berti.

»Himmel, mein schönes Kleid!« Ich schlage die Hand vor den Mund. »Das muss doch ein Irrtum sein!« Und dann setze ich leiser hinzu: »Nanu? Mäusegeruch?«

»Ich verstehe kein Wort. Darf ich?« Berti nimmt mir den Brief aus der Hand.

»Lies bitte laut vor«, sage ich. »Ich muss das noch einmal hören, ich glaube, ich habe den Mann falsch verstanden.«

»Sehr verehrtes Fräulein Angerer«, beginnt Berti. *»Beiliegend finden Sie die bestellten Abzüge der Bilder, die ich am 24. Juli dieses Jahres von Ihnen anzufertigen die Ehre hatte.«* Sie blickt auf. »Meine Güte, schreibt der gestelzt.«

Ich nicke. »Das ist ein älterer Herr. Der spricht sogar so.«

Berti fährt fort: *»Es ist ein glücklicher Zufall, dass ich dank dieser Bildernachsendung über Ihre Adresse verfüge. So kann ich Ihnen von einem Fachartikel für Gewerbetreibende Mitteilung machen, den ich gestern las und von dem Sie unbedingt Kenntnis erhalten sollten. Darin stand, dass unabhängig voneinander Ärzte in mehreren Städten seltsame Erkrankungen ihrer Patienten melden, die im Zusammenhang mit grün gefärbten Tapeten und Textilien stehen. Die Doktoren eines Augsburger Krankenhauses berichten beispielsweise von einer Gruppe von Kindern, die in einer örtlichen Einrichtung für Taubstumme wohnen. Alle Räume dieser Institution wurden in den Ferien in einem schönen frischen Grün gestrichen. Nach der Rückkehr erkrankte mehr als die Hälfte der Kinder schwer. Sie waren auffallend bleich und husteten, ihre Esslust war gemindert, ihre Körper schwollen an. Wie sich herausstellte, lag die Ursache dafür vermutlich in der grünen Wandfarbe, die man in Bayern Schweinfurter Grün, in Österreich Wiener Grün, in Frankreich Pariser Grün nennt. Die Farbe ist derzeit sehr gefragt, sie enthält allerdings große Mengen giftigen Arsens. Solange die*

Wände nach dem Streichen trocken bleiben, ist die Substanz harmlos. Auf feuchten Wänden allerdings können sich daraus giftige Dämpfe entwickeln, die die Gesundheit schwer angreifen. Man erkennt es an dem durchdringenden Mäusegeruch, der diesen Räumen oft anhaftet. Und mit dieser arsenhaltigen Farbe färbt man derzeit nicht nur Wände, sondern auch modische Kleider, Hüte, Schals und Mützen. Da Sie selbst bei Ihrem Besuch in meinem Atelier ein Kleid in leuchtendem Grün zu tragen beliebten, sehe ich mich in der Pflicht, Sie trotz Ihres entzückenden Aussehens in ebendiesem Gewand vor dem Tragen desselben dringendst zu warnen. In dem Artikel stand zwar, die Giftigkeit der grünen Farbe sei noch nicht schlüssig bewiesen. Doch alle Indizien sprechen dafür, dass es besser ist, auf solche Stoffe vorsichtshalber zu verzichten. Ich frage mich sogar, ob nicht ein guter Teil der weiblichen Kurgäste unserer Stadt keiner Kur bedürften, wären ihre Tapeten, Kleider und Hüte weniger oft grün. Aber das soll Ihr zartes Gemüt nun nicht weiter beschweren. Sie erfreuten sich ja glücklicherweise bester Gesundheit, und so wird es auch bleiben, wenn Sie fortan nichts Grünes mehr tragen und Ihre Räume in anderen Farben gestalten. Ich wäre Ihnen sehr dankbar, wenn Sie dies sicherheitshalber auch Ihrer Majestät, der Kaiserin von Österreich, mit untertänigstem Gruße mitteilen könnten. Ich sah sie zwar nie in einer grünen Robe, aber vielleicht ist sie von dieser Farbe ja in Form von Tapeten umgeben und erleidet dadurch einen Schaden an ihrer Gesundheit. Dieser Gedanke ist unerträglich für mich. Hochachtungsvoll, Albert Neubauer, Fotograf zu Kissingen.«

* * *

Ich sehe es schon beim Hereinkommen. An diesem Morgen trägt Frau von Pilat ein leuchtend grünes Kleid. Ein giftgrünes!

Das Schicksal verfügt manchmal wirklich über einen seltsamen Humor. Prompt werde ich unschlüssig, ob es richtig ist, der Kaiserin ausgerechnet heute den Brief auszuhändigen. Auf einen Tag mehr oder weniger kommt es doch auch nicht mehr an. Hätte die Post einen Tag länger benötigt, würde Ihre Majestät auch erst morgen von den Gefahren grüner Farbe erfahren. Und es wäre doch geradezu boshaft, der Kaiserin die Warnung ausgerechnet dann auszuhändigen, wenn meine Kontrahentin grün leuchtet wie ein balzender Papagei.

Nein, das ist nicht mein Stil. Der Brief bleibt für heute in der Schürzentasche. Ich knickse, sage meinen Begrüßungssatz und beginne behutsam mit dem Kämmen.

Frau von Pilat will gerade den Raum verlassen, da hält die Kaiserin sie mit einer Handbewegung auf. »Fräulein Angerer!«, wendet sie sich allerdings an mich. Ihre Stimme klingt abweisend und kühl. »Bevor Sie mit der Flechtarbeit beginnen, möchte ich Ihnen noch etwas mit auf den Weg geben. Frau von Pilat hat mich gestern auf einen Mangel meiner Frisur hingewiesen. Von hinten betrachtet war sie nicht ganz symmetrisch. Ich habe es im Spiegel selbst überprüft. Nicht umsonst betrachteten schon die alten Griechen Symmetrie als eine Grundlage der Schönheit. Würden Sie bitte darauf achten, dass Ihnen ein solcher Fehler nicht wieder passiert?«

Ich sehe zu Frau von Pilat, unsere Blicke kreuzen sich, in ihren Augen blitzt giftgrüner Triumph auf.

Ich sinke in einen Hofknicks. »Ich bitte untertänigst um Vergebung, Eure Majestät! Mir ging es nicht gut, ich hatte Kopfschmerzen. Nur so kann ich mir diesen Fehler erklären. Ich achte sonst immer streng auf Symmetrie und werde es künftig selbstverständlich noch gewissenhafter tun.«

Die Kaiserin hebt eine Augenbraue. »Frau von Pilat sagte,

ihr sei schon öfter eine leichte Asymmetrie meiner Frisur aufgefallen.«

Ich schnappe nach Luft. »So? Sagte sie das? Obwohl es nicht wahr ist? Ich überprüfe den Sitz der Frisur Eurer Kaiserlichen Majestät stets geradezu akribisch. Vielleicht ist mir gestern wirklich ein Fehler unterlaufen, da war ich nicht ganz ich selbst. Aber sonst geschieht das gewiss nicht.«

»Fräulein Angerer, Sie vergessen sich!«, sagt die Kaiserin scharf.

Ich senke den Blick und versinke erneut in einem Hofknicks. »Ich bitte untertänigst um Vergebung.«

»Es ist gut«, sagt sie knapp.

Ich sehe, wie Frau von Pilat hämisch grinst.

»Gnädigsten Dank für die gütige Nachsicht, Eure Majestät!«, sage ich und setze nach kurzem Zögern hinzu: »Ich weiß, dass dies ein unglücklicher Moment ist. Aber ich muss Eurer Majestät vor dem Frisieren noch rasch ein Schreiben übergeben, das mich gestern erreichte.«

Die Kaiserin blickt überrascht auf. »Ein Schreiben, das *Sie* erreichte?«, wiederholt sie meine Worte. »Und *ich* soll es zur Kenntnis nehmen?«

»Ich bitte darum«, sage ich. »Es betrifft Eure Majestät nämlich genauso wie mich. Vielleicht sogar mehr.«

Sie nickt, und ich greife in meine Tasche, um den Umschlag hervorzuziehen. »Gestern erreichte mich ein Brief des Kissinger Fotografen, dessen Studio sowohl Eure Majestät als auch ich im Sommer aufgesucht haben.«

Die Kaiserin mustert mich erstaunt im Spiegel. »Und weiter?«

Ich senke den Kopf. »Der Brief erklärt alles besser, als ich es könnte.«

»Bitte reichen Sie ihn Frau von Pilat. Sie kann ihn vorlesen«, ordnet die Kaiserin an.

Mich trifft ein weiterer giftiger Blick der Kammerfrau, aber natürlich tut sie, wie ihr geheißen wurde. Und mit jedem Wort, das sie mit ihrer klaren Stimme vorträgt, sinkt die Temperatur im Raum merklich, zumindest kommt es mir so vor. Als die letzten Worte verklingen, fröstele ich vor Nervosität.

Kurz ist es so still, dass man vor dem Fenster das Klappern von Hufen und das Rattern von Wagenrädern hört.

Dann knickst Frau von Pilat steif. »Ich bitte darum, mich zurückziehen zu dürfen«, sagt sie fast unhörbar.

Die Kaiserin neigt huldvoll den Kopf. »Selbstverständlich. Kleiden Sie sich in Ruhe um, meine Liebe.«

Die Pilat legt den Brief auf den Frisiertisch und entfernt sich mit gesenktem Blick.

»Ich mochte Grün noch nie«, sagt die Kaiserin nachdenklich.

Ich schon, ich liebe diese Farbe, und ich bedaure es sehr, mein schönes Kleid jetzt ausmustern zu müssen. Aber natürlich erwähne ich das nicht, um mich geht es hier nicht.

»Mehr als fünf Worte dürften nicht nötig sein, um diese giftige Farbe verbieten zu lassen«, sage ich stattdessen. »Und dann noch ein bisschen Geduld, bis grüne Wände, grüne Möbel, grüne Kissen und Decken ausgetauscht sind. Das Wartezimmer vor der Kammer Eurer Majestät zum Beispiel ist grün, und die Luft dort ist feucht. Möglicherweise ist das der Grund für den Husten, der Eure Majestät in der Hofburg im Winter von Zeit zu Zeit befällt.«

Die Kaiserin wiegt nachdenklich den Kopf. »Möglich. Doch verbieten lassen kann ich eine Farbe nicht. Das liegt nicht in meiner Macht. Erst recht nicht, wenn die Wissenschaftler noch über ihre Schädlichkeit streiten. Ich kann sie allerdings aus meiner eigenen Umgebung verbannen, und dafür dürften fünf Worte tatsächlich genügen, da haben Sie recht, Fräulein Angerer.«

Ich wundere mich über ihre Gelassenheit. Und mein Erstaunen steigt bei den nächsten Worten der Kaiserin.

»Da haben Sie der guten Pilat ihren gehässigen Seitenhieb ja schön heimgezahlt.« Sie lächelt.

Was? Gehässig? So wertet Elisabeth diese Kritik an meiner Arbeit? Warum hat sie mich dann vor den Augen und Ohren der Pilat getadelt?

»Das lag nicht in meiner Absicht«, sage ich steif. »Der Brief traf gestern bei mir ein, und ich wollte die Information selbstverständlich umgehend weitergeben.«

Die Kaiserin schmunzelt, doch sie schweigt. Manchmal habe ich fast das Gefühl, dass sie die Abneigung zwischen der Pilat und mir genießt.

Ich frisiere sie wie gewohnt und benötige dafür die üblichen drei Stunden. Frau von Pilat kehrt in dieser Zeit nicht zurück.

Kapitel 19

April 1864
Hofburg, Separatküche

Seit ich weiß, dass manche Stoffe und Tapeten in der Hofburg giftige Dämpfe ausdünsten, nehme ich den Mäusegeruch viel stärker wahr, und die Frisierstunden strapazieren mich mehr als früher. Manchmal habe ich sogar das Gefühl, dass mein Gesicht anschwillt, wenn ich mich lange im Frisierzimmer aufhalte. Oder bilde ich mir das nur ein?

Außerdem kosten mich die ständigen Sticheleien der Pilat viel Kraft, und ich frage mich immer öfter, warum die Kaiserin sie überhaupt zulässt. Ja, ich weiß, sie will Freundschaften und Seilschaften unter den Dienstboten verhindern. Wir sollen uns bei Hofe nur einem einzigen Menschen verpflichtet fühlen, nämlich ihr. Aber macht sie sich gar nicht klar, wie belastend dieses ständige Misstrauen gegen alle und jeden für mich ist?

Nun, könnte ich ihr diese Frage stellen, würde sie vermutlich argumentieren, sie selbst müsse noch viel vorsichtiger und misstrauischer sein. Aber stimmt das denn wirklich? Ist Elisabeth bei Hofe tatsächlich so verhasst, wie sie glaubt? Oder entspringt diese Vermutung allein diffusen Ängsten, die sie aufgebaut hat, weil sie so jung verheiratet und bei Hofe eingeführt wurde? Bestimmt haben viele sie damals fühlen lassen, was sie von dieser Heirat hielten. Nämlich nichts. Aber inzwischen könnte Elisabeth mit ihrem sanften, anmutigen Wesen, ihrer Freundlichkeit und ihrer Schönheit doch durchaus eine Kaiserin sein, die alle lieben und anbeten. Warum verschanzt sie sich so hinter den alten Verletzungen? Auch dieser Gedanke laugt mich zunehmend aus.

Susannas blank gescheuerte Küche mit ihren weiß getünchten Wänden kommt mir nun oft wie eine Insel vor, die ich mit letzter Kraft erreiche.

»Tee?«, fragt Susanna, als ich eintrete.

»Ja, sehr gern!«

Ich sinke auf die Bank und ruhe mich aus. Zwei Kammermädchen der Kaiserkinder sitzen am Kopfende des Tischs und plaudern miteinander. Aus dem Backofen duftet es nach Äpfeln und Vanille.

Die Küchentür öffnet sich, und Mina betritt die Küche. Sie bringt das Frühstückstablett der Kaiserin.

»Setz dich, ich mache gerade Tee«, ruft Susanna ihr vom Herd aus zu.

Mina stellt das Tablett ab und nimmt mir gegenüber Platz. Sie ist mir seit der Sache mit dem Paravent stets ausgewichen, aber heute sucht sie meinen Blick.

»Ich muss euch etwas erzählen«, verkündet sie, als Susanna die Teekanne auf den Tisch stellt.

Die Köchin schenkt uns ein. »Heraus mit der Sprache!«

Jetzt strahlt Mina auf einmal so hell wie die Frühlingssonne draußen vor dem Fenster. »Ich werde heiraten!«

»Nein!« Susanna sinkt auf die Küchenbank. »Wen? Warum? Wann? Los, erzähl! Ich will alles wissen!«

»So bald wie möglich. Er heißt Karl Wachter und hat eine Weinstube. Und warum? Einzig und allein aus einem Grund: Weil ich es will.«

»Und deine Arbeit hier?«, fragt Susanna.

»Die muss ich natürlich kündigen. Anders geht es ja nicht.«

»Dann wirst du Weinstubenwirtin?«, vermutet Susanna.

Mina schüttelt den Kopf. »Nein, Zimmerwirtin. Die Weinstube schafft Karl allein. Wir wollen Logiergäste aufnehmen, das Haus ist groß genug.«

»Ein Haus hat er?«, ruft Susanna aus. »Nein!«

»Doch!« Mina lächelt. »Es ist zwar alt und ein bisschen baufällig, wir müssen einiges reparieren. Aber zusammen schaffen wir das.«

»Natürlich!« Susanna nickt. »Ihr seid ja noch jung.«

»Nun ja. Ich schon.« Mina wirkt plötzlich verlegen. »Karl ist schon ein bisschen älter.«

»Wie alt denn?«, fragt eins der Kammermädchen von der anderen Tischseite.

»Fünfzig.«

Kurz ist es still am Tisch, dann sagt Susanna betont munter. »Da ist ein Mann doch im besten Alter.«

»Herzlichen Glückwunsch, Mina!«, sage ich schnell. »Ich freue mich sehr für dich und wünsche dir viel Glück.« Meine Worte kommen von Herzen. Trotz der Sache damals mochte ich Mina immer.

Ein niedliches Lächeln erhellt ihr sommersprossiges Gesicht. »Vielleicht kommt ihr ja mal in unsere Weinstube?«, schlägt sie vor.

»Und ob ich das tue!«, ruft Susanna. »Ich muss doch sehen, wie es dir da geht.«

»Ich auch!«, stimme ich zu und nehme es mir tatsächlich fest vor.

Mina springt auf. »Oje, Frau von Pilat hat gesagt, ich solle ihr einen Krug heißes Wasser bringen. Und jetzt sitze ich hier und schwatze.«

Susanna erhebt sich ebenfalls und geht zum Herd. »Was soll sie schon machen?«, fragt sie und füllt Wasser aus einem Kessel in einen Krug. »Dich entlassen?«

Mina atmet tief durch. »Du hast recht.« Mit kreisenden Bewegungen lockert sie ihre Schultern. »Ich habe mich noch nicht an den Gedanken gewöhnt, dass diese alte Krähe mir plötzlich nichts mehr anhaben kann.«

Kaum ist Mina weg, geht das Getuschel los. »Fünfzig?«, flüstert eins der Kammermädchen. »Älter als mein Vater!«

Die andere kichert. »Sie muss mit diesem Gesicht eben nehmen, was sie kriegt.«

Susanna lässt sich so schwungvoll auf die Küchenbank fallen, dass der Tee in den Tassen gefährlich schwappt. »Ist das so?«, fragt sie scharf. »Dann solltest du dich wohl am besten unter den Siebzigjährigen umsehen.«

Die beiden Kammermädchen werfen sich rasch einen Blick zu, dann erheben sie sich und gehen hinaus.

»Jetzt sind sie eingeschnappt.« Susanna grinst. »Gut so!«

»Ich muss leider auch gehen«, sage ich und stehe ebenfalls auf. »Der Kutscher kommt gleich. Danke für den Tee!«

Susanna lächelt. »Pass auf dich auf, Fanny!« Und bei diesen Worten blickt sie mich so vielsagend an, als wisse sie mal wieder mehr, als ich dachte.

Draußen im Gang stehen die beiden Kammerhühner von eben in einer Fensternische.

»Fanny sieht gar nicht gut aus«, sagt die eine, ohne die Stimme zu senken.

»Vielleicht ist sie schwanger?«, überlegt die andere.

»Die doch nicht.« Die Erste lacht schnaubend auf. »Sie hat sich so fest in den Spinnfäden der Kaiserin verfangen, dass sie für nichts und niemanden Augen hat!«

»Euch auch einen schönen Tag!«, sage ich im Vorübergehen schnippisch.

Aber als ich in der Kutsche sitze, spüre ich, dass bei diesen Sticheleien ein Stachel in meinem Herzen zurückgeblieben ist. Lasse ich mich tatsächlich von der Kaiserin einwickeln und vergesse dabei alles andere?

* * *

Abends putzen Berti und ich wieder einmal Vaters Salon. Auf den Regalen hat sich viel Staub angesammelt. Ich wische unzählige kleine Fläschchen und Tiegel mit einem feuchten Lappen ab. Jedes Mal, wenn ich hier bin, wartet ein Teil von mir unbewusst darauf, dass Hugo Feifalik wieder einmal an die Tür klopft. Aber natürlich tut er das nie, und der gesamte Rest von mir weiß das auch.

Ich habe mich neulich unauffällig bei Vater nach Feifalik erkundigt, aber er hat ihn seit vielen Monaten nicht mehr gesehen. Vermutlich ist er weggezogen.

Und das ist gut so. Mir geht es ja nicht um ihn als Person. In diesen Momenten drückt mich nur die große Verantwortung meiner Arbeit, und ich sehne mich nach Sorglosigkeit. Ich denke an Hugo Feifalik, weil unsere beiden Treffen so herrlich anders waren als alles, was ich tagtäglich erlebe. Bei Hofe bewegen sich die Menschen starr und gleichförmig, sie folgen unzähligen ungeschriebenen Gesetzen und halten sich bei jedem Schritt an die Etikette. Hugo Feifalik dagegen springt durchs Leben wie ein auskeilendes Fohlen. Ich weiß nie, was er als Nächstes tun oder sagen wird, aber ich habe mich nie davor gefürchtet, denn es ist immer harmlos, freundlich und lustig. Und genau das fehlt mir so sehr. Außerdem hatte unsere kurze Bekanntschaft kein richtiges Ende. Wir standen damals vor dem Café, er hat mir seinen

Schirm gegeben, und wir haben darüber gestritten, wann und wie er ihn zurückbekommt. Seitdem hängt das schwarze Monstrum hier im Salon.

Meine Gedanken wandern weiter und landen wieder einmal bei der Kaiserin. Was die beiden tratschenden Mädchen heute gesagt haben, ist tatsächlich nicht ganz falsch. Sie ist sicher keine Spinne, aber sie hängt selbst in einem Netz aus Intrigen fest. Alle anderen können gehen, wenn es ihnen bei Hofe nicht mehr gefällt, Mina hat das ja gerade vorgemacht. Die Kaiserin allerdings muss bleiben. Jeder außer ihr kann Freundschaften schließen und ein eigenes Leben führen, sie kann das nicht. Selbst wenn sie allseits beliebt wäre, würde das daran nichts ändern. Stets ist sie jedem Menschen in ihrer Umgebung vorgesetzt, nie kann sie sich auf Augenhöhe unterhalten. Aber genau das braucht man doch für echte Freundschaften. Ich wette, dass sie deshalb so peinlich darauf bedacht ist, dass sich in ihrer Nähe keine Allianzen bilden. Sie spürt ihre Einsamkeit vermutlich weniger, wenn andere bei Hofe auch einsam sind. Ich zum Beispiel.

Doch im Gegensatz zu Elisabeth habe ich auch noch ein Leben außerhalb der Hofburg. Ich besuche nachmittags Schneiderinnen, Modistinnen oder Hutmacherinnen, stets auf der Suche nach modischen Ideen für die Kaiserin. Und mit ihnen spreche ich nicht nur über die neuste Mode, wir plaudern und lachen auch viel. Bei Berti treffe ich außerdem manchmal noch Freundinnen aus der Theaterzeit. Und besonders wichtig sind mir die Freitagabende hier im Salon mit Berti. Beim Putzen und Abstauben bin ich nämlich noch genau dieselbe Fanny wie früher, und das ist gut so.

Liebevoll ordne ich die inzwischen wieder glitzernden Flakons der Größe nach auf dem Regalbrett an.

»Findest du, dass ich mich zu sehr in meiner Arbeit vergrabe?«, frage ich Berti, die Perücken auf Ständer setzt und sie ins Schaufenster stellt.

Sie richtet sich auf und pustet sich eine Haarsträhne aus der Stirn. »Wenn du so direkt danach fragst: Ja, das finde ich. Du müsstest dringend mehr an die frische Luft, du bist so gelb wie ein Stück alter Käse.«

»Na danke!« Ich lächele schief. »Aber ja, du hast recht, ich sollte wieder mehr unternehmen.«

Nachdenklich gehe ich zur Garderobe und betrachte Feifaliks Schirm. Ob er ihn je abholen wird? Auch er ist verstaubt. Ich spanne ihn auf und schüttele ihn. Dabei flattert mir ein bunter Zettel entgegen. Ich angele nach dem kleinen Papier und falte es auf.

Es ist ein bekritzeltes Heiligenbildchen. Irgendjemand hat den Schirm wohl als Papierkorb benutzt. Das Bild zeigt den heiligen Josef mit dem Jesuskind im Arm. Die Farben sind schön, und auch das Gesicht des Heiligen gefällt mir. Auf die Rückseite hat jemand mit Bleistift eine Sonne und eine Tasse gemalt und in die Ecke eine kleine, krumme Drei gekrakelt. Das könnte man ausradieren.

»Was ist das?«, fragt Berti hinter mir.

Ich gebe ihr das Bild, und sie betrachtet es nachdenklich. »Der heilige Josef ist der Schutzpatron der Ehepaare.«

»Wirklich? Oh, ich könnte es Mina schenken, sie heiratet bald.«

»Gib es mir!«, bittet Berti mich. »Ich kann es gerade gebrauchen.«

Überrascht sehe ich sie an. »Ist etwas mit Johann?«

Sie starrt auf das Heiligenbildchen und blinzelt eine Träne weg. »Weißt du nicht, was für ein Tag am Montag ist?«

Ach du lieber Himmel! Jetzt fällt es mir ein. »Berti, verzeih mir meine Gedankenlosigkeit!« Ich nehme sie in den Arm. Am Montag jährt sich Emmas Geburts- und Todestag.

»Schon gut.« Meine Schwester wischt sich eine Träne aus dem Augenwinkel. »Nach dem ersten Jahr wird es leichter, sagt Mutter. Aber das Bildchen hätte ich trotzdem gern. Es ist hübsch.«

»Natürlich«, sage ich. »Es gehört dir. Es hat dich gesucht und gefunden.«

Schicksal, denke ich. Das würde Hugo Feifalik gefallen, wenn er es wüsste.

Kapitel 20

29. Mai 1864
In der Kutsche

Die Räder rattern über das Kopfsteinpflaster, ich lehne mich ins Polster und schließe die Augen. Es ist später Nachmittag, und ich fahre heute ein zweites Mal zur Kaiserin, weil schon wieder ein Ball ansteht. Ich freue mich nicht darauf, ich fühle mich ausgelaugt und leer.

Ich dachte, die Stimmung der Kaiserin würde sich aufhellen, sobald ihr Husten besser und die Tage länger werden. Aber so ist es nicht. Trotz des wundervollen Frühlingswetters wird sie täglich schwermütiger. Vielleicht liegt das an den Kämpfen im Norden, die immer noch andauern. Man sagt, die dänische Seite sei so gut wie geschlagen, aber davon wollen weder die Preußen noch die Nachfahren der Wikinger etwas wissen, und so haben die schrecklichen Schlachten noch immer kein Ende.

Ein weiterer Grund für Elisabeths Schwermut ist sicher der Tod der Erzherzogin Hildegard. Die Cousine der Kaiserin lebte hier bei Hofe. Sie hat sich bei der Beerdigung des bayrischen Königs Maximilian in der kalten Kirche eine Rippenfellentzündung zugezogen und sich davon nicht mehr erholt. Mit gerade einmal achtunddreißig Jahren fand sie den Tod.

Als die Kaiserin von Hildegards Krankheit erfuhr, eilte sie zu ihr und ließ sie bis zum bitteren Ende nicht allein.

»Es war das erste Mal, dass ich einen erwachsenen Menschen sterben sah«, erzählte sie mir danach. Ihr Gesicht war kreidebleich. »Nie hätte ich gedacht, dass es so schwierig ist zu sterben, dass der Kampf mit dem Tode ein so fürchterlicher ist.«

Zum Glück ist der heutige Ball beim Markgrafen Pallavicini der letzte dieser Saison. Danach kann die Kaiserin sich erholen. Und ich mich auch.

Elisabeth sitzt bereits am Frisiertisch, als ich eintreffe. Obwohl es draußen noch hell ist, sind die roten Vorhänge der Fenster zugezogen, Kerzen verbreiten ein sanftes Dämmerlicht.

Vor Ihrer Majestät liegt eine flache nachtblaue Schatulle, die ich bereits kenne. Darin bewahrt sie die diamantbesetzten Sterne auf. Vor einem Jahr habe ich diesen wunderschönen Haarschmuck ein einziges Mal in die Frisur der Kaiserin eingeflochten. An einem ganz normalen Tag ohne irgendwelche besonderen gesellschaftlichen Verpflichtungen hat sie plötzlich darauf bestanden. Danach sind sie das ganze Jahr in der Schatzkammer geblieben, und ich habe sie nicht mehr gesehen.

»Ich trage sie heute Abend«, sagt die Kaiserin leise, als sie meinen Blick bemerkt. Und dann beginnt sie zu weinen.

Erschrocken blicke ich zu Frau von Pilat, die im Hintergrund an einem Kissen auf dem Diwan der Kaiserin herumzupft. Aber die tut, als hätte sie nichts bemerkt.

»Sind Eure Majestät krank?«, frage ich. »Soll ich einen Arzt rufen lassen?«

Die Kaiserin schüttelt den Kopf. »Nein. Ich bin nur müde. Kümmern Sie sich nicht um mich, kümmern Sie sich um meine Haare.« Sie tupft sich die Augen mit einem Taschentuch ab.

»Ich könnte nachher eine schnelle Frisur flechten. Dann könnten Eure Majestät zuvor noch ein wenig ruhen.«

Sie schüttelt erneut den Kopf. »Fangen Sie an!« Immer noch rinnen Tränen über ihre Wangen.

Wieder werfe ich hilfesuchend einen Blick zu Frau von Pilat, aber sie ist momentan ganz damit beschäftigt, die gerahmten Fotografien auf einem Beistelltisch neu zu ordnen.

»Wünschen Eure Majestät vielleicht einen Tee?«, frage ich schüchtern.

»Himmel noch mal, Fräulein Angerer! Frisieren Sie mich jetzt endlich?«, fährt die Kaiserin mich an. »Ich habe nicht ewig Zeit.«

Frau von Pilat stößt an ein Porzellanschälchen auf dem Beistelltisch, das klirrend zerbricht.

Die Kaiserin schreckt hoch. »Und Sie verlassen jetzt den Raum!«, faucht sie ihre Kammerfrau an. »Sie machen mich ganz nervös.«

Die Pilat errötet und sinkt in einen Hofknicks, doch die Kaiserin beachtet sie schon nicht mehr.

Ich bemerke, dass die Pilat unauffällig auf ein Bild an der Wand zeigt, vermutlich will sie mir etwas sagen. Doch ich verstehe nicht, was sie meint.

Die Türen schließen sich hinter ihr, und ich bin mit der Kaiserin allein.

Behutsam löse ich die Frisur, die ich am Morgen für die Audienzen geflochten habe, lockere Elisabeths Haare und beginne mit dem Kämmen. Im Spiegel sehe ich das Gesicht der Kaiserin im flackernden Licht der Kerzen. Ihre Miene ist starr. Tränen rinnen ohne Unterlass aus ihren Augen, ohne dass sie darauf reagiert.

Bei diesem Anblick fasse ich einen Entschluss.

Ich lege den Kamm weg, gehe zur Wand und hole mir einen Stuhl. Den stelle ich schräg vor die Kaiserin und setze mich.

»So«, sage ich mit fester Stimme, »Eure Majestät haben jetzt drei Möglichkeiten. Sie können mir alles erzählen oder mich fristlos entlassen. Oder natürlich beides. Aber was auch immer Sie tun, ich bin für Sie da und werde über dieses Gespräch schweigen bis zu meinem Tod und darüber hinaus. Das schwöre ich bei allem, was mir heilig ist.«

Verwirrt blickt die Kaiserin auf. Erst scheint es, als wolle sie mich anfahren, doch dann sinkt sie in sich zusammen und verbirgt das Gesicht in den Händen.

»So schlimm?«, frage ich sanft.

Sie nickt. Ohne viel nachzudenken, reiche ich ihr mein Taschentuch und sage das Erstbeste, was mir in den Sinn kommt, weil Berti es immer sagt, wenn ich Kummer habe.

»Heraus mit der Sprache. Zusammen kriegen wir das hin.«

Die Kaiserin lächelt unter Tränen. »Sie und ich?«, fragt sie spöttisch.

Ich nicke. »Sie wissen ja, ein Friseursalon ist die beste Schule des Lebens.«

Erneut lächelt sie. Und wird sofort wieder ernst. Nachdenklich knetet sie das Taschentuch in ihren Händen, bis sie sich plötzlich einen Ruck gibt.

»Mein Baby«, flüstert Elisabeth. »Ich habe sie so geliebt. Und ich habe sie umgebracht. Genau heute vor sieben Jahren.«

Ich schließe kurz die Augen. Jetzt wird mir klar, was Frau von Pilat mir eben sagen wollte. Sie hat auf das Gemälde von Sophie gezeigt, der ältesten Tochter der Kaiserin, die kurz nach ihrem zweiten Geburtstag auf einer Ungarnreise erkrankte und starb. Erstaunlich, dass die Pilat mir diesmal helfen wollte. Nein, ihre Sorge galt wohl nicht mir. Vermutlich wollte sie verhindern, dass ich die Kaiserin versehentlich kränke.

Als ich die Augen wieder öffne, ruht Elisabeths Blick auf der nachtblauen Schachtel auf dem Frisiertisch.

»Siebenundzwanzig Sterne«, sagt sie leise. »Einer für jeden Monat, den mein Baby gelebt hat.« Ihre Wangen sind nass vor Tränen. »Mein Augenstern«, flüstert sie.

Ich weiß, ich darf es nicht. Aber das ist mir egal, ich tue es dennoch. Ich streife meinen Handschuh ab, lege meine Hand auf die der Kaiserin und halte sie fest.

Sie wehrt mich nicht ab, sie sitzt ganz still da. Ich weiß nicht, ob meine Geste überhaupt in ihr Bewusstsein dringt. Ihre dunklen Augen blicken in die Ferne, sie sind entweder in die Vergangenheit oder in die Zukunft gerichtet.

Ich muss an Berti und Emma denken und wiederhole leise die Worte, die ich vor über einem Jahr zu meiner Schwester gesagt habe: »Wir glauben, wir könnten diejenigen beschützen, die wir lieben. Doch wir überschätzen uns selbst, wenn wir so denken. Wir sind nun einmal nicht allmächtig. Das ist nur Gott allein.«

Meine Worte scheinen etwas zu bewirken, denn Elisabeths Tränen versiegen. Eine Weile sitzen wir einfach so da, und ich versuche mitzufühlen, was sie fühlt. Trauer. Schuld. Müdigkeit. Leere.

»Danke«, sagt sie irgendwann und drückt leicht meine Hand.

Ich ziehe sie behutsam zurück.

Jetzt wendet die Kaiserin mir ihr Gesicht zu. Ihre Augen sind wieder klar. »Ich möchte nicht noch ein Kind«, bricht es aus ihr hervor. »Ich habe genug Schaden angerichtet.«

Ich verstehe nicht, was sie meint. »Noch ein Kind?«

Sie senkt den Blick. »Der Kaiser besteht darauf.« Sie zögert, dann spricht sie weiter. »Ich huste nicht mehr. Ich sehe wieder wohl aus. Nach einem weiteren Aufenthalt in Kissingen in diesem Sommer hält er den Zeitpunkt für gekommen. Er sagt, ein einziger Thronfolger, sensibel und kränklich wie Rudolf, sei zu viel Risiko für die Monarchie.«

Jetzt ist mir klar, was sie meint, doch sie setzt noch hinzu: »Ich kann ihm nicht für immer und ewig den Zutritt zu meinem Schlafgemach verwehren.«

Ich nicke langsam. »Nein, vermutlich nicht.«

»Fanny!« Zum ersten Mal nennt Elisabeth mich bei meinem Vornamen. »Helfen Sie mir! Bitte! Ich brauche eine glaubhafte Krankheit, die dies verhindert.«

Dies. Ich weiß, was sie meint.

»Nun«, sage ich zögernd. »Vielleicht gibt es noch einen anderen Weg.«

»Wenn es ein Ausweg ist, soll mir alles recht sein.«

Und dann erkläre ich der Kaiserin im halbdunklen Frisierzimmer mit leiser Stimme, was ich von Mutter gelernt habe. Dass man *dies* nie an Tagen zulassen darf, an denen man selbst Verlangen danach verspürt. Wenn der Kaiser ihr also begehrenswert vorkommt, soll sie Migräne vorschützen. Und ich erkläre ihr, warum sie an allen anderen Tagen immer einen kleinen Schwamm sowie Honig und Olivenöl parat haben sollte. »Das gibt es auch in der Hofburg. Sie können es in der Küche anfordern und als Schönheitselixier für die abendliche Gesichtspflege ausgeben.«

Wir sind bestimmt beide feuerrot im Gesicht, aber dank des Dämmerlichts sieht man es nicht.

»Ist das nicht Sünde?«, fragt die Kaiserin leise.

»Wo steht das geschrieben?«, frage ich zurück.

»Und es funktioniert?«

»Nicht zu hundert Prozent. Aber ja, es hilft.«

Sie schweigt eine Weile. »Danke!«, sagt sie dann, und jetzt ist sie es, die meine Hand ergreift und drückt. »Tausend Dank. Ich werde Ihnen das nie vergessen.«

»Ich danke Eurer Majestät für das Vertrauen«, sage ich.

Sie seufzt. »Ich fühle mich ausgehöhlt und leer. Wie kann ich so zum Ball? Bestimmt sehe ich furchtbar aus.«

»Das Gegenteil ist der Fall«, sage ich.

Elisabeth dreht sich zum Spiegel und sieht, dass ich die Wahrheit gesagt habe. Tränen können die Augen rot und geschwollen aussehen lassen. Aber manchmal geschieht das Gegenteil. Dann sind sie nach dem Weinen klar, dunkel und groß.

»Da habe ich wohl keine Ausrede«, murmelt die Kaiserin.

Ich nehme die nachtblaue Schachtel vom Tisch und öffne sie. »Diese Sterne stehen nicht für Sophies Tod«, sage ich.

Die Kaiserin zuckt zusammen, doch ich fahre mit beschwörender Stimme fort: »Diese Sterne stehen für siebenundzwanzig Monate Leben, für siebenundzwanzig Monate Liebe, für siebenundzwanzig Monate voller Glück. Für diese Augenblicke voller Zauber, die einst geleuchtet, gefunkelt und geglitzert haben. Sie sollten sie künftig öfter tragen, Eure Majestät, denn sie geben Ihnen Kraft.«

Die Kaiserin hört mir wie gebannt zu. Sie wagt kaum zu atmen. Ich spüre, ich habe etwas in ihr berührt.

»Eure Majestät, ich arbeite seit einem Jahr an einer ganz besonderen Frisur«, sage ich leise. »Sie würde mit diesen Sternen magisch, ja geradezu überirdisch schön aussehen. Erlauben Sie mir, dass ich Sie heute so frisiere. An diesem Gedenktag. Zu Ehren Ihres Kindes.«

Sie nickt.

Eineinhalb Stunden später trägt die Kaiserin die kunstvollste Flechtfrisur, die ich je erschaffen habe. Ich wage sogar zu behaupten, dass es die aufwendigste Frisur ist, die jemals von irgendjemandem kreiert wurde. Ich habe unzählige Haarsträhnen nach einem komplizierten Prinzip quasi miteinander verwoben. Dank der einzigartigen Haarlänge der Kaiserin reicht diese fein geflochtene Pracht noch immer bis weit über die Schultern, und sie schimmert im Kerzenlicht wie Seide. Aus dem Gesicht habe ich die Haare weich zurückgenommen.

»Jetzt noch die Sterne«, murmele ich und stecke einen nach dem anderen fest. »Ich rate Eurer Majestät heute zu einem blauen Kleid«, sage ich. »Dann werden Sie aussehen wie die Königin der Nacht.«

Die Kaiserin von Österreich erhebt sich und tritt vor den hohen Spiegel neben der Tür. Sie betrachtet sich lange.

»Sie haben recht, Fanny«, sagt sie. »Die Sterne geben mir Kraft.«

* * *

Am nächsten Tag empfängt mich Kammerdiener Franz Koderle mit einem breiten Lächeln. »Heute Nacht war die Kaiserin in ganz Wien das Gesprächsthema Nummer eins«, raunt er mir zu. »Es heißt, sie sei beim Ball im Palais Pallavicini geradezu überirdisch schön gewesen. Ihr Kleid wird gelobt. Der Schmuck. Aber vor allem die Frisur und die Sterne im Haar.«

Ich freue mich über dieses Lob meiner Arbeit. Aber es waren nicht allein die Frisur und der Schmuck, die die Kaiserin erstrahlen ließen. Als ich ins Frisierzimmer eintrete, trägt sie nichts davon, sie sitzt wie jeden Morgen im Frisierumhang vor dem kleinen Tisch. Und trotzdem geht noch immer ein Leuchten von ihr aus. Es hat seinen Ursprung in ihren Augen, das kann ich im Spiegel sehen. Darin liegt auf einmal ein Frieden, der ihre ganze Ausstrahlung verändert. Es kommt mir vor, als wären ihre Farben und Konturen bisher diffus und verschwommen gewesen, wie von feinem Nebel verschleiert. Und als träte die Schönheit der Kaiserin erst jetzt richtig klar und strahlend hervor.

Bisher dachte ich bei ihrem Anblick immer an eine Fee. Nun erinnert sie mich in ihrem weißen Frisierumhang an Aphrodite, die griechische Göttin der Schönheit und Liebe.

»Heute beginnt eine neue Zeit«, sagt sie, als ich hinter sie trete und ihre Haare lockere.

Unsere Blicke treffen sich im Spiegel, und wir lächeln beide. Ihre Augen senden mir ein Dankeschön, und meine übermitteln ihr hoffentlich, wie sehr ich mich für sie freue.

* * *

Am Nachmittag warte ich in Vaters Salon auf Mina. Heute ist nämlich ihr großer Tag, sie heiratet ihren Karl.

Es wird zwar nur eine kleine Feier im engsten Familienkreis geben, denn die beiden wollen all ihre Ersparnisse in die geplante Pension stecken. Auch ein weißes Hochzeitskleid wird Mina aus Kostengründen nicht tragen. Aber sie will natürlich dennoch so schön wie irgend möglich aussehen, und ich habe versprochen, sie nach allen Regeln der Kunst zu frisieren.

Ich habe Mina trotz allem immer gemocht, mein Herz wünscht ihr Glück.

Als sie atemlos eintrifft, einen Korb über dem Arm, trägt sie bereits ihr Sonntagskleid aus schwarzer Seide. Ans Oberteil hat sie weiße Rosenblüten gesteckt.

»Entschuldige die Verspätung«, keucht sie. »Ich musste noch dies hier holen.« Sie stellt den Korb ab und entnimmt ihm einen zarten Brautschleier. »Susanna hat ihn mir geliehen. Er hat ihrer Mutter gehört und viel Glück gebracht. Und eine Braut soll ja bei der Hochzeit immer etwas Geborgtes tragen.«

Ehrfürchtig streiche ich mit der Hand über das feine Gewebe. »Er ist wunderschön.« Dann fällt mein Blick auf die Ladenuhr. »Oh, setz dich schnell. Wir haben nicht mehr viel Zeit.«

Mina verstaut den Schleier sorgsam im Korb und nimmt Platz.

Mit dem Kämmen bin ich bei ihr schnell fertig. Ihre Haare sind fein und weich, sie reichen ihr kaum über die Schultern. Es dauert auch nicht lang, sie im Nacken zusammenzufassen und festzustecken. Zeitaufwendiger ist es, die feinen Strähnen, die ihr Gesicht umrahmen, mit der Brennschere zu ondulieren, aber ich will es unbedingt ausprobieren. Ich glaube nämlich, dass ihr das hervorragend stehen wird.

Aufmerksam beobachtet Mina mein Tun im Spiegel. »Ich hatte noch nie Locken.« Sie lächelt mich an.

»Dann wird es Zeit!«, sage ich. »Du siehst zauberhaft damit aus.« Und das stimmt. Die Löckchen passen wunderbar zu Minas niedlichen Sommersprossen. »Bleib noch ein bisschen sitzen, ich brenne sie länger ein, damit sie auch bestimmt bis heute Abend halten.«

Mina nickt.

»Wie fühlst du dich?«, frage ich. »Bist du nervös?«

»Ein bisschen«, gibt Mina zu.

Ich lächele sie aufmunternd an. »Kein Wunder. Das ist ein großer Schritt. Du lässt ja alles zurück, was du dir selbst erarbeitet hast. Und danach bist du mit deinem Leben und deinem Besitz an Karl gebunden. Ich finde das mutig.«

Mina zuckt mit den Schultern. »Oh, das fällt mir nicht schwer. Ich gebe meine Stelle bei Hofe nur allzu gern auf. Das Dienen habe ich schon lange satt.«

»Ab jetzt wirst du deinem Mann dienen«, erinnere ich sie. »Ist das besser?«

Mina nickt. »Ja, sicher. In der Wirtsstube muss ich mich wenigstens niemandem zu Füßen legen.«

Ich muss lachen. »Das stimmt! Aber hast du keine Angst, dass

Karl dir tausend Vorschriften machen wird?« Meine Gedanken wandern zu den Problemen, die die Kaiserin mir gegenüber angedeutet hat. »Oder dass er Dinge einfordert, die du nicht erfüllen willst?«

Mina schüttelt den Kopf, und die Strähne, die ich gerade zu Locken drehen wollte, entgleitet der Brennschere.

»Vorsicht! Schön stillhalten!«, ermahne ich sie.

»Entschuldige. Nein, ich habe keine Angst, dass Karl mich herumkommandieren wird. Er ist ein gütiger Mensch.«

Nun, das ist der Kaiser auch. Trotzdem beschränkt er die Freiheit der Kaiserin. Doch das sage ich jetzt nicht, denn erstens weiß Mina das, zweitens hat sie ihre Entscheidung längst gefällt, und drittens kann Mina ja mit Karl wirklich auch Glück haben, so wie Berti mit Johann oder Mutter mit Vater.

»Warum bist du dann nervös?«, frage ich stattdessen.

Mina errötet. »Ach, nur wegen des Hochzeitstags.«

»Natürlich, wer wäre das nicht«, sage ich betont beiläufig.

Wir wissen beide, dass Mina eigentlich die Hochzeits*nacht* meint. Doch wir stehen uns nicht nah genug, um das auszusprechen, wir sind ja keine Freundinnen.

Als ich die nächste Haarsträhne bearbeite, denke ich an die Dinge, die Mann und Frau nach der Eheschließung insgeheim tun. Und manchmal auch schon davor. Ich weiß zwar einiges über das Thema, sodass ich sogar der verheirateten Kaiserin diesbezüglich gute Ratschläge geben konnte. Aber in Wahrheit spreche ich darüber wie ein Blinder von der Farbe.

Nun, ehrlich gesagt glaube ich nicht, dass ich in dieser Hinsicht viel verpasse, wenn ich nicht heirate. Kinder möchte ich gar nicht haben, und ich habe noch keine Frau beim Gedanken an das nächtliche Zusammensein glücklich jubeln hören. Aber selbst wenn eine es täte, wäre mir der Preis für diesen Jubel viel zu hoch.

Karl ist ab heute Minas Herr. Er bestimmt über ihr Geld, über ihren Körper und über ihre Zukunft. Wie kann man sich einem fremden Menschen nur so anvertrauen? Und warum sollte man es tun, wenn man genauso gut selbst für sich geradestehen könnte? Nur weil man der Kaiserin nicht symbolisch zu Füßen sinken will? Das ist doch kein Grund. Der vorgeschriebene Hofknicks ist nur eine leere Geste ohne jede Konsequenz. Ganz anders als der Schwur, den Mina ihrem Mann heute leisten wird. Er bedeutet lebenslange Abhängigkeit. Selbst eine Kaiserin schränkt er ein. Ich zumindest brächte ihn nicht über die Lippen.

Damals in der Polizeidirektion habe ich mir selbst einen Schwur geleistet, und jetzt, an Minas Hochzeitstag, spüre ich, wie gut und richtig das war. Ich will meine Schritte selbst lenken. Jetzt und bis an mein Lebensende. Ich bin einfach so.

Später in der Kirche sehe ich unter den vielen Fremden auch ein paar vertraute Gesichter. Das von Susanna zum Beispiel, die mir zuwinkt. Franz Koderle ist auch da, die Frau an seiner Seite muss seine Gattin sein. Und ganz hinten entdecke ich sogar den Badewaschl, der mir zuzwinkert.

Frau von Pilat ist natürlich nicht da, doch sie wird zweifelsohne von niemandem vermisst.

Mina sieht unter ihrem weißen Schleier wunderschön aus, als der schmächtige, haarlose Karl sie zum Altar führt. Und seine Augen leuchten vor Glück, als Mina auf die Frage des Pfarrers mit fester Stimme antwortet: »Ja, ich will.«

Und ich? Ich will nicht. Nie habe ich das deutlicher gespürt als in diesem Moment.

Kapitel 21

Juni 1864
Kissingen, Hotel Carl von Hess

Ich sitze am Fenster und betrachte die Trinkhalle, die in der Abenddämmerung wie ein filigraner Scherenschnitt wirkt.

Wir sind wieder in Kissingen, und Ihre Majestät schlürft erneut rostiges Salzwasser. Aber unser diesjähriger Aufenthalt ist wahrlich keine medizinische Kur, sondern eher ein pompöser Auftritt der Kaiserin von Österreich. Seit Elisabeth so strahlend schön ist, umschwärmen sie die gekrönten Häupter wie Motten das Licht.

Der Zar von Russland ist hier, samt Bruder, Tochter, Gemahlin und Geliebter, außerdem der Kronprinz von Württemberg nebst Gattin, noch dazu die Schwester der Kaiserin, die Ex-Königin Marie, und sogar der frisch gekrönte bayrische König Ludwig. Es heißt, es ginge ihnen um Politik, aber alle wollen die Kaiserin von Österreich sehen. Und natürlich den jungen König Ludwig, den begehrtesten Junggesellen Europas. Aber der hat nur Augen für seine schöne Cousine Sisi. Er flanierte mit ihr durch den Kurgarten, und die beiden hochgewachsenen Wittelsbacher mit den dunklen Haaren und den strahlenden Augen gaben ein unvergleichlich schönes Paar ab. Sie wirkten unter den anderen Kurgästen wie Fasane im Hühnerhof.

»Wir kennen uns seit Kindertagen«, hat die Kaiserin mir heute früh beim Frisieren verraten. »Und Ludwig betet mich an.«

Als sie meinen überraschten Blick sah, fügte sie noch hinzu: »Ganz unschuldig, versteht sich. Wie ein Kind, das eine Heilige verehrt.«

Kaum hatte ich mit dem Frisieren begonnen, schlug sie ihr Schönheitenalbum auf. So nennt sie das edelsteinverzierte Buch, in das sie neuerdings Fotografien berühmter Schönheiten einklebt, die sie sich aus aller Welt zuschicken lässt. Prinzessinnen, Schauspielerinnen, Sängerinnen. Sie betrachtet die Bilder oft stundenlang, und zwar mit einer Intensität, als würde sie nach etwas suchen.

Ich muss wohl beim Frisieren innegehalten haben, denn Elisabeth blickte auf. »Was denken Sie gerade, Fräulein Angerer?«

Weil sie Ehrlichkeit schätzt, antwortete ich wahrheitsgemäß: »Ich frage mich, was Eure Majestät in diesen Bildern suchen.«

»Das ist eine gute Frage.« Sie runzelte die Stirn. »Vielleicht das Geheimnis der Schönheit.«

Was sie damit meinte, habe ich nicht verstanden, doch ich habe nicht weiter nachgefragt.

Hier am Fenster, mit ein bisschen Abstand, glaube ich, dass die Kaiserin zu verstehen versucht, was Schönheit bei ihren Betrachtern auslöst. Ich glaube, sie möchte dem Glücksgefühl auf den Grund gehen, das jeder empfindet, der etwas Vollkommenes sieht. Wahrscheinlich ist ihr klar geworden, dass ihr Anblick andere glücklich macht.

Denn Elisabeth hat sich verändert. Sie leidet nicht mehr unter den Blicken anderer, sie genießt sie geradezu. Wenn sie dort unten in der Trinkhalle am Heilwasser nippt, tut sie das zu den besten Besuchszeiten und wirkt nach dem Bad in der jubelnden Menge wie beschwingt.

Ein feiner Klang reißt mich aus meinen Gedanken. Das ist der Glockenschlag meiner neuen goldenen Taschenuhr. Ich habe sie auf zehn Uhr gestellt, weil Elisabeth mich für diese Zeit in ihre Gemächer bestellt hat.

Nervös betrete ich den Salon der Kaiserin. Was ich jetzt sagen soll, steht mir so wenig zu, dass es mehr als unverschämt ist. Aber Ihre Majestät hat es ausdrücklich befohlen. Sie hat mir die Worte sogar vorgesprochen. Ich sinke in den Hofknicks, dann richte ich mich langsam auf.

Die Kaiserin sitzt kerzengerade auf der vordersten Kante eines Sofas. Ihr Gesicht ist blass vor Müdigkeit, ihre Miene abweisend. Man sieht eigentlich auf den ersten Blick, dass sie sich gern in ihr Schlafgemach zurückziehen würde.

König Ludwig scheint davon allerdings nichts zu bemerken. Er lehnt in einem bequemen Sessel, die Beine übereinandergeschlagen und hört nicht einmal auf zu sprechen, als ich den Raum betrete. Sein dunkles Haar bauscht sich in einer kühnen Tolle über dem schmalen Gesicht, seine großen dunklen Augen leuchten, sein Blick ist unglaublich intensiv.

»Es ist notwendig, sich Paradiese zu schaffen«, ruft er aus. »Poetische Zufluchtsorte, wo man für eine Weile die schauderhafte Zeit, in der wir leben, vergessen kann.«

Ich will den König nicht unterbrechen, doch die Kaiserin gibt mir mit der Hand unauffällig einen Wink.

»Ich bitte um Verzeihung, Eure Majestät«, beginne ich.

Der König dreht den Kopf, ein dunkler Blick trifft mich. Ich glaube, er nimmt mich erst jetzt richtig wahr. Wieder sinke ich in einen Hofknicks.

Die Kaiserin erhebt sich. »Ja, Fräulein Angerer, worum geht es?«, fragt sie gespielt ahnungslos.

»Der Arzt wies mich an, die Haare Eurer Majestät um zehn Uhr zu lösen, damit Eure Majestät sich pünktlich um halb elf zu Bett begeben können«, bringe ich den vereinbarten Satz hervor.

»Ja, um Himmels willen, ist es denn schon so spät?«, ruft sie aus.

Ich knickse. »In der Tat, Eure Majestät.«

Elisabeth wendet sich an ihren Großcousin. »Bitte verzeih! Die Zeit verging mir wie im Fluge. Doch nun muss ich mich wohl dem Befehl meines Arztes fügen.«

König Ludwig springt auf. »Ja, natürlich! Wir werden unser Gespräch ja schon sehr bald fortführen.« Er ergreift die Hand der Kaiserin, beugt sich darüber und deutet einen Kuss an.

»Es wird mir ein Vergnügen sein«, sagt Elisabeth mit einem geheimnisvollen Lächeln.

Der König schlägt die Hacken zusammen, dann verlässt er den Salon, und die Türen schließen sich hinter ihm.

In den Augen der Kaiserin keimt ein Lächeln auf, das kurz darauf die Lippen erreicht. »Das haben Sie gut gemacht, Fräulein Angerer!«

Sie geht nach nebenan in ihr Schlafgemach, und ich folge ihr.

»Mit Verlaub, mir zittern die Knie«, sage ich. »Einen König setze ich nicht alle Tage vor die Tür.«

Jetzt lacht die Kaiserin schallend auf. »Bei Ludwig muss es sein. Er hat mir gestern schon die halbe Nacht lang von Wagners Opern vorgeschwärmt.«

Ich habe in den letzten Tagen viel von diesen Opern gehört, sie sollen heißblütig, laut und ungestüm sein. Die Kaiserin liebt sie ebenfalls. Aber bei ihr hat alles seine Zeit, und jetzt ist Schlafenszeit.

Sie setzt sich an ihren Frisiertisch und hebt den Fächer, um ein Gähnen zu verbergen. »Fräulein Angerer, ich habe dem König heute etwas versprochen, und dafür benötige ich Sie erneut.«

Ich neige den Kopf. »Es wird mir ein Vergnügen sein.« Ich löse das Netz von ihrer Frisur.

»Oh, das bezweifle ich!«, sagt die Kaiserin.

Überrascht blicke ich auf.

»Haben Sie das Abendrot gesehen?«, fragt Elisabeth.

»Ja. Es war wunderschön.« Ich ziehe die Haarnadeln aus den Flechten und lockere sie.

Die Kaiserin schmunzelt. »Abendrot, Schönwetterbot, so sagt man doch, nicht wahr?«

»Ja, so heißt es.« Als ich zum Kamm greife, werde ich langsam nervös.

Elisabeth nickt nachdenklich. »Morgen früh wird die Welt in einem zauberhaften Feenkleid erwachen. Blumenduft und Vogelgezwitscher werden sie dabei begleiten.«

Oha, heute Abend scheint reichlich Champagner geflossen zu sein.

Während ich die Haare der Kaiserin glätte, versinkt sie mit schwärmerischem Lächeln im Anblick einer flackernden Kerzenflamme. »Ich werde morgen früh mit König Ludwig auf den Altenberg wandern. Wir wollen dort den Sonnenaufgang erleben.«

Ich schüttele abwehrend den Kopf. »Oh, das ist zu früh. Die Sonne geht momentan gegen fünf Uhr auf.«

Sie zuckt mit den Schultern. »Wir sind um halb fünf verabredet.«

»Oh!«

»Und Sie werden mich wecken.«

Ich schlucke. »Wie Sie wünschen.«

»Sie werden dabei eins Ihrer Ausgehkleider tragen.«

»Soll ich denn mitgehen?«, frage ich mit heiserer Stimme. Die Kaiserin ist für ihr strammes Marschtempo berüchtigt. Ich bin nicht sicher, ob ich bergauf mit ihr mithalten kann.

Sie lacht leise auf. »Nein. Sie überlassen mir nur Ihr Kleid und schlafen dann hier weiter.« Sie weist auf ihr Bett.

Diesmal schlucke ich hart. »Hier?«

Sie nickt. »Ich habe Anweisungen geben lassen, dass mich vor sieben niemand stört.«

»Aber, Eure Majestät, ich kann doch nicht …«

»Keine Widerrede!«, befiehlt sie barsch. »Ich habe dem König bereits fest zugesagt. Tragen Sie bitte das fliederfarbene Kleid, von dem gerade alle sprechen. Niemand wird mich darin erkennen, und der König wird seinen Spaß daran haben.«

»Das Kleid, von dem alle sprechen?«

»Nun, ich meine dieses dramatische Gewand mit den vielen Bändern, Biesen und Bordüren, das Sie neu angeschafft haben. Wenn ich das trage, wird jeder zu wissen glauben, wer da morgens so dermaßen herausgeputzt das Hotel verlässt. Alle werden ein Stelldichein der Friseurin vermuten. Niemand wird mich verdächtigen.«

Das ist mein schönstes Kleid, ich habe es ganz neu. Und es ist nicht dramatisch, sondern nach der aktuellen Pariser Mode angefertigt. Bitterer Ärger steigt in mir hoch, doch ich senke den Kopf und knickse. »Selbstverständlich, wenn Eure Kaiserliche Majestät es wünschen. Aber wäre es nicht klüger …«

»Fräulein Angerer?«, unterbricht die Kaiserin mich und sucht im Spiegel meinen Blick. Es liegt eine ungewöhnliche Entschlusskraft in ihren Augen. Und eine leise Drohung.

»Ja, Eure Majestät.«

»Verschlafen Sie nicht!«

Ich sinke in den Hofknicks. »Zu Füßen Eurer Majestät ich mich lege.«

Die Kaiserin nickt zufrieden.

* * *

Es ist stockdunkel im Raum. Ich liege im Bett und bin bis zur Nasenspitze zugedeckt. Nur leider sind das nicht mein Bett und meine Decke. Ich, Fanny Angerer, liege im Bett der Kaiserin Elisabeth von Österreich. Ich würde ja kichern, wenn es nicht so gefährlich wäre. Sollte der Kaiserin auf ihrer Morgenwanderung etwas zustoßen und man mich hier finden, bin ich tot. Und das ist nicht nur so dahergeredet. Ich befürchte, dass auf dieses alberne Spiel tatsächlich eine schwere Strafe steht. Und selbst wenn ihr nichts passiert, was mache ich denn, wenn jemand hereinkommt? Wenn gar der Kaiser plötzlich vor meinem Bett steht?

Elisabeth hat gesagt, das würde nicht geschehen. Sie hätte diesbezüglich Anweisungen gegeben. Aber lässt sich der Kaiser von Österreich befehlen, wo er die Nacht verbringt?

Ach, herrje, das ist doch absurd! Bestimmt wache ich gleich auf und merke, dass ich diesen Unsinn nur geträumt habe. Die Kaiserin von Österreich kann sich doch nicht aufführen wie ein Backfisch, der seine Eltern täuscht. Sie kann sich nicht einfach kichernd von mir in mein Kleid helfen lassen, einen verschleierten Hut aufsetzen und mit dem König von Bayern ausreißen.

Tja, aber genau das hat sie getan. Der Seidenstoff unter meinen Händen und der Veilchenduft hier im Raum sind der beste Beweis. Ich liege wirklich und wahrhaftig im seidenen Hotelbett der Kaiserin.

Ich bin gerade die meistbewachte Frau der Welt und habe solche Angst wie noch nie zuvor in meinem Leben. Bei jedem

Knacken der Dielen zucke ich zusammen. Bei jedem Räderrattern und jedem Hufschlag, der von draußen hereindringt, bekomme ich eine Gänsehaut. Und ich murmele ohne Unterlass Gebete. O Herr, mach, dass das gut ausgeht! Ich wollte das nicht, aber ich konnte es nicht verhindern.

Himmel, ich höre Schritte im Flur. Sie verharren vor der Tür. Stimmen werden laut, eine männliche und eine weibliche. Wörter kann ich nicht verstehen, aber sie klingen aufgeregt.

Jetzt ist alles aus.

Ich ziehe die Decke höher, lege meinen Arm übers Gesicht und rühre mich nicht.

Leise wird die Tür geöffnet. Obwohl ich am liebsten den Atem anhalten würde, hebe und senke ich meinen Brustkorb ruhig und gleichmäßig. Was soll ich nur sagen oder tun, wenn mich gleich jemand anspricht?

Die Tür wird leise ins Schloss gezogen.

Ist jemand eingetreten? Ich höre kein Geräusch, doch das muss nichts bedeuten. Ich zwinge mich zum Weiteratmen. Ein, aus, ein, aus.

Vor der Tür ist es wieder still, und auch hier im Raum höre ich noch immer keinen Laut.

Nach einigen Augenblicken wächst meine Hoffnung, dass niemand hier ist, und nach einigen weiteren wird sie zur Gewissheit.

Ich habe Glück gehabt. Doch wie lange? Ich falte die Hände und bete weiter zu Gott, dass mich niemand hier findet.

Zwei Stunden verbringe ich so. Sie kommen mir wie Jahre vor.

Irgendwann pocht es zweimal rasch, zweimal mit längerem Abstand. Das ist das vereinbarte Zeichen. Die Kaiserin ist zurück.

»Aufwachen, Schlafmütze!« Mit glühenden Wangen und strahlenden Augen steht sie vor mir. In meinem besten Kleid. »Was für ein Husarenstück!«, sagt sie lachend.

Sie öffnet die Knöpfe des Kleides, lässt es von den Schultern auf den Boden gleiten und steigt achtlos hinaus. »Es war herrlich! Und stellen Sie sich vor, ich habe Ludwig erzählt, wie gern ich hier ausreiten würde. Aber ohne geeignete Pferde ist das leider unmöglich. Nun will er seine besten Stuten aus München kommen lassen.«

»Das ist wundervoll«, sage ich und fürchte insgeheim schon den nächsten heimlichen Ausbruch der Kaiserin.

Ich lege ihr den Frisierumhang um, und sie setzt sich an den Tisch. Zögernd streife ich das Negligé der Kaiserin ab und lege es zusammengefaltet aufs Bett. Verschämt steige ich schnellstmöglich in mein Kleid und ziehe es hoch. Es riecht nach Elisabeths Schweiß. Der Geruch löst großes Unbehagen in mir aus.

In diesem Moment beschließe ich, dass ich es nie wieder tragen werde. Und nicht nur das, auch die Farbe Flieder ist für mich ab sofort passé. Ich mag sie nicht mehr.

[illegible]

später ein neuer darin.«

Jetzt bin ich hellwach. »Das ist ja seltsam.«

[illegible]

Kapitel 22

Juli 1864
Spittelberg, Burggasse 9

Ich war noch nie so froh, nach Hause zu kommen wie nach dieser Reise. Doch Berti lässt mich nicht einmal den Koffer abstellen. Sie zieht mich sofort in mein Zimmer.

»Ich muss dir etwas erzählen!«

»Was denn?« Ich sinke müde auf mein Bett und nehme den Hut ab.

»Sieh mal!«

Sie greift in die Rocktasche, zieht vier Zettel heraus und gibt sie mir. Ich entfalte sie der Reihe nach. Jeder zeigt ein gedrucktes Bild des heiligen Josef, und die Rückseite ist jeweils mit Tintenkritzeleien versehen. Eine Sonne, eine Tasse und eine Drei.

Ich sehe Berti fragend an. »Woher hast du die?«

»Aus Feifaliks Schirm. Er hängt immer noch an der Garderobe in Vaters Salon.« Sie lässt sich neben mich aufs Bett fallen. »Immer wenn ich einen Zettel herausnehme, ist eine Woche später ein neuer darin.«

Jetzt bin ich hellwach. »Das ist ja seltsam.«

»Es kommt noch viel besser!«, sagt Berti. »Weißt du, wen ich neulich gesehen habe? Hier ganz in der Nähe?«

»Wen?«

»Hugo Feifalik.«

»Nein!« Ich starre sie an.

»Und weißt du auch, wann und wo?«

Ich verdrehe die Augen. »Natürlich weiß ich das nicht.«

»Am Sonntag. Um Punkt drei. Vor dem Café im heiligen Josef.«

»Berti«, hauche ich fassungslos. »Natürlich!«

Das Haus zum heiligen Josef liegt gleich nebenan. Es ist ein schönes, altes Eckhaus, dessen Fassade eine Statue des heiligen Josef ziert. Im Erdgeschoss kann man Kuchen und Süßigkeiten kaufen, im Hinterzimmer befindet sich ein kleines Café.

»Josef. Sonne. Kaffeetasse. Eine Drei«, fasst Berti zusammen. »Hugo Feifalik will dort sonntags um drei eine Tasse Kaffee mit dir trinken. Es kann gar nicht anders sein!«

Sie hat recht. Dieser Mann ist doch wirklich zu verrückt.

»Gehst du hin?«, fragt Berti.

»Nein.«

»Himmel, Fanny, warum denn nicht?«

Ich verdrehe die Augen. »Berti, stell mir doch nicht so eine Frage! Natürlich gehe ich hin! Du kennst mich doch. Ich bin viel zu neugierig, um das zu verpassen.«

Und, was ich nicht sage: Ich freue mich unglaublich, diesen Hugo Feifalik wiederzusehen. Egal, was er sagt und tut, es ist immer ein Erlebnis.

* * *

Es ist Sonntag. Die Wanduhr drüben in der guten Stube schlägt dreimal. Öffnet Hugo Feifalik jetzt gerade die Tür des Cafés? Dann sollte ich losgehen. Oder nein, ich warte noch ein bisschen, ich will nicht übereifrig erscheinen.

In der vergangenen halben Stunde habe ich mich dreimal umgekleidet. Erst hatte ich mich ganz fein herausgeputzt, mit einem hellblauen Seidenkleid, einem passenden Hut und weißen Handschuhen. Aber dann erschien mir das übertrieben. Feifalik soll ja nicht denken, ich würde mich für ihn hübsch machen. Beim zweiten Versuch habe ich ein schlichtes hellgraues Kleid angezogen und eine brave Haube aufgesetzt. Ich wollte aussehen wie das Mädchen von nebenan, das an einem ganz normalen Sonntag einfach nur kurz beim Zuckerbäcker einkaufen will. Aber als ich dann in den Spiegel gesehen habe, blickte mir eine langweilige graue Maus entgegen, und die hat mir erst recht nicht gefallen.

Zuletzt habe ich mich für einen Mittelweg entschieden. Ich trage zwar immer noch das hellgraue Kleid, aber ich habe mir ein weißes Spitzentuch um die Schultern gelegt, und auf meinem Kopf sitzt ein modisches Hütchen. So bin ich für alle Gelegenheiten gewappnet.

Ich gehe noch einmal zurück in mein Zimmer, überprüfe den Sitz des Hutes und sehe aus dem Fenster. Unten auf der Straße ist wenig los. Hin und wieder rumpelt ein Fuhrwerk über das Pflaster, und ein paar Passanten eilen mit hochgezogenen Schultern die Straße entlang. Der Himmel ist bewölkt. Das ist gut, da fällt der Schirm nicht weiter auf. Den gebe ich Hugo Feifalik nämlich heute zurück.

So, jetzt aber los, sonst verschwindet er noch, bevor ich eintreffe.

Das Glöckchen an der Ladentür klingelt, als ich die Zuckerbäckerei betrete. Suchend sehe ich mich um.

»Fräulein Fanny!«, höre ich Feifaliks Stimme. Und da ist er, an einem Tisch ganz hinten. Er steht auf und kommt mir lächelnd entgegen. »Wie schön, Sie zu sehen!« Wieder fallen mir seine unglaublich blauen Augen auf.

»Guten Tag, Herr Feifalik!« Ich erwidere sein Lächeln. Und weil ich nicht weiß, was ich weiter sagen soll, strecke ich ihm den Schirm entgegen. »Bitte sehr. Da haben Sie ihn wieder! Nachdem Sie dem Schicksal ja fast mit Gewalt auf die Sprünge geholfen haben.«

Er nimmt den Schirm mit einer Verbeugung entgegen. »Manchmal ist das gute alte Schicksal ein bisschen schwerfällig. Da braucht es Unterstützung.«

Wir nehmen Platz, und ein Mädchen mit weißer Schürze nähert sich unserem Tisch. »Was wünschen die Herrschaften?«

»Kaffee, bitte.« Ich denke kurz nach und setze noch hinzu: »Und ein Stück Marillenkuchen.« Der soll hier nämlich unvergleichlich gut sein.

Feifalik nickt. »Ich hätte gern das Gleiche.«

»Sehr wohl, die Herrschaften.«

Kaffee und Kuchen werden gebracht, und wir sind eine Weile damit beschäftigt, Milch und Zucker einzurühren, an der Tasse zu nippen, einen Bissen vom Kuchen zu kosten und Ah und Oh zu sagen. Dann tritt eine verlegene Pause ein, die immer länger wird.

Schließlich lege ich die Gabel weg und sehe mein Gegenüber gespielt streng an. »Herr Feifalik, so geht das nicht«, sage ich. »Sie schulden mir eine Erklärung. Nein, nicht eine, viele.«

Er lächelt verschmitzt. »Ich erkläre Ihnen gern alles, was Sie wünschen. Sogar meine Liebe. Womit fangen wir an?«

Ich muss lachen. Ständig sagt oder tut dieser Kauz etwas Unerwartetes und bringt mich damit aus dem Konzept. »Haben Sie diese Heiligenbildchen tatsächlich im Schirm versteckt, um mich hierherzulocken?«, stelle ich die naheliegendste Frage.

»Ja.« Völlig ungerührt trinkt Feifalik einen Schluck Kaffee.

»Und warum?«

»Ich wollte Sie wiedersehen.«

»Weshalb erst jetzt?«

»Ich war beruflich längere Zeit nicht in der Stadt.«

»Wo dann?«

»Frankfurt. Paris. London. Ich arbeite in einem internationalen Unternehmen. Aber jetzt bleibe ich hier in Wien.«

Das höre ich gern. Trotzdem runzle ich die Stirn. »Heiligenbildchen sind eine seltsame Methode, um eine Verabredung zu treffen.«

Er lächelt. »Ja, nicht wahr? Aber das fiel mir plötzlich ein, und da musste ich einfach wissen, ob es funktioniert.« Er reibt sich zufrieden die Hände. »Jetzt weiß ich es und kann es durchaus empfehlen.«

»Herr Feifalik«, sage ich streng. »Nächste Frage: Sind Sie mir letztes Jahr heimlich in den Prater gefolgt?«

Er seufzt. »Ja. Bin ich.«

»Und warum haben Sie das getan?«

Er zuckt mit den Schultern. »Ich wollte Sie auch damals einfach nur wiedersehen.«

»Und das Bewerbungsgespräch? Der dringend notwendige Haarschnitt? War das alles auch ein Trick?«

»Nein!« Er hebt die Finger zum Schwur. »Davon war jedes Wort wahr.«

»Sie haben mich damals also nicht durchs Fenster gesehen und wollten mich einfach nur kennenlernen?«

Er wird ein bisschen rot. »Das auch.« Hastig bohrt er die Gabel in sein Kuchenstück und führt einen Bissen zum Mund.

»Ja, aber warum?«

Er denkt kurz nach. »Kennen Sie Platons Geschichte von den Kugelmenschen?«

»Nein.«

»Der Mythos lautet, dass die Menschen einst kugelrund waren und vier Arme, vier Beine und zwei Köpfe hatten. Diese Kugelmenschen allerdings zogen sich den Zorn der Götter zu, und so wurden sie zerteilt. Aus jeder Kugel entstand ein Mensch mit nur zwei Armen und Beinen sowie nur einem Kopf. Anschließend wurden diese Halbkugelmenschen über den ganzen Erdball zerstreut. Aber sie brauchen sich. Sie vermissen sich. Sie können allein nicht überleben. Deswegen sucht seitdem jeder Mensch sein Leben lang nach seiner anderen Hälfte.«

»Aha. Und was hat das mit mir zu tun?«

»Vielleicht nichts, vielleicht alles«, sagt Hugo Feifalik. »Das müssen wir unbedingt herausfinden.«

Jeden anderen würde ich jetzt barsch als Spinner bezeichnen. Aber dieser Mann wirkt bei all dem Unsinn, den er von sich gibt, so entwaffnend unbeschwert, dass ich lächeln muss. »Wir kennen uns doch gar nicht!«, wende ich ein.

Er lehnt sich zurück. »Nun, das sollten wir ändern.«

»Und was machen wir, wenn wir feststellen, dass wir die passenden Halbkugeln füreinander sind? Müssen wir dann heiraten?«

Er zuckt mit den Schultern. »Das werden wir sehen. Ich denke, wir müssen gar nichts und dürfen alles. Nicht jeder ist ja für die Ehe geschaffen. Bei mir zum Beispiel ist das nicht so sicher. Vielleicht bin ich so etwas wie ein Zebra.«

»Ein Zebra?« Ich lege den Kopf schräg und mustere ihn kritisch. »Auf den ersten Blick spricht wenig dafür.«

Er lacht. »In der Zeitung stand kürzlich ein Beitrag über die Zebras in der Menagerie von Schönbrunn. Haben Sie ihn gelesen?«

»Nein, das habe ich nicht.«

»Zebras sind ja gestreifte Pferde«, fährt er fort.

Ich nicke.

»Aber niemand hat je ein Zebra vor einer Kutsche gesehen, nicht wahr?«

»Ich zumindest nicht.«

»Das liegt daran, dass man ein Zebra nicht vor eine Kutsche spannen *kann*«, sagt Feifalik. »Es geht nicht. Es wird sich immer dagegen auflehnen, ganz gleichgültig, wie sehr man es zu zähmen versucht. Selbst wenn man es von Fohlenbeinen an daran gewöhnt.«

Ich betrachte ihn nachdenklich. »Und Sie meinen, Sie seien eine Art Zebra und die Ehe eine Art Kutsche?«

Er nickt. »Ganz genau.«

»Vielleicht bin ich dann auch ein Zebra«, überlege ich laut.

Er lächelt. »Schon die erste Gemeinsamkeit. Wir müssen wirklich herausfinden, ob wir zwei Seiten einer Kugel sind.«

»Gut. Erzählen Sie mir etwas von sich!«

»Was möchten Sie wissen?«

Ich denke kurz nach. Eigentlich möchte ich weiter so unbeschwert mit ihm plaudern. Allzu viel Realität könnte da stören. »Angenommen, Sie wären ein Gericht auf einer Speisekarte«, sage ich daher. »Welches wären Sie gern?«

Er legt seine Stirn in Dackelfalten. »Hm. Ich glaube, ich wäre … ein Schnittlauchbrot.«

Ich lache laut auf. »Oh, wie bescheiden! Und warum?«

Er lächelt. »Nun, es gibt keinen Tag im Leben, den ein Schnittlauchbrot nicht verschönern könnte.«

Ich muss erneut lachen. »Dann ist Ihre Wahl doch eher unbescheiden.«

Jetzt grinst er breit. »Und was wären Sie, Fräulein Angerer?«

»Natürlich Himbeercreme«, antworte ich. »Sie macht jede Mahlzeit zu etwas ganz Besonderem.«

»Na, da passen wir ja bestens zusammen«, stellt Feifalik zufrieden fest.

Wir müssen beide lachen.

»Achtung, jetzt stelle ich eine Frage«, sagt er.

Ich nicke. »Nur zu.«

»Angenommen, Sie würden morgen früh aufwachen, und durch Zauberkraft könnten Sie irgendetwas, das Sie heute noch nicht beherrschen. Welche Fähigkeit wäre Ihnen am liebsten?«

»Da muss ich nachdenken.« Ich reibe mir die Nase. »Ich glaube, ich würde gern Klavier spielen können.«

»Warum?«

»Weil ich glücklich werde, wenn ich Klavierspiel höre. Und dann könnte ich meine Laune in jeder Lebenslage ganz leicht selbst verbessern.«

»Gute Idee! Aber Sie könnten stattdessen auch ein Schnittlauchbrot essen«, gibt Feifalik zu bedenken.

Ich wiege nachdenklich den Kopf. »Man hat ja nicht immer eins dabei.«

»Stimmt«, räumt er ein. »Da ist ein Klavier natürlich praktischer.«

Wieder muss ich lachen. »Und Sie? Was würden Sie gern können, Herr Feifalik?«

»Gedankenlesen«, sagt er. »Das habe ich mir schon oft gewünscht. Es wäre in unglaublich vielen Situationen hilfreich. Aber ich müsste es auch abstellen können, sonst hätte ich ständig das Geplapper anderer in meinem Kopf.«

»Sind Sie eigentlich niemals ernst?«, frage ich.

»O doch.« Er nickt langsam und bedeutungsvoll. »Bei der Arbeit bin ich der seriöseste Mensch, den Sie sich nur vorstellen können. Ich mache dabei stets ein bitterernstes Gesicht. Nur in gewissen, vorab festgelegten Abständen lächele ich verbindlich, damit niemand in meiner Gegenwart schwermütig wird.« Feifalik betrachtet seine Kuchengabel mit kritischem Blick. Er dreht und wendet sie und mustert sie von allen Seiten.

»Was ist damit?«, will ich wissen.

»Ich glaube, wenn das Leben eine Suppe wäre, wäre ich eine Gabel.«

Ich kann nicht anders, ich muss schon wieder lachen.

Der Kaffee ist getrunken, der Kuchen verzehrt.

»Haben Sie noch ein bisschen Zeit?«, fragt Hugo Feifalik. »Ich würde Ihnen gern etwas zeigen.«

»Wie viel Zeit denn?«

»Etwa eine Stunde.«

Ich nicke. »Das lässt sich einrichten.«

Er springt auf. »Einen Moment bitte.«

Bevor ich widersprechen kann, ist er schon an der Theke und bezahlt für uns beide. Auf dem Weg zurück zum Tisch holt er einen Zylinder von der Garderobe.

»Der ist neu!«, sagt er stolz.

Ich grinse. »War es das, was Sie mir zeigen wollten?«

Er schüttelt den Kopf. »Nein, keine Angst, Sie müssen jetzt nicht eine Stunde lang meinen Hut anstarren. Ich habe etwas anderes vor. Kommen Sie bitte mit!«

Er geht zur Tür und hält sie mir auf.

Draußen blicke ich zum Himmel. »Hoffentlich geraten wir nicht wieder in einen Regenguss.«

Er zuckt mit den Schultern. »Wir haben ja einen Schirm.«

Ich grinse. »Haben wir?«

Schnell wie der Blitz ist Feifalik wieder im Café, um nach wenigen Augenblicken lachend mit dem Schirm zurückzukehren.

»Wohin gehen wir?«, will ich wissen.

»Das ist eine Überraschung!«

Er reicht mir den Arm und führt mich in eine Seitenstraße.

Dort wartet ein Fiaker. Als wir näher kommen, zieht der Fahrer grüßend den Hut.

»Haben Sie das etwa alles arrangiert?«, frage ich fassungslos.

Feifalik öffnet den Verschlag und reicht mir beim Einsteigen die Hand. »Ja, selbstverständlich.«

»Und wenn ich nicht gekommen wäre?«

Er zuckt mit den Schultern. »Dann wäre ich jetzt unverrichteter Dinge nach Hause gefahren. So wie die letzten Sonntage.« Wieder schenkt er mir dieses besondere Lächeln, bei dem förmlich die Sonne aufgeht. »Aber Sie sind ja gekommen.«

Was verfolgt er nur für einen Plan? Und ist es wirklich klug, mit einem wildfremden Mann in eine Kutsche zu steigen, um an einen unbekannten Ort zu fahren?

Nein, natürlich nicht. Aber ich bin einfach neugierig. Und wirklich fremd ist er mir auch nicht mehr.

Nach ein paar Minuten bleibt die Kutsche vor einer Toreinfahrt stehen.

»Wir sind am Ziel«, verkündet mein Begleiter.

»Aha.« Ich klettere aus dem Fiaker und blicke mich um. Wir stehen in der vermutlich langweiligsten Gasse Wiens. »Interessant. Was für ein Erlebnis. Ich möchte es um nichts in der Welt missen.«

Feifalik pfeift auf den Fingern, und kurz darauf höre ich einen Ton. Dann einen zweiten. Es folgen viele weitere, die sich zu einer bekannten Walzermelodie verdichten.

Ich klatsche beglückt in die Hände. »Ein Werkelmann!«

Die schönsten Sonntage meiner Kindheit waren die, an denen ein Drehorgelspieler in unserer Straße auftauchte und im Hinterhof zum Tanz aufspielte. Berti und ich kannten damals keine andere Musik als die von Kirchenorgeln und diesen fahrbaren Kleinversionen davon, die wir Werkel nannten. Trotz allem Ächzen und Quietschen erschien uns ihre Musik viel himmlischer als die Orgelklänge im Gottesdienst, einfach weil sie flottere Melodien spielten.

»Ach, wenn wir doch noch Kinder wären«, murmele ich.

»Dann?« Hugo Feifalik sieht mich fragend an.

Ich lache. »Dann würden wir jetzt tanzen, nicht wahr? Haben Sie das als Kind auch getan?«

In seinen Augen blitzt etwas auf. Er setzt seinen Hut ab und legt ihn in den Fiaker. Dann zeigt er auf mein Schultertuch. »Darf ich?«

Zögernd nicke ich, und der Schal landet ebenfalls auf dem Fiakersitz.

»Schnell, er spielt gleich die Tritsch-Tratsch-Polka!« Feifalik ergreift meine Hand. Er läuft los und zieht mich einfach mit.

Ich habe keine Zeit, ihn zu fragen, woher er das weiß. Mit wehendem Rock folge ich ihm in den überraschend großen Hinterhof, in dem sich bereits drei Paare zur Musik drehen. Unter den ausladenden Zweigen eines knorrigen Baums steht der Werkelmann und dreht die Kurbel seines Instruments. Auf dem bemalten Kasten sitzt ein zotteliges schwarzes Wesen. Ich kann beim besten Willen nicht erkennen, um was es sich bei dieser Kreatur handelt.

»Ist das ein Affe?«

»Ein Affenpinscher.« Hugo Feifalik tritt einen Schritt zurück, um einem Paar auszuweichen, das an uns vorbeikreiselt.

Ja, tatsächlich, das kleine Zotteltier ist ein Hund, der jedes Mal quietschend bellt, wenn jemand eine Münze in den Hut des Werkelmanns wirft.

Jetzt ertönen wirklich die ersten Takte der Tritsch-Tratsch-

Polka. Hugo Feifalik reckt das Kinn, stemmt die Hände in die Hüften und tanzt mit schnellen, geschickten Schritten auf mich zu. Ich greife mit beiden Händen meinen Rock, hebe ihn an und tänzele anmutig um ihn herum. Prompt packt er mich um die Taille und wirbelt mich im Kreis. Er ist ein hervorragender Tänzer, selbst auf dem unebenen Boden im Hof fühle ich mich in seinen Armen sicher.

Ich kenne die Tritsch-Tratsch-Polka gut. Seit ihrer ersten Aufführung bei uns gegenüber im Gasthaus Zeisig ist sie so etwas wie die inoffizielle Hymne des Spittelbergs.

»In Wels. In Linz. In Liverpool und Hamm«, singe ich den Text mit.

»Madrid. Und Ulm. Berlin und Amsterdam«, fällt Hugo Feifalik ein.

»Tratschen's im Jahr ned, was in einer Stund'…«, fahre ich fort.

»… die Wiener tratschen im Lorenzergrund«, beendet Feifalik die Strophe.

Wir lachen beide.

Sechs Lieder kann das Werkel spielen, dann ist der Arm des Mannes leider lahm und das Hundl heiser. Der Leierkastenmann sammelt noch ein letztes Mal Münzen ein.

Feifalik gibt ihm mehrere. Irre ich mich, oder hat er dem Mann gerade zugezwinkert?

»Habe die Ehre, einen schönen Tag noch!« Der Werkelmann verbeugt sich, alle klatschen, dann rumpeln die Räder seines Instruments übers Kopfsteinpflaster, und er verschwindet durchs Tor.

Als wir den Hinterhof verlassen und auf den Fiaker zuschlendern, blicke ich Hugo Feifalik von der Seite an. Er bemüht sich um eine betont unbeteiligte Miene.

»Herr Feifalik?«, frage ich gedehnt.

»Fräulein Angerer?«

»Woher wussten Sie, dass der Werkelmann hier sein würde?«

Er zuckt mit den Schultern, ein Lächeln umspielt seine Lippen. »Nun, irgendwo spielt doch sonntags immer einer, nicht wahr?«

»Herr Feifalik!«, sage ich streng.

»Fräulein Angerer?«

»Und wenn ich heute nicht ins Café gekommen wäre? Oder danach keine Lust auf eine Kutschfahrt gehabt hätte?«

Er schmunzelt. »Dann hätte der Werkelmann trotzdem einen schönen Tag gehabt. Und alle anderen auch.« Seine sommerblauen Augen funkeln.

Wir steigen in die Kutsche, die Pferde traben an.

»Herr Feifalik?«, frage ich erneut.

»Fräulein Angerer?«

»Warum treiben Sie so einen Aufwand um unsere Treffen?«

Er schmunzelt. »Das mache ich immer. Bei jeder Verabredung. So bin ich einfach.«

»Das ist nicht wahr.«

»Sie haben recht.« Jetzt wird er ernst. »Ich mache das nur bei Ihnen, und zwar, um in der Schar Ihrer Verehrer aufzufallen. Dieses Treffen sollte unvergesslich sein.«

»Das war es«, sage ich und lege mir den Spitzenschal wieder um. »Diesen kleinen struppigen Hund werde ich ganz gewiss niemals vergessen.«

Feifalik verzieht das Gesicht, als hätte er Zahnschmerzen. »Den Hund?« Er seufzt abgrundtief. Aber dann glättet sich seine Miene wieder. »Nun, das ist immerhin ein erster Schritt.«

Der Fiaker hält vor unserem Haus. Am geöffneten Fenster der Erdgeschosswohnung sehe ich Hausmeister Staffelhuber. Er beugt sich weit vor, damit ihm auch ja nichts von meiner Ankunft entgeht.

Feifalik springt aus dem Wagen und reicht mir die Hand, um mir beim Ausstieg behilflich zu sein.

Staffelhuber reckt den Hals und bringt mich damit leider so aus dem Konzept, dass ich stolpere. Hugo Feifalik fängt mich gerade noch rechtzeitig auf. Was die Sache allerdings nicht besser macht, denn Staffelhuber stößt einen leisen Pfiff aus, und ich weiß, dass in unserem Haus heute Abend genau das passieren wird, was die Tritsch-Tratsch-Polka so treffend beschreibt. Alle werden sich über mich das Maul zerreißen.

»Sehen wir uns wieder, Fräulein Angerer?«, fragt Hugo Feifalik, der Staffelhuber offenbar noch immer nicht gesehen hat.

Ich rolle mit den Augen und deute mit dem Kinn zum Fenster.

Feifalik bemerkt den Hausmeister und zwinkert mir zu. »Meine Gattin und ich wärrren höchst entzückt, Sie bald wiederrr bei uns begrüßen zu dürrrfen«, sagt er mit russischem Akzent.

Ich nicke. »Richten Sie Ihrer werten Gattin bitte meinen herzlichsten Dank für die zauberhafte Einladung aus. Es wäre mir eine Freude, bald wieder mit ihr zu plaudern. Und grüßen Sie auch die lieben Kinder recht herzlich von mir. Der kleine Hugo kommt ja ganz nach seinem Papa.«

Feifalik lächelt verschmitzt. »Ja, er ist ein sehrrr hübscherrr Kerl, nicht wahrrr? Und klug.« Er hält mir den Schirm hin. »Vergessen Sie den nicht. Bewahren Sie ihn am besten dorrrt auf, wo er bisher hing. Sie werrrden ihn noch brauchen.« Er zwinkert mir noch einmal zu. Dann verabschiedet er sich mit einem Handkuss und steigt wieder in den Fiaker.

»Wer war denn das?«, will Hausmeister Staffelhuber wissen, als ich an seinem Fenster vorbeigehe.

»Ja, haben Sie ihn denn nicht erkannt?«, frage ich zurück. »Lesen Sie keine Zeitungen?«

Das wird ihn eine Weile beschäftigen. Bestimmt durchforstet er jetzt alle Blätter nach den neusten Nachrichten vom Kaiserhof. Und wenn ich Glück habe, verbreitet er später ein so bizarres Gerücht, dass niemand auch nur ein einziges Wort davon glaubt.

Beim Abendessen erzählt Mutter, man munkele im Haus, Großfürst Konstantin von Russland habe mich heute nach Hause begleitet und mir vor aller Augen die Hand geküsst.

»Ja, sicher!«, sage ich. »Der war da. Und danach ist er in seinen Schlitten gestiegen und zurück nach Russland gebraust. Mitten im Sommer.«

»Du bist heute offenbar bester Laune.« Mutter mustert aufmerksam mein Gesicht.

»Nicht besser als sonst«, sage ich wie nebenbei und bemühe mich um eine neutrale Miene. Was schwer ist, denn in mir glitzert alles vor Glück.

* * *

»Du bist verliebt«, behauptet Berti, als ich ihr am nächsten Tag ausführlich von dem Treffen mit Hugo Feifalik berichte. »Und er ist es auch!«

Ich lache laut auf. »Nein, das sind wir nicht! Wir sind nur gemeinsam jung und unbeschwert. Es ist ein Spiel.«

Berti zieht eine Braue hoch. »Ist es das anfangs nicht immer?«

Ich schüttele heftig den Kopf. »Glaub mir, Hugo Feifalik macht mir nicht den Hof. Ich habe im Café zu ihm gesagt, er schulde mir eine Erklärung. Und er hat geantwortet, er würde mir alles erklären, was ich mir wünsche, sogar seine Liebe. Du hättest den Schalk in seinen Augen sehen sollen.« Ich muss lachen, als ich daran zurückdenke. »So etwas sagt doch kein verliebter Mann. Er freut sich wie ich, dass er jemanden getroffen hat, mit dem er sorglos und fröhlich sein kann.«

»Wie du meinst«, sagt Berti. Aber sie wirkt nicht überzeugt. Seit sie sich in Johann verliebt hat, ist sie unverbesserlich romantisch.

»Weißt du, das ist die neue Zeit«, erkläre ich ihr. »Frauen können neuerdings gute Berufe haben, wie man an uns beiden sieht. Und Männer und Frauen können auch einfach nur gute Freunde sein. Ohne Verliebtheit und Ehe und den ganzen Rattenschwanz, der sich daraus ergibt.«

»Aha«, ist alles, was Berti dazu sagt.

Ach, egal, soll sie doch weiter romantischen Gedanken nachhängen. Hugo Feifalik ist die beste Medizin gegen die Launen der Kaiserin, die ich kenne. Ich freue mich schon jetzt auf unser nächstes Treffen.

Kapitel 23

Ende August 1864
Hofburg, Frisierzimmer der Kaiserin

Die ersten Blätter färben sich gelb, der Herbst naht, und das Kaiserpaar zieht in die Hofburg zurück.

Wenn ich morgens ins Frisierzimmer komme, schwingt die Kaiserin neuerdings oft an hölzernen Ringen durch die Luft. Sie hat sich Gymnastikgeräte einbauen lassen: eine Sprossenwand, eine Reckstange und eben diese Ringe an geflochtenen Seilen, die im Türrahmen zum Salon befestigt sind. Dort turnt sie vor dem Frühstück zum Entsetzen des gesamten Hofstaates wie eine Zirkusartistin herum. Mit bauschendem Rock und wehendem Haar. Ganz Wien spricht darüber. Sogar die Zeitungen haben schon davon berichtet, was dem Kaiser angeblich gar nicht gefallen hat.

Mich allerdings ficht das nicht weiter an. Soll die Kaiserin doch schaukeln, wenn sie will. Das ist mir lieber als ihre schwermütigen Gedichte im letzten Jahr.

Zum Glück sind die Wände in den Räumen Ihrer Majestät inzwischen alle neu tapeziert und enthalten gewiss keine giftigen Stoffe mehr. Auch das gibt Anlass zur Hoffnung auf einen ruhigeren Herbst.

»Zu Füßen Eurer Majestät ich mich lege.« Ich sinke wie üblich in den Hofknicks, ungeachtet der Tatsache, dass sich diese

Füße gerade hoch über mir in der Luft befinden und ich fliegen müsste, wollte ich in ihre Nähe kommen.

»Was denkt sich dieser Mann nur?« Die Kaiserin unterbricht ihr wildes Schaukeln und lässt sich auf den Boden fallen.

»Glaubt er, dass wir so dumm sind, auf ihn hereinzufallen?« Sie lässt sich von mir den Frisiermantel umlegen.

»Ja, natürlich glaubt er das!«, fährt sie fort, als sie sich auf den Frisierstuhl setzt. »Warum auch nicht? Der Kaiser geht ihm ja tatsächlich auf den Leim!«

Die Rede ist von Fürst Bismarck, wie ich beim Kämmen erfahre. Offenbar führt er mit dem Kaiser zwar Gespräche über den Frieden mit Dänemark, will sich aber in Wahrheit nur schnellstmöglich die gemeinsam verwalteten Gebiete Schleswig und Holstein aneignen.

»Und dann führt er den nächsten Krieg.« Die Kaiserin vibriert förmlich vor Zorn. »Und zwar gegen uns. Die Spatzen pfeifen es von den Dächern, doch der Kaiser glaubt es nicht. Stattdessen empfängt er diesen Mann auch noch mit Glanz und Gloria und lädt ihn zum Diner ein.«

Während ich ihre Haare flechte, faucht und schimpft sie die ganze Zeit über den dicken Preußen. Und als ich zum Schluss die Sterne feststecke, steht ihr Plan fest.

»Ich werde das Diner nach dem ersten Gang demonstrativ verlassen. Jawohl, das werde ich. Ich brüskiere ihn. Er soll wissen, dass ich ihm kein Wort glaube.«

Ob das klug ist? Ich kann es nicht beurteilen, daher schweige ich und verabschiede mich nach getaner Arbeit, so rasch ich kann. Und dabei ahne ich, dass dieser Herbst wohl doch nicht einfacher wird als der vergangene. Die Kaiserin hat zwar eindeutig mehr Schwung, sie ist gesund, wunderschön und voller Elan. Aber das heißt nicht, dass sie glücklich ist.

Auf der Heimfahrt überlege ich, was Hugo Feifalik wohl für unser nächstes Treffen plant. Ich könnte ein bisschen Ablenkung ganz gut gebrauchen.

Er lässt sich Zeit, ich habe schon seit Wochen nichts mehr von ihm gehört. Vielleicht ist er doch wieder auf Reisen?

Abends schaue ich kurz im Friseursalon vorbei. Der Schirm hängt ordnungsgemäß an der Garderobe. Ich schüttele ihn aus. Keine Nachricht von Hugo Feifalik.

* * *

Am nächsten Morgen hängt die Kaiserin bei meiner Ankunft an der Reckstange und macht Klimmzüge. Danach ist sie schweißüberströmt und klingelt nach Wasser und Seife. Doch niemand kommt. Sie klingelt dreimal, bis Frau von Pilat endlich eintrifft, vor Aufregung flatternd und ganz zerknirscht.

»Ich bitte um Vergebung, Eure Majestät, ich habe die Glocke nicht gehört.« Sie knickst übertrieben tief.

»Macht denn hier gar niemand mehr, was er soll?«, faucht die Kaiserin.

Die Pilat knickst erneut. »Ich bitte um Vergebung. Es wird nicht wieder vorkommen.«

Rasch bringt sie das Gewünschte und zieht sich zurück.

Ich ahne, dass meine Arbeit heute nicht leicht wird. Die Kaiserin vibriert förmlich vor Zorn. Wie ich beim Frisieren erfahre, hat sie sich gestern tatsächlich nach dem ersten Gang vom Diner erhoben und in ihre Gemächer zurückgezogen. »Aber Bismarck hat es gar nicht zur Kenntnis genommen, berichtete man mir. Es schien ihm gleichgültig.«

Tja. Und was bedeutet der Zorn der Kaiserin nun für Bismarck, den Kaiser und den Rest der Welt? Offenbar nichts. Aber drei Stunden schlechte Laune und danach ein großes

Lamento über jedes einzelne ausgefallene Haar, das bedeutet er heute für mich.

Bei so viel Gift und Galle um mich herum wird es zunehmend schwieriger, selbst vergnügt zu bleiben. Da wäre die Aussicht auf ein vergnügliches Treffen mit Hugo Feifalik eine willkommene Abwechslung. Leider herrscht im Schirm noch immer gähnende Leere. Ich muss mich weiter in Geduld üben. Hoffentlich ist Hugo Feifalik nicht krank.

* * *

Einen Tag später steht die Kaiserin bei meiner Ankunft auf einem Bein. Das andere hat sie ausgestreckt und unter eine Leiste der Sprossenwand geklemmt. Nun beugt sie sich so weit nach hinten, wie sie nur kann. Ihre Haare schleifen über den Boden, und ich muss sie nachher entwirren. Seufzend knickse ich und empfehle mich wie gewohnt.

Auch heute bebt die Kaiserin vor unterdrücktem Zorn. Diesmal gilt ihr Groll allerdings nicht Bismarck, sondern dem Kaiser und seiner Mutter.

»Es ist unfassbar!«, schimpft sie, als sie sich auf den Frisierstuhl fallen lässt. »Die beiden wollen den Kronprinzen in die Obhut von General Gondrecourt geben. Er soll einen echten Mann und wahren Kaiser aus Rudolf machen. Dabei ist das Kind gerade einmal sechs Jahre alt und hat eben erst die oberen Schneidezähne verloren. Was ist das nur für eine absurde Idee!«

»So schlimm wird es schon nicht werden«, besänftige ich sie. »Rudolf ist immerhin der künftige Kaiser, niemand wird ihm etwas zuleide tun.«

Die Kaiserin schüttelt so heftig den Kopf, dass mir der Kamm aus der Hand gleitet.

»Sie haben ja keine Ahnung, welche Abhärtungsmethoden in

allerhöchsten Kreisen üblich sind. Man macht den Kindern Angst. Man quält sie. Man lässt sie hungern und frieren. Und Gondrecourt ist als ganz übler Schleifer bekannt. Er soll sogar schon einmal einem Soldaten ein Ohr abgeschossen haben, als Strafe für dessen Unpünktlichkeit.«

»Eure Majestät könnten ihn zu sich rufen«, schlage ich vor. »Sprechen Sie mit dem Mann. Setzen Sie ihm Grenzen. Sie sind Rudolfs Mutter und die Kaiserin von Österreich.«

Sie nickt langsam und nachdenklich. »Sie haben recht. Ich lasse ihn kommen.«

Hoffnung für die Kaiserin. Kein Hoffnungsstreifen für mich. Der Schirm ist immer noch leer. Vielleicht sollte ich eine andere Unternehmung planen, um ein wenig Abstand zu den Problemen der Kaiserin zu gewinnen. Aber mir fällt nichts ein, was so lustig sein könnte wie ein Treffen mit Hugo Feifalik.

* * *

Am Tag darauf hängt die Kaiserin an der Reckstange und kocht. Beim Frisieren erfahre ich, dass mein Rat nichts bewirkt hat.

»Gondrecourt ist abgereist, heißt es. Und der Kaiser ließ ihm mitteilen, dass es nicht nötig sei, ein Gespräch mit mir über Rudolf zu führen.«

Heute faucht sie nicht, heute wirkt sie ehrlich bedrückt. Und das Schreibheft für ihre Gedichte liegt wieder einmal auf dem Frisiertisch bereit.

Ich bin auch niedergeschlagen. Soll ich heute überhaupt im Schirm nachsehen? Es ist ja doch wieder nichts darin.

Natürlich schaue ich abends trotzdem nach.

Nichts.

* * *

Ich rechne mit dem Schlimmsten, als ich einen Tag später das Frisierzimmer der Kaiserin betrete. Doch niemand baumelt von der Decke, niemand turnt an der Sprossenwand.

Elisabeth sitzt bereits am Frisiertisch, und sie ist nicht allein. Ihr schräg gegenüber sitzt eine junge Frau. Sie ist ungefähr Mitte zwanzig, trägt ein schlichtes schwarzes Kleid und hat prachtvolles Haar. Klein, zierlich, mit runden Kinderaugen und einer großen Nase erinnert sie mich an ein Vögelchen. Sie rezitiert aus einem Buch, und zwar ohne zu stocken, lebendig und mit warmer Stimme. Ich erkenne die Sprache, es ist Ungarisch. Sie bricht ab, als ich im Hofknicks versinke und meinen Spruch aufsage.

»Ab heute sind wir morgens wieder zu dritt«, teilt die Kaiserin mir mit. »Ida, das ist Fräulein Angerer, meine Friseurin. Fräulein Angerer, das ist Fräulein Ferenczy, sie liest mir künftig vor.«

»Guten Tag, Ida«, sage ich höflich.

Die Kaiserin schüttelt den Kopf. »Sie duzen sich nicht. Das wünsche ich nicht.« Keine weitere Erklärung. Kein Lächeln. Kein verbindliches Wort.

Ich zwinge mich zu einer steinernen Miene. Schweigend frisiere ich die Kaiserin, während Fräulein Ferenczy erst vorliest und anschließend mit Ihrer Majestät auf Ungarisch über das Buch diskutiert. Ich verstehe inzwischen viel von ihrem Gespräch, meine Aussprache ist allerdings nicht gut genug, um mitzuhalten. Aber das wird auch gar nicht erwartet. Die beiden amüsieren sich bestens ohne mich. Ich bin nur noch für die Haare zuständig.

Aber immerhin gehören meine Gedanken wieder mir selbst. Außerdem muss ich heute keine schlechte Laune ertragen, und ich höre auch kein Lamento, als ich die Silberschale mit den ausgefallenen Haaren präsentiere. Und das, obwohl der Kaiserin im Herbst stets so viele Haare ausgehen, dass ich nur einen Bruchteil davon unter meiner Schürze verschwinden lassen kann. Das ungarische Fräulein scheint sich als Segen zu erweisen.

Als ich nach dem Frisieren in Susannas Küche komme, brodeln dort nicht nur die Töpfe auf dem Herd, sondern auch die Gerüchte. Ich setze mich an den Tisch und höre zu. Es ist doch immer wieder erstaunlich, was die Dienstboten bei ihrer Arbeit nebenher aufschnappen, und oft stellt es sich sogar als wahr heraus.

Diese Ida – nein, dieses Fräulein Ferenczy – scheint aus einfachem ungarischen Landadel zu stammen. Niemand weiß, wie sie es an den Hof geschafft hat. Der Kaiserin lag eine Liste von Namen hübscher Damen aus dem Hochadel vor, die alle fließend Ungarisch sprechen, aber als Vorleserin hat sie ausgerechnet dieses völlig unbekannte Mädchen ausgewählt.

Ich kann mir denken, warum: Wer nicht aus hohem Elternhaus stammt, hat bei Hofe keine Freunde. Und ganz auf sich gestellt, will man nur einer gefallen, nämlich der Kaiserin selbst.

* * *

»Fräulein Ferenczy ist so etwas wie die neue Fanny!«, sagt ein Kammermädchen, als ich drei Tage später Susannas Küche betrete. Die junge Frau sitzt mit dem Rücken zur Tür und hat mich noch nicht bemerkt, obwohl Susanna ihr einen warnenden Blick zugeworfen hat.

»Kann sie etwa frisieren?«, frage ich scharf.

Das Kammermädchen zuckt zusammen und dreht sich um. »Nein, das meine ich nicht.« Sie weicht meinem Blick aus.

»Was dann?«

Sie knetet nervös ihre Hände. »Nun ja. Fräulein Ferenczy hat das Herz der Kaiserin vom ersten Moment an erobert, genau wie du«, redet sie sich heraus.

Aber natürlich weiß ich, was sie eigentlich sagen wollte. Und um ehrlich zu sein: Ich denke genau dasselbe.

Ida Ferenczy hat meinen Platz eingenommen. Nein, sogar mehr als das. Sie unterhält sich nicht nur beim Frisieren mit der Kaiserin. Aus ihren Gesprächen weiß ich, dass die beiden anschließend täglich einen Spaziergang durch den Schlosspark machen. Nachmittags besuchen sie manchmal die kleine Gisela und plaudern auf Ungarisch mit dem Kind. Und vor dem Schlafengehen trinken sie noch einen Tee miteinander. Da kann ich natürlich nicht mithalten.

Ich bin nur noch die Friseurin der Kaiserin, sonst nichts.

Nun, daran ist ja auch nichts verkehrt, tröste ich mich, als ich matt, müde und missmutig in der Kutsche nach Hause geschaukelt werde. Ich frisiere die Kaiserin schließlich gern, und ich habe nach der Arbeit ein erfülltes Leben, während Fräulein Ferenczy sich den ganzen Tag mit ihr herumplagen muss.

Nur leider ist mein Leben nicht so erfüllt, wie ich es mir einrede. Langsam wäre es wirklich an der Zeit für eine Nachricht von Hugo Feifalik.

Doch sein Schirm ist noch immer leer. Soll ich etwas hineinwerfen? Aber er wollte es doch tun. Oder habe ich das falsch verstanden? Und überhaupt, was könnte ich schreiben?

Wie flüchtig glitzerndes Glück doch ist.

Ich könnte mich vielleicht mit einem anderen jungen Mann verabreden, Verehrer habe ich ja reichlich. Aber ich verspüre keine Freude bei diesem Gedanken. Was soll ich mit einem ernsthaften Verehrer? Ich würde ihm ja nur falsche Hoffnungen machen. Nein, ich will unverbindlich plaudern und lachen, und das kann ich nur mit dem Luftikus Hugo Feifalik.

* * *

Ich kämme und flechte und kämme und flechte. Die Kaiserin und Ida reden währenddessen über Politik. Es geht in ihren Gesprächen ständig um Ungarn. Um mich von meinen trüben Gedanken abzulenken, höre ich zu.

Wenn ich alles richtig verstehe, hat der Kaiser in diesem Land als ganz junger Mann ein wahres Blutbad angerichtet, und das nehmen ihm die Ungarn heute noch übel.

Aber sowohl Elisabeth als auch Ida finden, dass sich die beiden Nationen endlich aussöhnen müssen. Denn wenn das Habsburger Reich überhaupt eine Zukunft haben kann, dann nur an der Seite der Ungarn. Und umgekehrt.

Ein Name fällt dabei immer wieder: Graf Gyula Andrássy. Ida bekommt immer ganz rosige Wangen, wenn es um diesen Mann geht. Ich glaube, sie ist heimlich in ihn verliebt.

Dieser Graf Andrássy stammt Ida zufolge aus einer der bedeutendsten Adelsfamilien Ungarns. Er hat sich als junger Mann an der Revolution gegen den Kaiser beteiligt und wurde von ihm zum Tode verurteilt. Doch er ist rechtzeitig nach Paris geflohen, und so wurde er nur symbolisch aufgehängt. Anscheinend geht so etwas. Man nagelt dafür einfach ein Holztäfelchen mit dem Namen des Verurteilten an den Galgen, und schon ist dieser für tot erklärt. Was es alles gibt!

Inzwischen hat der Kaiser dem Grafen die Revolution aber verziehen, sagt die Kaiserin. Und der Graf grollt dem Kaiser auch nicht mehr wegen seiner Schein-Erhängung, behauptet Ida. Er erscheint den beiden als idealer Vermittler zwischen den zwei Nationen. Denn die Ungarn beten ihn an, und der Kaiser respektiert ihn. Aber irgendwie kommt die Sache nicht in Fahrt, weil die Mutter des Kaisers alles ausbremst. Sie hat Animositäten gegen Ungarn. Böhmen und Mähren liegen ihr deutlich mehr am Herzen.

»Ich würde ihn ja gern einmal sehen, diesen Mann«, sagt die Kaiserin versonnen.

»Oh, nichts leichter als das, ich habe ein Bild von ihm.« Ida erhebt sich. »Ich werde es holen.«

Kurz darauf ist sie wieder da und reicht der Kaiserin eine Fotografie.

Ihre Majestät betrachtet das Konterfei des ungarischen Grafen auffallend lang. Ich recke den Hals, aber ich schaffe es nicht, einen Blick darauf zu werfen, das Bild ist zu klein.

Plötzlich sieht Ihre Majestät auf. Unsere Augen treffen sich, sie lächelt und reicht mir die Fotografie.

»Fräulein Angerer, was halten Sie von diesem Mann?«

Ich lasse mir Zeit mit der Antwort. Andrássy hat ein kantiges, nicht mehr ganz junges Gesicht und klare, überraschend helle Augen, die kühn in die Kamera blicken. Sein Backenbart geht in einen krausen Kinnbart über, was ihm erstaunlich gut steht, so etwas können nicht viele Männer tragen. Aber mit den Locken auf seinem Haupt scheint er in einem erbitterten Widerstreit zu stehen, den die Locken trotz der vielen Pomade gewonnen haben. Oben am Scheitel ist es Andrássy zwar gelungen, sie platt am Schädel anzukleben, aber seitlich stehen zwei pudelähnliche Haartollen von seinem Kopf ab.

»Ein schöner Mann«, sage ich zögernd. »Aber er benötigt ganz dringend einen guten Friseur.«

Die Kaiserin lacht laut auf. Ida dagegen sieht so gekränkt aus, als hätte ich sie persönlich beleidigt. Was wirklich nicht meine Absicht war.

Ich freue mich allerdings, dass die Kaiserin mich endlich wieder einmal ins Gespräch miteinbezogen und mit mir gelacht hat. Das ist ein Lichtstreif am Horizont dieses sonst so düsteren Herbstes.

Kapitel 24

Anfang November
Spittelberg, Burggasse 9

Plötzlich ist er da. Ein Brief von Hugo Feifalik. Er kommt nicht per Regenschirm, sondern wartet ganz unverhofft im Briefkasten auf mich.

Der Umschlag ist auffallend dick. Enthält er wieder ein Rätsel? Ich drehe ihn um. Feifalik hat seine Adresse darauf notiert: fünfter Bezirk, Margaretenstraße 59, Wien. Nun weiß ich sogar, wo er wohnt.

Ich unterdrücke meinen ersten Impuls, den Brief einfach hier im Flur aufzureißen. Stattdessen hole ich mir ein scharfes Messer aus der Küche, gehe damit in mein Zimmer, setze mich aufs Bett und schneide das Papier ganz behutsam auf. Mein Herz rast im Polkatakt, meine Finger beben.

Der Umschlag enthält einen sorgfältig gefalteten Briefbogen und einen weiteren Umschlag. Ich entfalte zuerst den Brief.

Hochverehrtes Fräulein Angerer,
es wäre mir eine Ehre, Sie am 22. dieses Monats bei der Feier meiner Ernennung zum Prokuraführer des Wechselhauses Schnapper begrüßen zu dürfen. Das für mich überaus erfreuliche Ereignis soll mit einem festlichen Souper im Hotel Wandl gebührend gewürdigt werden. Wenn Sie mir Ihre Teilnahme

gütigst bestätigen, könnte ich Ihnen an dem betreffenden Tage um 19 Uhr eine Kutsche schicken.
Anbei finden Sie ein Schreiben meiner Mutter an Ihren Herrn Vater, mit einer Vorstellung meiner Person, um jedwede Bedenken bezüglich meiner Ehrenhaftigkeit zu zerstreuen.
Hochachtungsvoll
Hugo Feifalik

Ach du lieber Himmel! Mit fast allem habe ich gerechnet, aber mit einer so hochoffiziellen Einladung nicht.

Der kleinere Umschlag ist nicht zugeklebt, und mit bebenden Fingern öffne ich ihn. Eine Karte aus teurem Büttenpapier rutscht heraus. Sie duftet nach Veilchen und ist von einer weiblichen Handschrift bedeckt. Ich lese die Zeilen mit schlechtem Gewissen, da sie eigentlich nicht für mich bestimmt sind.

Werter Herr Angerer,
mein Sohn Hugo feiert am Freitag seine Ernennung zum Prokuraführer des Wechselhauses Schnapper. Er würde sich sehr freuen, Ihr Fräulein Tochter anlässlich dieses Erfolges zu einem Souper im Hotel Wandl einladen zu dürfen. Ich versichere Ihnen, dass Hugo ein redlicher Mann mit besten Absichten ist, für den ich jederzeit meine Hand ins Feuer lege.
Mit besten Grüßen
Maria Feifalik, Oberlandesgerichtsratswitwe zu Znaim in Mähren

Fassungslos schüttele ich den Kopf. Dass Feifalik diese Einladung nicht auch noch vorab mit der Kaiserin abgeklärt hat, grenzt an ein Wunder.

Jemand klopft leise an meine Tür, und ich sehe auf. »Ja?«

Mutter tritt ein, eine Tasse mit dampfendem Tee in der Hand. Sie mustert mich mit prüfendem Blick. »Fanny, was ist los? Du siehst ja ganz durcheinander aus.«

»So fühle ich mich auch!«

Ich reiche ihr Feifaliks Briefe. Sie setzt sich neben mich auf mein Bett, und mit jeder Zeile, die sie liest, erscheinen mehr Falten auf ihrer Stirn.

Schließlich blickt sie auf. »Was ist denn das für ein junger Mann?«, will sie wissen.

»Einer von Vaters Kunden.«

»Aha. Ist das alles, was du über ihn weißt?«

Ich schüttele den Kopf. »Nein, natürlich nicht. Er ist ungefähr Ende zwanzig. Groß, blond, sehr schlank, mit viel Humor. Arbeitet als Bankangestellter bei Schnapper.« Das Schnittlauchbrot erwähne ich besser nicht.

»Und jetzt ist er zum Prokuraführer ernannt worden? Das ist ein verantwortungsvoller Posten.« Sie sieht mich mit bedeutungsschwerem Blick an.

»Warum guckst du so?«, fahre ich auf.

Um Mutters Augen bildet sich ein feiner Kranz aus Lachfältchen. »Fanny, das ist quasi ein Heiratsantrag.«

»Nein!«, sage ich heftig. »Ganz bestimmt nicht! So ist Hugo Feifalik nicht. Und so funktioniert die Welt heute ohnehin nicht mehr, wir leben schließlich nicht mehr im achtzehnten Jahrhundert.« Ich weiß selbst nicht, warum ich plötzlich so laut werde.

Sie lächelt. »Du musst nicht hingehen, wenn du nicht willst. Gratuliere ihm einfach höflich und schreibe, dass du an diesem Abend verhindert bist.«

»Ich möchte aber hingehen«, sage ich trotzig. »Hugo Feifalik ist ein netter Mensch. Außerdem denkt er genauso modern wie ich. Und er hat etwas zu feiern. Und das Essen im Hotel Wandl ist legendär. Warum also nicht?«

»Und, und, und …«, murmelt Mutter leise, aber sie lächelt dabei. »Du musst selbst wissen, was für dich richtig ist, Fanny.«

Ich will sie schon wieder anfahren, aber dann besinne ich mich und springe vom Bett auf. Ich habe jetzt wirklich Besseres zu tun, als zu streiten. Was antworte ich Hugo Feifalik? Was ziehe ich bei der Feier an? Wie frisiere ich mich? Überreicht man zu solchen Anlässen ein Geschenk? Und wenn ja, was? Auf all diese Fragen muss ich Antworten finden.

»Ich muss dringend zu Berti!«

Wieder schenkt Mutter mir ein feines Lächeln. »Ja, das musst du wohl.«

»Fanny!« Berti hat mir die Tür geöffnet, nun trocknet sie sich die Hände an der Schürze ab und umarmt mich. »Schön, dass du kommst! Ich mache gerade den Abwasch, aber der kann auch warten.«

Ich hänge meinen Mantel an die Garderobe. »Oder ich helfe dir schnell. Ich muss dir etwas erzählen, und nebenher kann ich mich gut nützlich machen.«

»Fein«, sagt Berti vergnügt. »Wie früher! Vor lauter Reden haben wir oft gar nicht gemerkt, wie groß der Geschirrberg war.«

Ich folge ihr in die Küche. »Ich trockne ab.«

Während wir Hand in Hand den Abwasch erledigen, berichte ich Berti von den beiden Briefen.

»Oh!« Sie wirft mir einen vielsagenden Blick zu. »Da kommt bald ein Heiratsantrag! Wollen wir wetten?«

Ich verdrehe die Augen. »Fang du nicht auch noch damit an! Mutter hat das ebenfalls behauptet.«

»Weil es stimmt«, sagt Berti energisch. »Hugo Feifalik will dich seiner Familie vorstellen. Und seine Mutter nimmt Kontakt zu deinem Vater auf. Das ist doch eindeutig. Wenn Vater jetzt wohlwollend antwortet und du bei dieser Feier dem prüfenden Blick seiner Mutter standhältst, wird er danach vor dir auf die Knie sinken. Das ist so sicher wie das Amen in der Kirche.«

Ich schnaube verärgert. »Nein, wird er nicht. Das denkst du nur, weil du ihn nicht kennst. Hugo Feifalik ist nicht so altmodisch. Wollte er wirklich heiraten, würde er das niemals über seine Mutter einfädeln. Aber er will es grundsätzlich nicht. Ich habe dir doch erzählt, was er gesagt hat. Er ist ein Zebra, er lässt sich nicht vor den Karren der Ehe spannen, genauso wenig wie ich. Und jetzt will er einfach nur seine Beförderung feiern. Mit seiner Familie und mit Freunden. Wir werden beide niemals vor den Altar schreiten. Weder zusammen noch getrennt. Ist das denn so schwer zu verstehen?«

»Du bist diejenige, die es nicht versteht.« Berti wischt mit dem Lappen über einen Teller. »Er ist kein Zebra, er ist ein Mann. Und du bist auch keins, du bist eine Frau. Ich weiß nicht, ob du schon davon gehört hast, aber zwischen Männern und Frauen entsteht manchmal plötzlich eine gewisse Anziehung. Und dann tun sie Dinge, die sie vorher nicht für möglich gehalten hätten. Der Gang zum Altar ist noch das Harmloseste davon.«

Heißes Blut schießt mir in die Wangen. »Du bist ein Pferd, Berti. Durch und durch. Und du glaubst, alle wären wie du. Aber so ist es nicht.«

Berti legt den Spüllappen weg. Sie dreht sich zu mir um und sieht mich direkt an. »Wovor hast du solche Angst, Fanny?«

»Angst?«, frage ich verwirrt. »Ich habe keine. Ich freue mich nur auf eine Feier, zu der ich eingeladen wurde. Und ich bin eigentlich gekommen, um mit dir zu besprechen, was ich Hugo Feifalik antworte. Und was ich anziehe. Und …«

»Das meine ich nicht«, sagt Berti sanft. »Ich meine, warum hast du solche Angst, dich zu verlieben?«

Ich balle die Hände zu Fäusten. »Das weißt du doch«, sage ich mühsam beherrscht. »Ich habe endlich erreicht, was wir beide uns immer gewünscht haben. Und das werde ich nicht aufgeben. Ich will reisen. Ich will Abenteuer erleben. Ich will interessante Menschen kennenlernen. Und vor allem will ich genug Geld verdienen, um nie wieder arm sein zu müssen.«

»Aber du könntest doch auch *mit* Hugo reisen. Du könntest *mit* ihm Abenteuer erleben und Menschen kennenlernen. Und du könntest sogar als verheiratete Frau einen eigenen Salon aufmachen, wenn du das willst. Oder wieder im Theater arbeiten, wie ich.«

»Ich habe bereits genau das, was ich will. Nämlich meine Freiheit.« Ich lege das Geschirrtuch weg. »Und jetzt gehe ich besser, bevor wir noch ernstlich streiten.«

In drei Schritten ist Berti bei mir, sie nimmt mich fest in den Arm. »Entschuldige, Fanny!«, flüstert sie in meine Haare. »Ich war dumm. Es tut mir so leid, dass ich dir die Freude an dem Fest verdorben habe. Zieh das rosenrote Kleid an, ja? Du siehst darin wunderschön aus.«

»Ja.« Mir gelingt ein schiefes Lächeln. »An das rosenrote Kleid habe ich auch schon gedacht.« Berti und ich besprechen noch, welches Cape ich über diesem Kleid tragen könnte und welche Schuhe dazu passen. Aber dabei verspüre ich keine Vorfreude mehr. Der Zauber der Einladung ist ganz und gar verflogen.

Als ich abends allein in meinem Zimmer sitze, denke ich lange nach. Vielleicht haben Mutter und Berti ja recht, und Hugo

Feifalik will mich wirklich seiner Familie vorstellen, um mir im nächsten Schritt einen Heiratsantrag zu machen. Aber so weit darf ich es nicht kommen lassen. Sobald ich diesen Antrag abgelehnt habe, ist die Leichtigkeit zwischen uns zerstört. Ich überlege hin und her, ringe mit mir.

Dann fasse ich einen schweren Entschluss. Ich werde die Feier mit dem Hinweis auf berufliche Verpflichtungen absagen, auch wenn ich es wirklich sehr bedaure. Sicher ist sicher.

Wenn ich unsere Freundschaft dauerhaft bewahren will, muss ich irgendwann unter vier Augen mit Hugo Feifalik sprechen. Weder seine Mutter noch mein Vater müssen dann involviert sein. Ich werde ihm behutsam und taktvoll sagen, dass wir immer Freunde sein werden. Nichts weiter. Das muss doch möglich sein.

Ja, dieser Entschluss fühlt sich richtig an. Ich setze mich an meinen Tisch und formuliere eine freundliche Absage.

Und dann fälle ich noch eine weitere Entscheidung. Es war lange mein Traum, Vater, Mutter und mir eine größere Wohnung zu ermöglichen, und den könnte ich jetzt wahr machen. Aber Vater und Mutter möchten nicht umziehen. Sie fühlen sich hier wohl. »Wenn du auf Reisen bist oder irgendwann dein eigenes Leben hast, ist diese Wohnung hier schon fast zu groß für uns«, hat Mutter gesagt, als ich sie darauf ansprach.

Da hat sie recht. Und nun ist für mich der Zeitpunkt gekommen, ein eigenes Leben zu führen, das spüre ich deutlich. Im obersten Stockwerk unseres Hauses wird bald eine Wohnung frei, und ich werde Hausmeister Staffelhuber bitten, sie mir zu vermieten. Sie ist klein, aber gut geschnitten. Ich werde mir dort mein eigenes Reich schaffen.

Ich habe mich eben erneut für einen Lebensweg im Dienst der Kaiserin entschieden. Und ich nehme mir fest vor, ihn mit ganz neuem Schwung zu gehen.

Kapitel 25

Hofburg, Frisierzimmer der Kaiserin

Fräulein Angerer?« Die Stimme der Kaiserin reißt mich aus meinen Überlegungen. Ich blicke auf und sehe an ihrer irritierten Miene, dass sie mich offenbar schon mehrfach angesprochen hat. Doch ich war gedanklich noch bei meiner Absage an Hugo Feifalik.

»Verzeihung, Eure Majestät! Diese Frisur ist sehr anspruchsvoll, ich war ganz in meine Arbeit versunken.«

»Das macht nichts«, sagt sie freundlich. »Fräulein Angerer, ich benötige Sie heute länger. Ich möchte nach dem Ankleiden etwas mit Ihnen besprechen. Werden Sie zu Hause erwartet? Sollen wir einen Boten schicken, der Ihre Verspätung ankündigt?«

Ich knickse. »Das ist sehr freundlich, aber um diese Zeit ist niemand zu Hause, ich werde gewiss nicht vermisst.«

»Sehr gut.« Sie schenkt mir ihr zauberhaftes Lächeln, das in den Augen beginnt und danach das ganze Gesicht erhellt.

Ich werfe Ida Ferenczy einen raschen Blick zu. Sie sieht mich fragend an. Offenbar weiß sie nicht mehr als ich.

»Haben Sie einen warmen Mantel dabei?«, fragt mich die Kaiserin, als sie angekleidet ist und Ida den Raum verlassen hat.

Ich habe mit einer Modefrage gerechnet. Oder mit einem privaten Vier-Augen-Gespräch. Aber damit nicht.

»Ja, Majestät. Ein Cape.«

»Welche Farbe?«

»Es ist weinrot, Majestät.«

»Sehr gut. Tragen Sie dazu einen Hut?«

»Nein, Eure Majestät. Das Cape hat eine Kapuze.«

»Noch besser!« Die Kaiserin nickt zufrieden.

»Ich verstehe nicht …«

Sie lächelt. »Oh, das werden Sie noch! Aber später, jetzt drängt die Zeit. Passen Sie auf: Egal, was gleich gesprochen wird, Sie sagen nichts. Nur nicken und knicksen! Schaffen Sie das?«

Ich nicke und knickse.

Die Kaiserin läutet nach Frau von Pilat, die nach wenigen Sekunden da ist.

»Bringen Sie mir mein schwarzes Cape und den schwarzen Hut mit dem Schleier«, befiehlt Elisabeth. »Aber rufen Sie keine Kutsche. Ich nehme die von Fräulein Angerer. Wir haben denselben Weg, und ich möchte unterwegs eine Frisur mit ihr besprechen.« Sie gibt mir unauffällig einen Wink.

Ich nicke und knickse.

»Aber …«, beginnt Frau von Pilat.

»Es ist alles besprochen.« Mit diesen vier Worten wendet die Kaiserin sich ab.

»Sehr wohl, Majestät.« Frau von Pilat entfernt sich nach einem Knicks.

Kurz darauf verlassen die Kaiserin und ich die Hofburg. Hochoffiziell übers große Stiegenhaus.

Draußen wartet bereits meine Kutsche. Sie ist natürlich kleiner als die, in der die Kaiserin üblicherweise unterwegs ist, und es ist nicht leicht, zwei Krinolinen darin unterzubringen. Aber als ich mich in eine Ecke dränge, gelingt das Kunststück.

Die Pferde traben an, die Kaiserin atmet auf. »So, das ist gelungen.« Sie reibt sich die Hände.

»Ich durchschaue noch immer nicht, was wir vorhaben, Eure Majestät.«

Sie schmunzelt. »Einen Rollentausch, meine Liebe. Sie kennen das ja schon.«

Himmel. Schon wieder?

»Mitten in Wien?«, frage ich entsetzt. »Bei Tag? Wie soll das gehen?«

»Schließen Sie die Vorhänge«, fordert die Kaiserin mich auf. »Und nun geben Sie mir Ihr Cape.«

»Wie bitte?«

»Keine Sorge, Sie werden nicht frieren, Sie bekommen meins. Und meinen Hut.«

Widerspruch wäre ebenso ungehörig wie zwecklos, also lege ich meinen Umhang ab und reiche ihn ihr. Kurz darauf bin ich in ein weiches schwarzes Fellcape gehüllt, das nach Veilchen duftet, und trage den Schleierhut der Kaiserin.

»Wir verlassen gleich die Stadt«, sagt sie mit blitzenden Augen. »Der Wagen wird dann anhalten, und ich werde aussteigen. Mehr müssen Sie darüber nicht wissen.«

»Und was mache ich?« Meine Stimme bebt.

»Sie fahren noch etwa eine halbe Stunde mit geschlossenen Vorhängen weiter. Sobald der Wagen stoppt, ziehen Sie sie beiseite. Sie tragen dabei den Hut und halten sich im Hintergrund, gehen Sie nicht zu nah an die Fensterscheibe. Ich habe entsprechende Instruktionen gegeben, daher wird man Sie mit größter Wahrscheinlichkeit nicht zum Aussteigen auffordern. Und selbst wenn das doch geschehen sollte, wehren Sie wortlos ab und bleiben sitzen. Man wird Ihnen dann Pferde vorführen, und zwar in allen Gangarten. Wunderschöne Tiere. Insgesamt sind es sechs. Sie bleiben in der Kutsche und sehen einfach nur durchs Fenster zu. Nach einer Viertelstunde heben Sie die Hand, dann wird das jeweilige Pferd ausgewechselt, so lange, bis alle dran waren. Haben Sie eine Taschenuhr dabei?«

Ich nicke.

»Gut. Wenn alle sechs Pferde ihr Können gezeigt haben, nicken Sie huldvoll, heben die Hand zum Abschied und klopfen ans Kutschendach. Sie schließen die Vorhänge und fahren zurück. Unterwegs steige ich wieder zu, und wir wechseln erneut die Rollen. Dann setze ich Sie ab, wo immer Sie es wünschen. Haben Sie alles verstanden?«

Nun ja, alles und nichts. Aber natürlich nicke ich. »Jawohl, Eure Majestät.«

»Sehen Sie, es ist gar nicht schwer.« Elisabeths Lächeln ist zum Dahinschmelzen, so freundlich und warm. »Es kann nichts misslingen. Ich möchte drei dieser Pferde kaufen, deshalb will ich sie begutachten. Und das mache ich oft auf genau diese Weise. Diesmal übernehmen Sie meinen Part.«

Ich senke den Blick. »Leider verstehe ich nichts von Pferden, Eure Majestät.«

»Das macht nichts.« Sie lächelt noch immer. »Ich kenne die Tiere bereits und habe mich längst entschieden.«

Die Kutsche bleibt stehen. Die Kaiserin setzt die Kapuze meines Capes auf und öffnet die Tür. Sie steigt ohne Hilfe aus dem Wagen, sinkt in einen Hofknicks und haucht augenzwinkernd: »Zu Füßen Eurer Majestät ich mich lege.«

Hinter ihr sehe ich eine verschneite Pappelallee, die mir gänzlich unbekannt vorkommt. Ganz weit hinten zwischen zwei Bäumen wartet eine Kutsche. Mehr kann ich nicht erkennen.

Die Kaiserin nickt mir auffordernd zu, und ich hebe huldvoll die Hand. Elisabeth knickst noch einmal und schließt die Wagentür.

Als die Pferde antraben, sinke ich in den Sitz und schließe die Augen. Was hat sie nur diesmal vor? Sie hat es mit keinem Wort erwähnt. Ich weiß nicht einmal, wo wir gerade sind. Muss ich mir Sorgen machen? Und wenn ja, um wen? Um sie oder um mich?

Ich seufze tief und füge mich in mein Schicksal. Was soll ich schon tun? Ich bin Friseurin. Es ist nicht meine Aufgabe, die Kaiserin zu bewachen. Wenn selbst die Leibwachen es nicht schaffen, sie im Auge zu behalten, wie sollte es mir dann gelingen?

Meine Aufgabe besteht jetzt einzig und allein darin, mit knurrendem Magen eineinhalb Stunden lang Pferde anzustarren und zu hoffen, dass niemand die Kutschentür öffnet. Und schon das finde ich schwer genug.

Die Pferde sind schön, das kann sogar ich erkennen. Langbeinig, heißblütig, gesund. Junge Burschen in bunten Uniformen lassen sie vor der Kutsche antraben und galoppieren. Wäre ich nicht so hungrig, könnte ich dem Anblick durchaus etwas abgewinnen. So allerdings wird mir die Zeit doch sehr lang.

Endlich habe ich alle sechs Pferde gesehen. Sie stehen aufgereiht vor meinem Kutschfenster, die jungen Männer neigen den Kopf und ziehen alle gleichzeitig vor mir den Hut.

Ich hebe die Hand, nicke. Dann klopfe ich ans Kutschendach und entschwinde mit einem letzten gewunkenen Gruß.

Auf der Rückfahrt überlege ich, was die Kaiserin wohl in der Zwischenzeit getan haben könnte. Sie muss sich mit jemandem getroffen haben, so viel ist klar. Aber mit wem?

Genau genommen gibt es drei Möglichkeiten. Am wahrscheinlichsten scheint mir jemand aus ihrer bayrischen Familie.

Eine ihrer Schwestern oder ein Bruder vielleicht. Die Dienstboten klatschen ständig über Skandale der Wittelsbacher. Die Rede ist von Mesalliancen, Seitensprüngen, unehelichen Kindern. Gut möglich, dass die Kaiserin wieder einmal Wogen glätten muss.

Das Treffen könnte aber auch im Zusammenhang mit König Ludwig stehen. Man munkelt, die Kaiserin hätte Heiratspläne für ihn. Vielleicht will sie da die entsprechenden Fäden ziehen.

Die dritte Möglichkeit scheint mir am abwegigsten, aber schon der Gedanke daran verursacht ein ungutes Gefühl. Geht es hier etwa schon wieder um Ungarn? Um Bündnisse, die die Kaiserin schließen will? Um Graf Andrássy?

Ich verwerfe diese Überlegung. Hätte unser Ausflug mit Ungarn zu tun, hätte die Kaiserin gewiss heute früh mit Ida darüber gesprochen. Und vermutlich säße dann jetzt nicht ich in dieser Kutsche, sondern das allgegenwärtige Fräulein Ferenczy.

Ein laut gerufenes Brrr des Kutschers reißt mich aus meinen Gedanken. Die Pferde verlangsamen ihren Schritt, kurz darauf hält die Kutsche an. Ich höre Stimmen, aber ich wage es nicht, hinauszuspähen. Was ich nicht weiß, kann mich auch nicht bedrücken.

Erst als die Kaiserin einsteigt, lässt meine Anspannung allmählich nach.

Im Gegensatz zu mir hat Elisabeth den Ausflug ganz offensichtlich genossen. Ihre Wangen sind rot, ihre Augen leuchten, sie glüht förmlich vor Begeisterung. Wüsste ich es nicht besser, würde ich annehmen, sie wäre verliebt.

Wobei, weiß ich es denn überhaupt besser? Nichts weiß ich!

Sie sinkt in die Polster. »Sind die Schneeflocken nicht zauberhaft? Sie sinken vom Himmel wie ein sanfter Kuss.«

»Ja, Eure Majestät«, sage ich gehorsam. Und denke insgeheim: Das sind keine Schneeflocken, das sind Graupeln. Die fallen jetzt auf die Straßen und werden zu grauem Matsch, auf dem ich nachher ausrutsche.

Dieser Gedanke ist so dermaßen graupelgriesgrämig, dass ich beinahe lachen muss. Wahrlich, die Zeiten haben sich gewandelt. Die Kaiserin jubelt über das Wetter, und ich grantele vor mich hin. Fehlt nur noch, dass ich traurige Gedichte verfasse, während sie im Schnee tanzt.

Die Schneeflocken muss die Kaiserin wohl vom Fenster der anderen Kutsche aus bewundert haben, denn als sie mir mein rotes Cape zurückgibt, ist es genauso trocken wie das schwarze, das ich ihr reiche. Auch der Hut kehrt zu seiner Besitzerin zurück. Sie setzt ihn aber nicht auf, sondern legt ihn neben sich auf die Sitzbank. Er hat seine Aufgabe bereits erfüllt.

»Fräulein Angerer, ich danke Ihnen zutiefst.« Ihre dunklen Augen strahlen, auf ihren Wangen zeigen sich Grübchen.

»Ich habe nichts getan, als im Wagen zu sitzen«, sage ich. »Dafür ist kein Dank erforderlich.«

»Dafür vielleicht nicht«, räumt die Kaiserin ein. »Aber für Ihre Verschwiegenheit kann ich Ihnen gar nicht genug danken. Ich kenne auf dieser Welt keinen einzigen Menschen, der Geheimnisse so zuverlässig für sich behält, wie Sie es tun.«

Ich seufze. »Dann ist diese Welt schlechter, als ich dachte.«

Elisabeth schmunzelt. »Nein, sie ist ganz wunderbar.« Sie rutscht tiefer in den Sitz, lehnt den Kopf an und schließt die Augen. Ihre Züge sind zart und fein wie die eines jungen Mädchens. Sie scheint meinen Blick zu spüren, denn sie öffnet die Augen wieder. »Fräulein Angerer, ich möchte Ihnen eine Frage stellen.« Sie zögert, dann fährt sie fort. »Sie sind die Einzige, an die ich mich damit wenden kann. Ich bedarf Ihrer Diskretion und Ihrer Lebenserfahrung.«

Ach, wenn ich die nur hätte! Momentan fühle ich mich wieder einmal überfordert. Aber ich widerspreche nicht, ich warte stumm, was kommt.

Die Kaiserin richtet sich auf. »Fräulein Angerer, haben Sie schon einmal einen Menschen getroffen, der Ihr Leben vom ersten Moment an verändert hat?«

»Verändert?«, frage ich zurück. »Nun ja, Eure Majestät haben damals mein Leben verändert, als Sie mich einstellten.«

Sie schüttelt den Kopf. »Ich spreche nicht von dieser Art Veränderung. Ich spreche von einer Begegnung, die Sie ganz tief berührt und Ihre Sicht auf die Dinge verwandelt hat.«

Ich betrachte ihren schwärmerischen Gesichtsausdruck und frage mich, ob sie von König Ludwig spricht, ihrem Seelenverwandten.

Jetzt beugt die Kaiserin sich vor. »Ich meine ein Zusammentreffen, das wie von Zauberhand allen Dingen in der Umgebung neue Farben verleiht, klarere, strahlende. Eine Begegnung, die quasi die Tonart Ihres Lebens verändert, von Moll zu Dur.«

Plötzlich erscheint Hugo Feifaliks Gesicht vor meinem inneren Auge. »Ja, etwas Ähnliches habe ich einmal erlebt«, gebe ich zu.

»Und was haben Sie dann getan?« Die Kaiserin mustert mich aufmerksam.

»Nun«, sage ich, »nichts. Was sollte ich tun?«

»Sie haben nicht versucht, diesem Menschen nahe zu sein?«

Ich schüttele den Kopf. »Nein.«

»Warum nicht?«, will die Kaiserin wissen.

Ich lasse mir Zeit mit der Antwort. »Vermutlich wollte ich keine Veränderung«, sage ich leise. »Ich hatte zu diesem Zeitpunkt die wichtigsten Weichen für mein Leben bereits gestellt und mich für einen Lebensweg entschieden. Und mit jeder

Änderung muss man ja auch immer etwas aufgeben, das einem lieb und teuer ist. Das war es mir nicht wert.«

Das Leuchten im Gesicht der Kaiserin verblasst. Offenbar war das nicht die Antwort, die sie hören wollte. Schweigend fahren wir weiter.

»Wo darf ich Sie absetzen?«, fragt sie nach einer Weile.

Ich schiebe den Vorhang beiseite und spähe hinaus. Draußen sehe ich Häuser, wir sind also wieder in der Stadt.

»Gerne gleich hier«, bitte ich, obwohl ich nicht weiß, wo wir gerade sind. Aber meinen Heimweg habe ich in Wien noch immer gefunden, und ich möchte jetzt allein sein.

Die Kaiserin klopft ans Dach, die Kutsche bleibt stehen. Ich steige aus und lege mich Ihrer Majestät zu Füßen, während sie mir zum Abschied zuwinkt.

Unsere gemeinsame Welt hat wieder zur alten Ordnung zurückgefunden. Meine eigene allerdings ist soeben ins Wanken geraten, und ich kann gar nicht genau sagen, woran das liegt. Oder doch. Ein unangenehmer Gedanke schiebt sich immer mehr in den Vordergrund, und er löst in mir so viel Unbehagen aus, dass ich ihn am liebsten verdrängen würde. Doch er ist zu stark, ich muss ihn zu Ende denken: Wüsste ich nicht genau, dass es nicht sein kann, würde ich glauben, die Kaiserin wäre tatsächlich verliebt.

Da stehe ich und blicke der kaiserlichen Kutsche nach. Ganz allein irgendwo in der Stadt. Der Wind treibt Schneeflocken in mein Gesicht, sie fühlen sich an wie Nadelstiche. Nichts daran erinnert auch nur entfernt an einen Kuss.

Kapitel 26

Irgendwo mitten in Wien

Ich sehe mich um. Wo bin ich hier nur gelandet? Die grauen Häuser im Schneegestöber kommen mir nicht bekannt vor.

Aus einem Hauseingang tritt ein altes, verhutzeltes Mütterchen, fest in ein Wolltuch gewickelt. Im dichten Schneefall wirkt es wie eine Figur aus einem Märchen.

»Entschuldigen Sie bitte«, spreche ich die Frau an. »Wo sind wir hier? Wie heißt diese Straße?«

Mich trifft ein Blick aus kleinen, überraschend wachen Augen. »Wer bist du?«, fragt die Frau.

Ich lächele verlegen. »Nun, ich bin Fanny.«

Sie legt den Kopf schräg und beäugt mich. »Soso. Die Fanny. Soso.«

Ihr Verstand scheint nicht annähernd so klar zu sein wie ihr Blick. Ich will mich schon verabschieden, da zupft sie mich am Ärmel, beugt sich vor und flüstert mir ins Ohr: »Am Fleischmarkt.« Ihr Atem riecht nach billigem Bier.

»Oh, wirklich?«, frage ich überrascht. Ganz in der Nähe des Fleischmarkts bin ich aufgewachsen, und doch habe ich hier nichts wiedererkannt.

»Jaja«, krächzt die Alte beim Weiterschlurfen. »Jaja.«

Ein kalter Windstoß wirbelt mir Schnee entgegen. Fröstelnd vergrabe ich die Hände in den Taschen meines Capes. In der rechten Manteltasche ertaste ich eine Münze. Seltsam, ich habe keine eingesteckt.

Ich ziehe das Geldstück heraus und betrachte es. Die kleine Kupfermünze sieht fremdländisch aus, so eine habe ich noch nie besessen. Sie muss der Kaiserin gehören. Ich drehe sie um. *Egy Krajczár* steht darauf. Das ist Ungarisch.

Ich schließe vor Schreck die Augen, als mir klar wird, was das bedeutet. Die Kaiserin hat nie Geld dabei. Sie muss diese Münze bei ihrem Treffen erhalten haben, vielleicht als Andenken oder Glücksbringer. Womit König Ludwig oder eines der kaiserlichen Geschwister als Grund für die heimliche Verabredung höchst unwahrscheinlich werden.

Wer war es dann? Etwa der ungarische Graf? Nein, unmöglich.

Mir wird ganz schwindelig bei diesem Gedanken. Oder vor Hunger? Ich bin seit fünf Uhr auf den Beinen, und die Mittagszeit ist längst vorbei. Benommen gehe ich weiter. Jetzt erkenne ich die auffällige Fassade der Griechenkirche, die alte Frau hat also die Wahrheit gesagt. Ganz in der Nähe habe ich als Kind gewohnt. Ich beschleunige meine Schritte. Noch etwa eine halbe Stunde, dann bin ich zu Hause.

Ein paar Straßen weiter fällt mein Blick auf ein Wirtshausschild an einem verwitterten Haus. *Weinstube Wachter* steht darauf. Oh, ist das nicht das Beisl von Minas Mann?

Zögernd bleibe ich stehen. Eigentlich wollte ich Mina schon lange besuchen, und gerade jetzt erscheint es mir tröstlich, mit ihr zu sprechen. Sie kennt die Verhältnisse bei Hofe aus eigener Erfahrung, wird nicht viele Fragen stellen und sich dennoch in mich hineinversetzen können. Außerdem bekomme ich bei ihr vielleicht etwas zu essen. Mein knurrender Magen und meine eisigen Zehen geben den Ausschlag. Ich fasse mir ein Herz und trete ein.

Mina steht zusammen mit einer Dienstmagd hinter der

Theke und entdeckt mich sofort. »Fanny!«, ruft sie mir entgegen, wechselt ein paar Worte mit dem Mädchen und kommt auf mich zu.

Ich bemerke ihren schwerfälligen Gang und beim zweiten Blick ihren auffallenden Leibesumfang. Sie erwartet eindeutig ein Kind.

»Wie schön, dass du endlich kommst, Fanny!« Mina umarmt mich. »Gib mir deinen Mantel und setz dich! Ich serviere dir eine heiße Schokolade, wie du sie selbst bei der Kaiserin nicht bekommst.«

»Das klingt herrlich!«

Kurz darauf sitzen wir an einem wunderbar warm bullernden Ofen und nippen an geblümten Tassen mit Schokolade. Mina hat nicht übertrieben, ihre Kreation schmeckt süß und würzig und sahnig und fein.

»Das tut gut«, sage ich seufzend. »Du, ich habe seit heute früh nichts gegessen. Kann ich etwas bestellen?«

Ein Wink von Mina, und schon bringt die Dienstmagd einen Teller mit Bratkartoffeln und zwei Würsteln.

»Greif zu!«, sagt Mina. »Und halte keinen Hunger zurück. Wo die herkommen, gibt es noch mehr.«

Als ich satt bin, fühle ich mich wie ein neuer Mensch. Ich lehne mich zurück und sehe mich um. Hübsche Öllampen verbreiten warmes Licht. Die Tische sind blank gescheuert. In den Regalen hinter der Theke blitzen Gläser. Die Kundschaft wirkt zufrieden und zahlungskräftig.

»Wie schön es hier ist!«, sage ich. »Alles so ordentlich und sauber. Du hast es gut getroffen. Läuft deine Zimmervermietung auch so gut?«

Ein Schatten gleitet über Minas Gesicht. »Ich habe keine. Diese Idee musste ich aufgeben, als Karl starb.«

»Was?« Ich richte mich auf. »Dein Mann ist tot?«

Mina nickt, Tränen steigen in ihre Augen.

Mir wird eiskalt vor Schreck, mein Atem stockt. Warum habe ich davon nichts erfahren? Von Susanna zum Beispiel? Vermutlich dachte sie, ich wüsste das längst. Ich nehme Minas Hand und drücke sie. »Das tut mir so leid. Möchtest du darüber sprechen?«

Sie presst kurz die Augen zu, dann sieht sie mich wieder an und nickt. »Es war ein Unfall mit einem Fuhrwerk. Im Sommer. Die Pferde sind durchgegangen, der Wagen hat Karl mitgerissen, und er ist mit dem Kopf aufs Pflaster gestürzt.«

»Ach, Mina!« Ich streichele ihre Hand und weiß nicht, was ich sagen soll. Was können Wörter gegen so viel Trauer schon ausrichten?

»Das Kind wird seinen Vater nie kennenlernen«, flüstert sie.

Ein Schauder läuft über meinen Rücken. »Aber seine wundervolle Mutter«, sage ich dennoch mit fester Stimme.

Mina strafft die Schultern. »Ja, du hast recht. Das sage ich mir auch jeden Tag. Ich werde dieses Kind allein großziehen, so wahr mir Gott helfe. Und ich werde ihm von seinem Vater erzählen. Jeden Tag werde ich das tun, denn er war ein wundervoller Mann.«

»Du schaffst das!«, sage ich, obgleich mir bei ihren Worten ganz elend zumute wird. »Zum Glück hast du die Wirtsstube. Hier bist du niemandem unterstellt, hier hast du das Sagen. Und an diesem Ort herrscht dein guter Geist, das spürt man schon beim Hereinkommen. Wenn eine das schafft, dann du.«

Mina nickt, dann blickt sie mich forschend an. »Und du? Wie geht es dir?«

»Gut«, sage ich. »Es hat sich nicht viel geändert. Bei Hofe ist alles noch so, wie du es kennst.«

Jetzt ist es Mina, die meine Hand drückt. »Brauchst mir nichts zu erzählen«, sagt sie leise. »Susanna kommt jede Woche vorbei und hält mich auf dem Laufenden.«

Ich seufze. »Dann weißt du …?«

»Von dem ungarischen Fräulein?«, fragt Mina. »Ja, natürlich. Auch von Rudolf und Gondrecourt. Und vom Kaiser, der das Ehebett nicht mehr aufsuchen darf, seit der Kronprinz zum Soldaten erzogen werden soll.«

»Dann weißt du mehr als ich«, sage ich steif.

»Ob es wohl wahr ist, was alle erzählen?«, überlegt Mina laut.

»Was denn?« Mit schwant nichts Gutes.

»Dass die Kaiserin ein auffälliges Interesse an einem schönen ungarischen Grafen hat?«

»Davon weiß ich nichts.« Ich presse die Lippen zusammen.

Mina kraust ihre sommersprossige Nase. »Brauchst mir wirklich nichts zu erzählen«, sagt sie. »Darfst du ja gar nicht. Ich weiß ja, wie es ist.«

Wir schweigen beide.

Eine Frage schießt durch meinen Kopf. »Mina, hast du deine Kündigung jemals bereut?«

Sie lacht auf. »Erst als ich mich hier eingelebt hatte, habe ich wirklich erkannt, wie bedrückend und seelenzerfressend es war, einer Frau wie der Kaiserin zu dienen. Ich war plötzlich wie befreit.«

»Wie meinst du das?«, frage ich erstaunt. »Die Kaiserin ist doch ein guter Mensch, da bin ich sicher.«

Mina nickt. »O ja, das glaube ich auch.« Sie denkt nach. »Es kommt mir vor, als hätte ihr eine gute Fee zur Geburt lauter wundervolle Eigenschaften geschenkt. Schönheit, Liebreiz, Güte, Anmut und gleichzeitig auch Geist und Witz, Klugheit, Scharfsinn und ein gutes Herz. Und als wäre dann eine böse Fee gekommen und hätte gesagt: Nichts davon wird dir je nützen, all dies wird dir nur Leid schaffen.«

Ich seufze tief. »Ich weiß, was du meinst. Das Herz wird einem bei der Arbeit oft schwer, und man versteht selbst kaum warum.«

Mina sieht mich mitfühlend an. »Ja, genau. Man muss das Leid der Kaiserin mit ansehen und fragt sich doch ständig, was der Grund dafür ist. Und man hat keine Möglichkeit, es zu lindern. Ich konnte das schon als Kammermädchen schwer ertragen. Wie muss es dir da erst gehen? Du bist ja tagtäglich viele Stunden mit ihr zusammen.«

Bei Minas Worten bekomme ich eine Gänsehaut. »Ja, man taucht in ihrer Nähe in eine große Dunkelheit ein. Ich konzentriere mich dann auf ihre guten Eigenschaften und versuche, ihren Kummer nicht zu meinem eigenen zu machen.«

Mina nickt. »Das ist gut. Aber ich konnte es nicht.« Nachdenklich sieht sie mich an. »Du hast eben gefragt, ob ich die Kündigung bereue. Nein, das tue ich nicht. Es gibt nur eine einzige Sache, die ich anders machen würde, wenn ich mein Leben noch einmal leben dürfte: Ich würde Karl viel früher heiraten.«

Ich lege meine Hand auf ihre. »Du liebst ihn und hättest gern mehr Zeit mit ihm gehabt, nicht wahr?«

Mina wiegt nachdenklich den Kopf. »Ja. Das auch. Aber ich meinte noch etwas anderes. Weißt du …« Sie hält nachdenklich inne.

Ich beuge mich vor. »Ja?«

»Vor meiner Kündigung habe ich das Leben der Kaiserin mitgelebt. Ein Leben voller Luxus und Glanz. Aber auch mit viel fremder Trauer.« Sie legt sanft die Hand auf ihren Bauch. »Mein neues Leben ist in vielerlei Hinsicht schwerer. Aber es ist meins. Im Guten wie im Schlechten. In Gesundheit und Krankheit. Und auch in der Trauer um Karl.«

Liebevoll sehe ich sie an. »Ich verstehe, was du meinst. Und ich danke dir für deine offenen Worte.«

Wir lächeln uns an. Jetzt sind wir doch noch Freundinnen geworden.

Ich erhebe mich. »Leider muss ich jetzt los, es wird schon bald dunkel.«

Mina nickt. »Komm bald wieder, ja?«

Ich lächele sie an. »Ganz bestimmt!«

Eine Bezahlung für die Mahlzeit will sie nicht annehmen.

Ich danke ihr noch einmal für alles und trete zutiefst nachdenklich den Heimweg an.

Kapitel 27

Spittelberg, Burggasse 9

Ich wälze mich schlaflos im Bett. Lauter Bilder kreisen durch meinen Kopf. Die Kaiserin in meinem roten Cape, wie sie in den Hofknicks sinkt. Die kleine ungarische Kupfermünze. Die Fotografie von Graf Gyula Andrássy mit den glühenden Augen und der platt gedrückten Pudelfrisur. Ein Schild mit seinem Namen an einem Galgen. Idas rote Wangen, wenn sie genau diesen Namen hört.

Auch den Fleischmarkt sehe ich vor mir. Die Straßen, in denen Berti und ich als Kinder gespielt haben. Barfuß. Schmutzig. Ständig so hungrig, wie ich es heute nach langer Zeit ausgerechnet dort erstmals wieder war.

Und dann taucht Mina in meinen Gedanken auf. Ihre runde Gestalt. Ihre Trauer. Aber auch ihr Lächeln, das Stärke und Ruhe ausstrahlt.

Und schließlich schiebt sich das lachende Gesicht von Hugo Feifalik in den Vordergrund.

Jetzt bin ich endgültig wach. Ruckartig richte ich mich auf, taste nach den Zündhölzern und zünde die Kerze auf meinem Nachttisch an. Als ich im Lichtschein die Konturen meines Schranks und meines Tischs erkenne, werde ich ruhiger.

Doch kaum haben sich meine Augen an das Licht gewöhnt, hallen Wörter und Sätze in meinen Gedanken wider. *Die*

Schneeflocken sind wie ein sanfter Kuss. Und: *Warum haben Sie seine Nähe nicht gesucht?* Aber vor allem ein bestimmter Satz taucht immer wieder auf. Mina hat ihn gesagt, und jetzt, mitten in der Nacht, dröhnt er förmlich in meinen Ohren: *Das Kind wird seinen Vater nie kennenlernen.* Diese Worte lassen mein Herz zu einem Eisklumpen gefrieren.

So geht das nicht. Ich erhebe mich und gehe in die Küche. Ich muss etwas tun.

Kurz darauf sitze ich im Nachthemd und in einen Wollschal gehüllt in der Küche und poliere ein silbernes Kaffeekännchen. Vater hat es Mutter zum Geburtstag geschenkt, und es ist ihr ganzer Stolz. Doch der Deckel ist inzwischen schwärzlich angelaufen, und darin sehe ich genau die Aufgabe, die ich jetzt brauche. Das Schwarze muss weg. Ich möchte irgendetwas auf dieser Welt in Ordnung bringen, und wenn es nur dieses Kännchen ist.

Ich tunke meinen Lappen in ein Schälchen mit Schlämmkreide und entferne einen Fleck von der silbernen Rose, die dem Deckel als Griff dient. Glänzen soll sie, verflixt, und zwar sofort.

Wenig später ist der Deckel wieder blank. Ich drehe das Kännchen in der Hand, spiegele mich darin und wundere mich wie so oft, dass wir heutzutage so schöne und wertvolle Dinge besitzen.

Damals, als wir am Fleischmarkt lebten, Mutter, Berti und ich, hatten wir weder Silber noch Kännchen noch Kaffee. Mutter trank am Sonntag manchmal einen Sud aus Zichorie, den sie in einem zerbeulten Blechtopf zubereitete. Bertis und meine größten Schätze waren rote Schuhe aus Holz, mit denen wir auch im Winter in die Schule gehen konnten. Bevor wir sie besaßen, mussten wir bei Schnee und Eis nämlich zu Hause bleiben, weil wir in Strohpantoffeln den Weg nicht bezwingen konnten.

Später besaßen Berti und ich dann sogar etwas, worum uns alle Kinder in der Straße beneideten, wir fühlten uns reich. Mutter hatte uns einen lebendigen Igel mitgebracht. Der Schuster hatte ihn im Hinterhof gefunden, und Mutter tauschte ihn gegen ein bisschen Brot ein. Nicht als Spielzeug für uns, sondern gegen die Kakerlakenplage in unserem Haus. Er durfte tagsüber in der untersten Kommodenschublade schlafen, sie war ohnehin leer, nachts lief er in unserer Stube herum und fraß mit lautem Schmatzen die ekelhaften Krabbeltiere, vor denen wir uns fürchteten. Sie bissen uns zwar niemals, aber sie raschelten nachts beim Umherhuschen und knackten schauderhaft, wenn man eine zertrat. Dass der Igel Flöhe mitbrachte, war uns egal, die hatten wir ohnehin.

Ich sehe Berti vor mir, wie sie in ihrem geflickten grauen Kinderkittel auf dem rauen Holzboden vor der Schublade sitzt und voller Besitzerstolz unseren Igel betrachtet. Und plötzlich werden meine Gedanken ganz klar.

Auf einmal weiß ich, was sie so durcheinandergewirbelt hat, und begreife, was ich dagegen tun kann. Und muss.

Das Kind wird seinen Vater nie kennenlernen. Mit diesem Satz hat Mina meine Erinnerung wachgerufen. Die panische Angst meiner Kindheit, die mich nachts oft befiel, wenn Mutter bei einer Entbindung war. Wenn wir Mutter auch noch verlieren und elternlos zurückbleiben würden, wären wir verloren, das war Berti und mir klar. Und so lagen wir nachts im Bett, lauschten dem Schmatzen des Igels und beteten leise, dass Mutter nichts geschehen möge. Ich habe mich als Kind oft so grauenhaft schutzlos und ausgeliefert gefühlt, dass ich kaum atmen konnte. Und diese Angst geht nicht mehr weg. Selbst als Mutter Benedikt

Angerer geheiratet hatte und wir nachts nicht mehr allein waren, ist sie geblieben. Nun hatte ich Angst, beide Eltern zu verlieren, und Berti gleich mit. Ich habe das niemandem gesagt, aber dieses Gefühl war immer unterschwellig da. Sicher fühle ich mich erst, seit ich fest im Leben stehe und für mich selbst sorgen kann.

Als ich jetzt und hier in der warmen Küche meinen Gefühlen auf den Grund gehe, wird mir klar, was Mina und mich ganz grundlegend unterscheidet: Sie hat ihr eigenes Leben nach der Kündigung bei der Kaiserin gefunden. Mein Leben aber ist die Arbeit bei Ihrer Majestät.

Ich brauche kein Silberkännchen und auch keinen Kaffee, keine schönen Kleider und keinen Schmuck. Selbst auf die Huldigungen und Lobhudeleien, die mir als Friseurin der Kaiserin entgegengebracht werden, kann ich gut und gern verzichten. Aber die Sicherheit, die ich durch meine Anstellung habe, will ich nie mehr missen. Wer bei Hofe arbeitet, um den kümmert sich der Hof ein Leben lang, was auch immer passiert. Mehr Sicherheit kann ein Mensch nicht haben. Und das ist mir wichtiger als alles andere.

Mutter und Vater werden nicht ewig leben. Berti und Johann sind ein festes Gespann, sie sollen mich nicht mitziehen müssen. Und ich will meine Sicherheit nicht für einen Mann aufgeben, der vielleicht irgendwann stirbt und mich mit Kindern zurücklässt. Ich brauche die Gewissheit, dass ich ganz in der Gegenwart leben kann und keine Zukunftsangst haben muss. Nur mit diesem festen Boden unter den Füßen kann ich lachen, leben, Abenteuern entgegensehen und glücklich sein. Daher auch die Antwort auf die Frage der Kaiserin, warum ich die Nähe zu dem Mann, der mein Leben vielleicht hätte verändern können, nie gesucht habe. Ich habe kein Treffen initiiert, weil ich diese Veränderung fürchte.

* * *

Am nächsten Morgen fallen noch immer dicke Schneeflocken vom Himmel. Ich freue mich nicht darüber, denn die Straßen sind glatt, und der Rauch aus den Kaminen wird durch die schweren Wolken nach unten gedrückt. Er brennt in den Augen und macht das Atmen schwer.

Die Kaiserin allerdings klatscht vor Begeisterung in die Hände, als Ida die Vorhänge öffnet und die tanzenden Flocken enthüllt.

Elisabeth ist noch immer bestens gestimmt. Ihre Wangen glühen, ihre Augen leuchten, sie redet wie ein Wasserfall und lacht dabei viel. Allerdings wendet sie sich dabei nur an Ida, sie spricht Ungarisch, und das sehr schnell. Ich verstehe nur einzelne Brocken. Klar ist, dass sie Ida von einem Treffen berichtet, das offenbar zu ihrer vollsten Zufriedenheit verlaufen ist.

»Das ist wirklich ein ganz wundervoller Mensch.« Immerhin diesen Satz kann ich vollständig übersetzen. Und sogar gleich noch einen zweiten: »Wir haben gemeinsame Ziele.«

Die Kaiserin nennt keinen Namen, nicht einmal verklausuliert. Dazu ist sie viel zu vorsichtig. Doch Ida zwitschert und gurrt bei ihren Schilderungen so dermaßen glücklich, dass ich mir sicher bin, um wen es geht. Ihre Majestät hat sich bestimmt mit Graf Gyula Andrássy getroffen, nichts anderes würde das Vögelchen in solche Ekstase versetzen.

Es pocht an der Tür, und Kammerdiener Franz Koderle unterbricht die angeregte Unterhaltung der beiden. »Eure Majestät, Freifrau von Welden war eben höchstpersönlich hier. Sie gab diesen Brief ab, mit der Bitte, ihn umgehend an Eure Majestät weiterzuleiten. Es gehe darin um den Thronfolger, sagte sie, und er sei von überaus großer Wichtigkeit.«

Auf einem silbernen Tablett präsentiert er der Kaiserin ein Schreiben.

Elisabeth wirkt alarmiert, als sie das Siegel aufbricht. Beim Lesen der Zeilen weiten sich ihre Augen. »Was?«, murmelt sie. »Er bestand doch ohnehin nur aus Haut und Knochen.« Sie dreht den Briefbogen um, studiert die Zeilen, atmet zischend aus und greift sich ans Herz.

»Majestät?«, fragt Ida besorgt.

Die Kaiserin blickt auf. »Freifrau von Welden schreibt, der Thronfolger sei besorgniserregend abgemagert und zucke bei jedem Geräusch zusammen wie ein kleiner, geprügelter Hund. Und zwar, seit man ihn nachts regelmäßig alle paar Stunden mit Pistolenschüssen wecke.«

»Pistolenschüsse?«, wiederholt Ida ungläubig.

»Ja, wirklich!« Die Kaiserin schüttelt entsetzt den Kopf. »Das sind Foltermethoden für ein Kind.«

Sie ruft den Kammerdiener, der im Hintergrund wartet. »Bringen Sie dieses Schreiben sofort zum Kaiser. Sagen Sie ihm, ich möchte ihn sprechen. Am besten sofort. Und bitte berichten Sie mir umgehend, wie er reagiert hat.«

Koderle nimmt den Brief entgegen, verneigt sich und zieht sich zurück.

Es ist fast unmöglich, die Kaiserin nach diesem Zwischenfall noch zu frisieren. Sie kann kaum still sitzen, redet auf Ida ein und dreht ständig den Kopf. Der geheimnisvolle Fremde, mit dem sie sich gestern getroffen hat, ist vergessen. Es geht nur noch um ihren Sohn. Von der Distanz, die ich oft zwischen der Kaiserin und ihren Kindern beobachtet habe, ist nichts mehr zu bemerken. Hier bangt eine Mutter mit glühendem Herzen um ihr Kind.

Als Koderle zurückkehrt, springt Elisabeth auf. »Und?«

Koderle senkt den Blick. »Seine Majestät ist in einer Besprechung. Man ließ mir ausrichten, er würde den Brief zu gegebener Zeit lesen und in den kommenden Tagen beantworten.«

»Ja, aber haben Sie denn nicht gesagt, wie dringend es ist?«

»Selbstverständlich, Eure Majestät. Man ließ mir ausrichten, was dringend sei, entscheide der Kaiser selbst. Und diese Angelegenheit sei es nicht.«

»Wer ließ Ihnen das ausrichten? Der Obersthofmeister?«

»Nein, Eure Majestät. Es war Ihre Kaiserliche Hoheit, die Erzherzogin Sophie.«

Die Augen der Kaiserin verengen sich. »Was hat sie noch gesagt?«, fragt sie scharf.

Koderle tritt verlegen von einem Fuß auf den anderen. »Nun, die Erzherzogin sagte, der Kaiser sei selbst ebenso erzogen worden, und es habe ihm nicht geschadet.«

»O doch, es hat dem Kaiser sogar sehr geschadet!«, entgegnet die Kaiserin scharf. »Nur deshalb ist sein Herz hart wie Stein.« Sie versinkt kurz in ihren Gedanken, dann sieht sie den Kammerdiener an. »Ich danke Ihnen«, sagt sie leise. »Mehr konnten Sie nicht tun. Und ich auch nicht. Das letzte Wort hat der Kaiser.«

Franz Koderle verbeugt sich zerknirscht und zieht sich zurück.

Als die Tür ins Schloss gefallen ist, herrscht drückende Stille im Frisierzimmer. Die Kaiserin ist wieder in ihre Gedanken vertieft. Dabei ballt sie die Fäuste und kaut auf ihrer Unterlippe. Ida und ich wagen kaum zu atmen.

Bisher dachte ich, Elisabeth könnte bei der Erziehung ihrer Kinder mitreden. Heute habe ich gelernt, dass in der kaiserlichen Familie alle Macht beim Kaiser liegt. Und er teilt sie offenbar allenfalls mit seiner Mutter.

* * *

Erst einige Tage später ist die Kaiserin wieder ruhiger. Sie konnte in einer Unterredung mit dem Kaiser immerhin erreichen, dass die nächtlichen Pistolenschüsse im Zimmer des Kronprinzen aufhören. Rudolf darf jetzt nachts durchschlafen, und Elisabeth hofft, dass er auch wieder Nahrung zu sich nimmt. Das arme Kind!

Ich werfe einen letzten prüfenden Blick auf die Frisur Ihrer Majestät und trete zufrieden zurück. Sie trägt heute einen schlichten Haarkranz mit einem einzigen Stern, denn vor ihr liegt ein ruhiger Tag, ganz ohne Audienzen. Aber gerade die Schlichtheit meines Flechtwerks unterstreicht die Schönheit Ihrer Majestät auf besondere Weise. Sie sieht derzeit bezaubernd aus, und vielleicht hat auch das den Kaiser milde gestimmt. Ich jedenfalls könnte ihr nur schwer etwas abschlagen, wenn sie lächelt wie jetzt.

Kapitel 28

Anfang Dezember
Spittelberg, Burggasse

Meine neue Wohnung ist schon bezugsfertig eingerichtet, wenn auch noch viel fehlt. Immerhin habe ich ein Bett und einen Schrank, in der Küche stehen seit gestern ein Tisch, ein Stuhl sowie ein nagelneuer Herd, und heute kaufe ich mir ein Klavier! Es soll in der Stube einen Ehrenplatz bekommen, und dann lerne ich, wie man darauf spielt.

Der Wind treibt mir körnigen Schnee entgegen, als ich das Haus verlasse. Ich senke den Kopf und gehe schneller. Dabei übersehe ich einen Passanten, der aus einer Seitenstraße kommt, und pralle mit voller Wucht gegen ihn.

»Verzeihung!« Ich reibe mir die Stirn, sie hatte Kontakt mit einem sehr harten Mantelknopf.

»Fräulein Angerer?«, fragt der Mann. »Sind Sie das?«

Ich blicke auf. Vor mir steht Hugo Feifalik.

»Oh, was machen Sie denn hier?«, frage ich wenig geistreich.

»Ich wollte zum Friseur«, sagt er. »Aber jetzt habe ich es mir anders überlegt.« Er strahlt mich an. »Nun begleite ich Sie ein Stück.«

Seit ich seine Einladung abgelehnt habe, haben wir nichts mehr voneinander gehört. Und dies ist der falsche Zeitpunkt für ein klärendes Gespräch. Dafür brauche ich einen freien Kopf.

»Nein danke, das ist nicht nötig«, antworte ich entschieden. »Huch!« Meine Füße haben sich auf dem Schnee selbstständig gemacht, Feifalik kann mich gerade noch auffangen.

Er reicht mir den Arm. »Kommen Sie, es ist glatt, und meine Sohlen sind besser als Ihre. Wohin gehen wir?«

Ich seufze. »In die Rauhensteingasse. Ich möchte ein Klavier kaufen.«

»Oh, was für ein schönes Vorhaben! Und sogar eins, für das ich der ideale Begleiter bin. Ich verstehe nämlich etwas von Klavieren. Stellen Sie sich vor, manche Menschen kaufen sie nur nach dem Aussehen. Sie sollen zu ihrer Einrichtung passen. Also, Leute gibt es!«

Ich sage nichts. Bis eben wollte ich nämlich ein Klavier aus Walnussholz, weil das so gut zu meinem neuen Tisch passen würde.

Feifalik blickt mich kurz an, dann wechselt er rasch das Thema. »Aber Fräulein Angerer!« Tadelnd betrachtet er meine nackte Hand, die auf seinem Mantelärmel liegt. »Kennen Sie denn nicht die beiden wichtigsten Regeln für Schneetage?«

Ich blicke zu ihm auf, er sieht zu mir herab. Eine Schneeflocke hat sich in seinen Wimpern verfangen.

»Nein«, sage ich. »Welche sind das?«

Feifalik hebt den Daumen, er steckt in einem Handschuh aus feinem Leder. »Erstens, immer Handschuhe tragen.« Er streift seine ab und reicht sie mir.

»Nein, ich …«

»Keine Widerrede!«, sagt er streng.

Ich ziehe die Handschuhe über, sie sind viel zu groß, aber er hat sie angenehm vorgewärmt.

»Und die zweite Regel?«, frage ich.

»Zweitens.« Hugo Feifalik streckt den Zeigefinger, der jetzt genauso nackt und bloß ist wie der Daumen. »Niemals gelben Schnee essen.«

Lachend blicke ich zu ihm auf. »Sie sind ein komischer Vogel, wissen Sie das?«

Er sieht mich erstaunt an. »Nein, das höre ich zum ersten Mal.«

»Vielleicht ist es wirklich nicht schlecht, wenn Sie mitkommen«, überlege ich laut. »Ich kenne mich mit Klavieren nicht aus und könnte ein geübtes Ohr gebrauchen.«

»Und ich habe sogar zwei davon!«, sagt Feifalik vergnügt.

Beim Weitergehen erzählt er mir lauter seltsame Episoden, die er heute in seinem Bankhaus erlebt haben will. Sie sind so bizarr, dass ich ihm kein einziges Wort glaube. Aber lachen muss ich dennoch. Und inzwischen freue ich mich über seine Begleitung.

Das Klaviermagazin von Theodor Fuchs befindet sich in der Rauhensteingasse 8. Eine historisch bedeutsame Adresse, wie ein Schild neben der Tür verrät:

An dieser Stelle stand bis 1848 das Haus, in welchem Mozart am 5. Dezember 1791 gestorben ist.

»Interessant«, stellt Hugo Feifalik fest. »Das war ja auf den Tag genau vor dreiundsiebzig Jahren. Wenn das kein Zeichen des Schicksals ist.«

»Ja.« Ich runzele die Stirn. »Aber ein Zeichen wofür? Immerhin *starb* Mozart hier. Das kann nichts Gutes bedeuten.«

»Aber er komponierte hier auch *Die Zauberflöte*«, gibt Feifalik zu bedenken. »Das könnte die Sache geraderücken.«

»Einigen wir uns doch einfach darauf, dass es interessant ist, auf demselben Boden zu stehen, auf dem schon Mozart stand«, schlage ich vor.

Feifalik öffnet mir schwungvoll die Tür.

Der ganze große Raum ist mit Klavieren aller Art vollgestellt. Ich sehe große und kleine Flügel, hohe und niedrige Klaviere und zierliche Pianinos. Manche sind schwarz, manche weiß lackiert, manche braun.

Ein stark pomadisierter älterer Herr im schwarzen Anzug mit weißen Handschuhen kommt auf uns zu, vermutlich der Inhaber Theodor Fuchs persönlich, dessen Annonce ich in der Zeitung entdeckt habe. Dort schrieb er, in seinem Etablissement gebe es mehr als einhundert Instrumente, und alle Preise seien *bei der Vorzüglichkeit dieser Instrumente von nirgends vorkömmlicher Billigkeit.* Eine Formulierung, die ich so possierlich fand, dass ich sein Geschäft ausgewählt habe. Aber wie gehe ich vor, um mich für eins dieser hundert Instrumente zu entscheiden, wenn die Farbe keine Rolle spielen darf? Ich habe keine Ahnung und bin dankbar, als Hugo Feifalik die Initiative ergreift.

»Guten Tag«, sagt er. »Wir suchen ein Instrument für die junge Dame.«

»Soll es ein Flügel oder ein Piano sein?«

Feifalik sieht mich fragend an.

»Ein Piano, bitte«, sage ich. »Für einen Flügel habe ich zu wenig Platz.«

»Bitte hier entlang«, sagt Herr Fuchs.

Wir folgen ihm.

»Dieses Instrument wird sehr gern gekauft.« Er zeigt auf ein wunderschönes kleines Pianino aus poliertem Nussbaumholz. »Es ist nicht ganz billig, überzeugt aber optisch und klanglich.«

Fuchs klappt das Instrument auf und spielt eine Tonleiter. Sie klingt, wie Töne auf dem Klavier eben klingen. Alles scheint in bester Ordnung zu sein.

»Es ist sehr schön«, sage ich vorsichtig. »Was kostet es denn?«

»Dürfte ich es zunächst ausprobieren?«, fragt Hugo Feifalik.

Fuchs verbeugt sich. »Selbstverständlich.«

Mein Begleiter nimmt seinen Zylinder ab und reicht ihn mir. Dann setzt er sich auf den Klavierhocker und schlägt einen Akkord an. Ich finde den Klang noch immer schön.

Jetzt geraten die Finger auf den Tasten in Bewegung, Hugo Feifalik spielt ein Menuett. Es klingt hübsch. Ich wusste gar nicht, dass er das kann. Aber plötzlich bricht er sein Spiel mitten in einem perlenden Lauf ab.

»Nein, die Obertöne dieses Instruments schwingen nicht gut mit, und es hat insgesamt einen metallischen Klang«, konstatiert Feifalik.

Oh, davon habe ich gar nichts bemerkt.

»Zeigen Sie uns ein anderes«, verlangt Feifalik knapp.

Theodor Fuchs führt uns zu einem schwarzen Pianino. Feifalik spielt diesmal einen Walzer.

»Nein«, sagt er, als er sich erhebt. »Die Tasten reagieren verzögert, und es klingt dumpf.«

Herr Fuchs tupft sich mit einem Taschentuch die Stirn ab, dabei ist es in seinem Geschäft nun wirklich nicht übertrieben warm.

Feifalik lässt drei weitere Klaviere erklingen, aber keins gefällt ihm. So langsam gebe ich die Hoffnung auf, hier fündig zu werden, und Herr Fuchs scheint das ähnlich zu sehen.

»Nun«, sage ich, »vielleicht sollten wir dann …«

Feifalik unterbricht mich. »Lassen Sie uns noch einmal das erste ausprobieren.« Er geht zu dem Nussbaumklavier zurück, setzt sich auf den Hocker und spielt ein paar Takte. Dabei mustert er aufmerksam mein Gesicht.

»Schön ist es ja«, sage ich zögernd. »Und übertrieben metallisch klingt es eigentlich nicht.«

»Aber der Anschlag ist doch sehr hart für diesen Preis«, behauptet Feifalik.

»Wir kennen den Preis noch gar nicht«, wende ich ein.

Erwartungsvoll blicken wir zu Theodor Fuchs, der nervös die weiß behandschuhten Hände ringt. »Zweihundert ... nein, einhundertsiebzig Gulden«, sagt er. »Weil Sie es sind!«

»Was?«, fragt Hugo Feifalik. »So viel für ein so kleines Instrument?« Er greift in die Tasten und spielt einen Trauermarsch.

»Ich könnte es Ihnen für einhundertsechzig überlassen«, sagt Theodor Fuchs.

Hugo Feifalik blickt zu mir auf. »Einhundertfünfzig inklusive Hocker und Lieferung wäre ein angemessener Preis«, sagt er.

Ich sehe den Verkäufer an. »Bekomme ich es dafür?«

Fuchs knetet wieder seine Hände. »Nun gut«, räumt er ein, »weil Sie so eine reizende Person sind.«

Ich streife Feifaliks Handschuh ab und reiche dem Mann die Hand. »Dann sind wir uns einig.«

Er schlägt ein, und als Reaktion darauf lässt Hugo Feifalik seine Finger förmlich über die Tasten galoppieren. Er spielt jetzt eine Melodie, die ich nur allzu gut kenne. Die Tritsch-Tratsch-Polka von Johann Strauß.

»Ich bin Ihnen sehr dankbar«, sage ich, als wir alle Formalitäten erledigt haben und vor dem Laden auf der Straße stehen. »Das ist ein wunderschönes Instrument. Es wird hervorragend zu meinen Möbeln passen.«

Feifalik lächelt. »Es hat auch einen wundervollen Klang.«

»Nicht metallisch und hart?«

Sein Lächeln vertieft sich. »Nein, gar nicht.«

Ich lege den Kopf schräg. »Ich wusste gar nicht, dass Sie so gut Klavier spielen können.«

Er grinst. »Oh, ich mache auch hervorragende Schnittlauchbrote. Sie könnten mit mir ausgesprochen glücklich werden.«

Ich gebe ihm mit seinem eigenen Handschuh einen Klaps auf den Arm. »Sie sind ein hervorragender Geschäftsmann«, sage ich, um das Thema in weniger gefährliche Gefilde zu lenken. »Haben Sie sich schon immer für Handel und Geld interessiert?«

Wir setzen uns in Bewegung, denn es ist kalt.

»Nein«, antwortet Hugo Feifalik. »Begonnen habe ich als Setzer in einer Druckerei in Mähren.«

»Ach, interessant. Das ist ja etwas ganz anderes.«

Er wiegt den Kopf. »Ja und nein. Beide Berufe haben etwas gemeinsam, das mir wichtig ist. Man schafft Ordnung. In der Setzerei ordnet man Buchstaben, bei Bankgeschäften Zahlen.«

»Ich hätte nicht erwartet, dass Ordnung Sie interessiert. Sie wirken so ...« Ich stocke.

Er grinst. »Chaotisch?«

Ich nicke verlegen.

Feifalik wirkt zum Glück nicht gekränkt. »Ich erkläre es Ihnen gern. Passen Sie auf: Ich habe zwei Seiten und ...«

»Nur zwei?«, unterbreche ich ihn.

»Ja, sicher. Ich bin ein Mann.«

»Welche beiden sind das?«

»Eine ordentliche und eine chaotische. Alles zu seiner Zeit. Ohne Ordnung geht auf dieser Welt gar nichts, und es macht mir Freude, sie zu schaffen. Also ordne ich alles, was mir in die Finger kommt. Meine Bücher sind nach Farbe und Größe sortiert. Meine Hemden nach Anschaffungsdatum. Meine Briefbeschwerer nach Gewicht. Und wenn ich es mir abends so richtig schön machen will, lege ich aus bunten Glassteinen ein Mosaik.«

»Oha!«, sage ich. »Das hätte ich nicht gedacht.«

»Weil Sie bis jetzt nur meine andere Seite kennen. Die chaotische und spontane. Wissen Sie, Ordnung ist wirklich wichtig, aber wir können unser Leben sortieren, soviel wir wollen, wir wissen doch nie, was im nächsten Moment geschieht. Werden wir morgen noch leben? Oder tot sein? Arm oder reich? Glücklich oder traurig? Wir wissen es nicht. Da vorn an der Ecke könnten wir überfallen oder erschlagen werden. Jetzt in diesem Moment könnte das Haus abbrennen, in dem wir wohnen, mit all unserem Hab und Gut. Und dennoch plaudern wir hier fröhlich und unbeschwert. Und so soll es auch sein. Das Leben ist wie ein Tanz auf dem Vulkan. Wer Angst davor hat, muss in jeder Lebensminute zittern und läuft Gefahr, ein banger Kleingeist zu werden, der jede Form von Freiheit hasst. Besser ist es, das Chaos nicht zu fürchten und den Tanz auf dem Vulkan zu genießen.«

»Ist Ihre chaotische Seite dann nur ein anderes Wort für Mut?«, will ich wissen.

Er runzelt die Stirn. »So weit will ich nicht gehen. Das Wort Gelassenheit kommt der Sache näher.«

»Hugo!«, ruft plötzlich eine Frauenstimme hinter uns.

Wir bleiben stehen und drehen uns um. Eine junge Frau winkt und kommt auf uns zu. Sie ist ungefähr so alt wie ich, eine kleine Pelzmütze sitzt schräg auf ihrer eleganten Frisur. Interessant. Ich wusste nicht, dass so etwas derzeit in Mode ist. Aber es sieht hübsch aus, das merke ich mir für die Kaiserin.

Als die junge Frau uns erreicht hat, gibt sie uns beiden die Hand. »Ich bin Katharina Auerling, eine Bekannte der Familie Feifalik«, sagt sie zu mir. Dann wendet sie sich an Hugo: »Ich habe jetzt erst von Julius gehört. Es tut mir so leid!«

Er nickt. »Wir reden ein andermal darüber. Jetzt müssen wir leider weiter. Fräulein Angerer hat einen Termin bei der Bank.«

Sie drückt seinen Arm. »Ja, das tun wir. Komm mich bald besuchen, ich erwarte dich!«

Wir verabschieden uns.

»Sie haben ja gelogen!«, flüstere ich.

»Aus reiner Notwehr«, raunt Feifalik mir zu. »Sie ist eine ganz furchtbare Person.«

»Darf ich etwas fragen?«, sage ich, als wir außer Hörweite sind.

Feifaliks Augen verdunkeln sich. »Sie wollen wissen, wer Julius ist«, vermutet er.

Ich nicke.

»Mein Bruder, ein Jahr älter als ich. Er ist vorletzten Sommer an Tuberkulose gestorben. Und damit war nicht zu rechnen. Man kann die wichtigsten Dinge im Leben eben leider niemals voraussehen.« Er bleibt stehen und breitet die Arme aus. »So, Fräulein Angerer, jetzt kennen Sie die beiden Seiten des Hugo Feifalik.«

Ich kenne noch eine dritte, denke ich, denn ich habe eben seinen Blick gesehen, als er über den Tod seines Bruders gesprochen hat. Er war voller Trauer und Liebe.

»Vielen Dank für die interessanten Einblicke«, sage ich. Und weil ich spüre, dass er gern wieder fröhlich sein möchte, baue ich ihm eine Brücke. »Erzählen Sie mir von Ihrer Feier im Hotel Wandl.«

»Sie war sehr nett!«, sagt er. »Und sehr feierlich. Das Essen war gut, die Gesellschaft illuster, der Champagner perlte, und meine Mutter war stolz.«

»Nett«, wiederhole ich. »Das sagt ja viel aus.«

Er nickt. »Ja, irgendetwas fehlte.«

Oha, wir nähern uns schon wieder gefährlichen Gefilden. Mittlerweile sind wir im Volksgarten angekommen, und mein

Gespür sagt mir, dass wir jetzt ganz schnell das Thema wechseln sollten. »Sie wohnen in der Margaretenstraße, nicht wahr? Dann trennen sich unsere Wege hier«, sage ich hastig. »Ich danke Ihnen für Ihre Hilfe. Auf Wiedersehen!«

Feifalik schüttelt den Kopf. »Nein, ich kann Sie noch bis nach Hause begleiten. Ich wollte doch zum Friseur.«

Nun gut, dieser Plan ist nicht aufgegangen. Schweigend schreiten wir durch den frisch gefallenen Schnee im Park.

Plötzlich bleibt Hugo Feifalik stehen. »Oh!«

»Was ist?« Ich blicke mich um, nirgends ist etwas Ungewöhnliches zu sehen.

Feifalik hat nur Augen für mich. Sie wirken in der weißen Umgebung geradezu leuchtend blau. Auf seinem Zylinder hat sich ein Häufchen Schnee angesammelt. »In mir reichen sich gerade die beiden so unterschiedlichen Seiten die Hand«, sagt er. »Die eine ruft mir zu: Schaffe Ordnung in deinem Leben! Die andere nickt zustimmend und sagt: Hab keine Angst, wenn dadurch zunächst heilsames Chaos entsteht!«

Ich weiche seinem Blick aus, weil er auf einmal so erschreckend intensiv ist. »Darüber können Sie ja später mit den beiden diskutieren«, sage ich rasch. »Jetzt und hier ist es doch recht kühl.«

Ich will ihn weiterziehen, doch er bleibt einfach stehen.

Und dann nimmt er auf einmal mit einem feinen Lächeln den Zylinder vom Kopf und sinkt vor mir auf die Knie.

Mitten im Volksgarten.

Vor aller Augen.

Ungeachtet des Schnees.

Ich schnappe nach Luft. »Nein, nicht!« Doch ich kann ihn nicht aufhalten.

Er legt die Hand auf seine Brust. »Fräulein Angerer.« Ich

suche nach dem gewohnten Schalk in seiner Miene, doch seine Augen sind ganz dunkel vor Ernsthaftigkeit. »Könnten Sie sich vorstellen …«

»Halt, aufhören!« Ich nehme seine Hand, ziehe ihn hoch, flehe ihn an. »Kein Wort mehr, bitte nicht! Sie bringen damit nichts in Ordnung«, sage ich verzweifelt. »Und Sie stiften auch kein heilsames Chaos. Sie machen alles kaputt.«

»Auch davor sollte man sich nicht fürchten«, sagt Hugo Feifalik. »Lassen Sie mich doch wenigstens zu Ende bringen, was ich begonnen habe.«

»Nein.« Ich entreiße ihm meine Hand. »Ich will das nicht hören.«

Er blickt mich ruhig an. »Warum?«

»Weil ich ein Zebra bin«, bricht es aus mir hervor.

Er runzelt die Stirn. »Sie haben doch gar keine Streifen.«

Wider Willen muss ich lachen. »Natürlich nicht. Ich bin im übertragenen Sinne ein Zebra. Sie haben mir doch selbst davon erzählt. Zebras können keinen Karren ziehen, selbst wenn sie es wollten.«

»Sie können es nicht, selbst wenn Sie es *wollten*?«, wiederholt er ausgerechnet den unwichtigsten Aspekt meiner Aussage. »Also wollen Sie, Fräulein Angerer? Und können nicht?«

»Auf Wiedersehen!«, sage ich rasch. Denn ich kann seine Frage nicht beantworten. Etwas in mir zerreißt, zerbricht, stürzt ein, und das fühlt sich schrecklich an. Es tut richtig weh. »Oder nein, leben Sie wohl!« Ich hebe mit beiden Händen meinen Rock an und renne los.

Kapitel 29

Spittelberg, Burggasse 9
In der neuen Wohnung

Ich habe diesen Heiratsantrag nicht für möglich gehalten. Und ich habe ihn nicht gewollt. Aber ich habe es auch nicht geschafft, ihn zu verhindern. Und nun muss ich mit den Konsequenzen leben. Das heißt, ohne Hugo Feifalik.

Ich weiß, dass es sich hier nicht um eine Katastrophe handelt. Schließlich habe ich mein ganzes bisheriges Leben ohne ihn verbracht. Niemand ist in Not, krank, verletzt oder tot. Warum ist es trotzdem so schwer?

Das Klavier wird prompt geliefert. Als sich die Träger verabschiedet haben, setze ich mich auf den Schemel und schlage einen Ton an. Dann noch einen. Zuletzt spiele ich eine Tonleiter.

Das Instrument klingt wirklich schön, weich und melodisch, kein bisschen metallisch. Glücklich machen mich diese Töne allerdings nicht. Sie erinnern mich zu sehr an Hugo Feifalik, und wenn ich die Augen schließe, sehe ich in Gedanken noch immer seine schlanken, kräftigen Finger auf der Tastatur.

Seufzend öffne ich die Augen wieder und schüttele mich, als könnte ich dieses Bild damit vertreiben. Dann atme ich tief durch und reiße mich endlich zusammen.

Himmel noch mal, ich habe diesen Mann in meinem ganzen

Leben nur vier Mal gesehen! Da werde ich ja wohl in Zukunft ohne ihn auskommen können. Sobald ich die ersten Lieder spielen kann, werden mich die Klänge meines Klaviers fröhlich stimmen. So, und jetzt Schluss mit der Trübsal! Morgen suche ich mir eine Klavierlehrerin, und übermorgen fange ich wieder an zu leben. So kann es ja wohl nicht weitergehen.

Ein zaghaftes Klopfen an der Tür reißt mich aus meinen Gedanken. Es ist Staffelhubers Sepperl.

»Draußen steht deine Hofkutsche«, kräht er mir entgegen. »Du sollst dich sputen.«

»Ach herrje! Ich komme!«

Die Kaiserin bekommt hohen Besuch zum Diner, sie benötigt mich heute ein zweites Mal. Das habe ich ganz vergessen.

Ich schnappe mir mein Cape und meine Tasche und eile hinter Sepperl die Treppe hinab.

»Geht es Ihnen nicht gut?« Die Kaiserin mustert mein Gesicht im Spiegel.

»Ich bin nur ein wenig müde«, antworte ich.

Sie lässt mich nicht aus den Augen. Ich senke den Blick auf ihre Haare und stecke eine geflochtene Strähne fest.

»Ida, bitte lassen Sie Fräulein Angerer und mich einen Augenblick allein«, höre ich Ihre Majestät sagen.

Ich blicke auf. Noch immer sieht die Kaiserin mich forschend an.

Ida Ferenczy knickst und verlässt den Raum.

»Fräulein Angerer, Sie kennen mich gut, denn wir verbringen viel Zeit miteinander«, beginnt die Kaiserin.

Ich nicke.

»Aber auch ich lerne Sie dabei immer besser kennen«, fährt Elisabeth fort.

»Ja, Eure Majestät«, sage ich leise.

»Hat Ihre Trauer mit jenem Menschen zu tun, der Ihr Leben hätte verändern können?«, will die Kaiserin wissen.

»Ja, Eure Majestät.«

»Handelt es sich dabei um einen gewissen Hugo Feifalik aus Znaim in Mähren?«, forscht sie weiter.

Ich fahre auf. Woher weiß sie davon?

Sie beantwortet meine unausgesprochene Frage. »Ich habe einen Polizeibericht erhalten. Man hat den Mann überprüfen lassen.«

Ich erschrecke zutiefst. »Was? Warum?«

»Nun, ich bin die Kaiserin von Österreich, und Sie sind meine Friseurin. Sie wissen mehr über mich als die meisten anderen Menschen auf dieser Welt. Es ist keine unwichtige Frage, mit wem Sie sich treffen und was Sie dabei von sich geben. Jeder, der sich unter einem fadenscheinigen Vorwand in Ihr Leben drängt, könnte ein Spion sein.«

Ich spüre, wie sich meine Nackenmuskeln anspannen. »Ich erzähle nichts weiter!«

»*Ich* weiß das!«, sagt die Kaiserin. »Aber *andere* wissen es nicht.«

»Ich wünschte, das Leben wäre nicht so kompliziert«, sage ich heftig. »Ich wünschte, die Menschen müssten sich nicht verstellen. Und ich wünschte, ich wüsste es, wenn man mich überprüft.«

Elisabeth nickt. »Das verstehe ich gut. Und genau deswegen wissen Sie es jetzt.«

Was soll ich dazu sagen? Mir fällt nichts ein, darum schweige ich.

»Wollen Sie wissen, was die Überprüfung des Herrn Feifalik ergeben hat?«

»Nein«, sage ich entschieden. Dann halte ich inne und denke nach. »Verraten Sie mir nur eines: Ist er ein Spion?«

Die Kaiserin schüttelt den Kopf. »Es gibt keine Hinweise darauf.«

»Warum erzählen Sie mir dann davon?«

»Sie haben mir geholfen, ich möchte Ihnen helfen.«

Ich beiße die Zähne aufeinander. Es ist besser, wenn ich jetzt schweige. Am liebsten würde ich Ihre Majestät nämlich anschreien. Was daran soll um Himmels willen hilfreich sein? Dieses Wissen quält mich. Von nun an werde ich mich bei jedem Schritt fragen müssen, ob ich gerade beobachtet werde.

»Es ist immer nützlich, die Augen nicht vor der Realität zu verschließen«, sagt die Kaiserin ruhig. »Wir leben beide ein ungewöhnliches Leben, und das hat seinen Preis.«

Wer wüsste das besser als ich? »Jawohl, Eure Majestät«, flüstere ich.

Die Kaiserin blickt mich ernst an. »Wie ich Ihnen gerade vor Augen geführt habe, werden sogar Sie überwacht. Da können Sie sich vermutlich vorstellen, wie viele Augen auf mir ruhen, selbst wenn ich mich unbeobachtet fühle.«

Sie hat natürlich recht. Eine eiskalte Hand greift nach meinem Herzen, als ich überlege, welches Risiko die Kaiserin kürzlich mit ihrem geheimen Treffen im Pappelhain eingegangen ist. Sollte sie dort wirklich ein Rendezvous mit Graf Andrássy gehabt haben, hätte sie mit ein bisschen Pech einen Krieg auslösen können.

Sie scheint in dieselbe Richtung zu denken, denn jetzt erhebt sie sich. »Offenbar hat bis jetzt niemand etwas von meinem … Ausflug bemerkt, es ist nichts passiert«, raunt sie mir ins Ohr. »Und das ist nicht zuletzt Ihr Verdienst.« Sie geht zu einer Kommode, zieht eine Schublade auf und entnimmt ihr eine samtbezogene Schachtel. »Ich möchte Ihnen danken.« Sie überreicht mir das Präsent.

Als ich das Kästchen öffne, stockt mir der Atem. Auf blauem Samt liegt ein silberner Stern, der über und über mit Diamanten besetzt ist. Was für ein Wechselbad der Gefühle. Ich weiß gar nicht, was ich sagen soll.

»Ich habe ihn für Sie anfertigen lassen«, sagt die Kaiserin. »Er hat mehr Steine als meine und ist kostbarer als sie. Er soll Ihnen zeigen, wie wertvoll Sie mir sind.«

Ich kann noch immer nichts sagen, mir steigen Tränen in die Augen. Aus Dankbarkeit. Vor Wut. Aus Rührung. Vor lauter Überforderung.

Ich sinke in einen tiefen Knicks und flüstere den Satz, der immer passt: »Zu Füßen Eurer Majestät ich mich lege.« Unauffällig tupfe ich mir die Augenwinkel trocken. Zum Glück fällt mir das Sprechen jetzt leichter. »Ich danke tausend Mal. Der Stern ist wunderschön. Ich fühle mich zutiefst geehrt.«

»Es war mir ein wichtiges Anliegen«, sagt die Kaiserin. »Ich weiß, dass Sie mir viel opfern. Und so wie meine Sterne mich an meinen größten Verlust erinnern und mir gleichzeitig Kraft geben, so soll dieser Stern Sie stärken.«

Ich fröstele. Weiß sie etwa, dass ich Hugos Antrag abgelehnt habe? Meint sie das mit ihren kryptischen Worten? Haben ihre Spitzel das beobachtet? Oder spricht sie nur ganz allgemein von meinem Leben in ihrem Schatten?

»Kennen Sie das Grimmsche Märchen vom hart geschmiedeten Landgrafen?«, wechselt die Kaiserin das Thema, und ich ahne, dass ich auf meine Fragen nie eine Antwort erhalten werde.

»Nein, Eure Majestät.«

»Nun, dieser Landgraf war ein weichherziger Mann. Doch

seine Aufgabe erforderte ein hartes Durchgreifen zum Wohle seiner Untertanen. Weil er das nicht konnte, lag einiges im Argen, und die Menschen litten Not. Eines Tages verirrte sich dieser Landgraf bei der Jagd. Es dunkelte, er kämpfte sich durchs Dickicht und erreichte schmutzig und zerrissen das Haus eines Waldschmieds. Dieser gute Mann wusste nicht, welch hohen Gast er vor sich hatte, bot ihm aber dennoch ein Bett für die Nacht an. Und weil der Schmied viel Arbeit hatte, musste er trotz seines Besuchers die ganze Nacht durcharbeiten. Nun war es die Gewohnheit dieses Mannes, bei der Arbeit vor sich hin zu sprechen. Und so klagte er auch in dieser Nacht seinem Amboss sein Leid, das er dank des schwachen Regiments des Landgrafen zu erdulden hatte. Mit gewaltigen Schlägen hieb er auf das glühende Eisen ein und rief bei jedem Schlag aus: ›Landgraf, werde hart!‹« Die Kaiserin ruft diese Worte laut, und ich muss über ihr schauspielerisches Talent schmunzeln.

»Der Landgraf hörte diesen Ruf in jener Nacht wieder und wieder. Und mit jedem Mal wurde er innerlich ein bisschen härter. Als er die Schmiede am folgenden Tag verließ, war er ein anderer Mann. Er herrschte fortan mit harter Hand. Man nannte ihn den eisernen Landgrafen, und in seinem Land herrschten Wohlstand und Glück.«

Der Blick der Kaiserin ruht eine Weile auf mir. »Diese drei Worte sind es, die ich Ihnen heute neben dem Stern mitgeben will, Fräulein Angerer: Landgraf, werde hart!«

* * *

Drei Wörter helfen nicht nur, wenn man sich gegen andere wappnen will. Sie wirken auch im Kampf mit sich selbst ausgesprochen gut.

Ich rufe sie mir in Erinnerung, wann immer meine Gedanken zu Hugo Feifalik eilen wollen, und kann sie so tatsächlich aufhalten. *Landgraf, werde hart!*

Die Kaiserin murmelt sie nach einer durchwachten Nacht am Krankenbett des alten Erzherzogs Ludwig Joseph, einem entfernten Onkel des Kaisers, und kaum hat sie sie ausgesprochen, strafft sich ihr Rücken, und ihr Blick wird klar.

Landgraf, werde hart!, wiederhole ich, wenn ich an dunklen Winterabenden ganz allein in meiner neuen Wohnung sitze, Vater und Mutter vermisse und mich an meine neue Eigenständigkeit gewöhne.

Als Elisabeth aber erfährt, dass die weihnachtliche Bescherung ihrer Kinder, die sie seit Wochen liebevoll vorbereitet, wegen der Krankheit des alten Erzherzogs auf Silvester verschoben werden soll, bemüht sie den Landgrafen nicht.

»Ich beschenke meine Kinder, wann ich es will!«, sagt sie mit drohender Stimme. »Und ich will sie an Weihnachten beschenken.«

Nach einem Blick in ihre Augen habe ich keinen Zweifel daran, dass sie genau das tun wird. Mit der zunehmenden Härte gegen sich selbst wird die Kaiserin auch hart gegen andere. Und das ist wahrlich kein Fehler. Ich habe das Gefühl, dass sie langsam in ihrem Leben ankommt.

Kapitel 30

In der Burggasse

Während ich schwer bepackt die Straße entlangkeuche, gehe ich in Gedanken noch einmal meine Einkäufe durch. Im Korb über dem rechten Arm habe ich Eier, Mehl, Speck und Lampenöl. In der Tasche über der linken Schulter schleppe ich dreißig Pfund Kartoffeln.

War das alles? Ja, nur Sauerkraut habe ich nicht mehr bekommen, dafür muss ich morgen früher losgehen.

Vor Vaters Friseursalon straffe ich den Rücken und recke das Kinn, nur für den Fall, dass jemand herausschaut. Seit ich meinen eigenen Haushalt führe, habe ich viele Verpflichtungen. Das fühlt sich gut an. Es sollen ruhig alle sehen, wie selbstständig und stark ich bin.

Als ich kurz darauf durch unsere Haustüre gehe, verpufft meine Energie allerdings angesichts der steilen Treppe. Wer im obersten Stockwerk wohnt, sollte Kartoffeln vielleicht doch nicht auf Vorrat kaufen.

Ich tröste mich mit dem Gedanken an den Preisnachlass, den ich bekommen habe. Und damit, dass ich zur Körperertüchtigung zumindest keine Sportgeräte benötige wie die Kaiserin.

Mit neuem Schwung nehme ich die ersten Stufen in Angriff.

Plötzlich höre ich durchs Treppenhausfenster Lärm auf der Straße. Großen Lärm. Ein Mann brüllt mit sich überschlagender Stimme etwas, das ich nicht verstehe. Eine Peitsche knallt, ein Pferd wiehert schrill. Es muss sich in höchster Not befinden. Hufe trappeln, entfernen sich aber nicht. Wieder brüllt jemand. Hat es einen Unfall gegeben?

Nun höre ich ein klatschendes Geräusch. Das Pferd schnaubt und wiehert. Wird es geschlagen?

Dann erhebt sich eine andere Männerstimme. »Aufhören! Sofort aufhören!«

Hastig stelle ich die Einkäufe ab. Leider fällt meine Tasche dabei um, und einige Kartoffeln kullern die Stufen hinab. Es dauert eine Weile, bis ich sie wieder aufgeklaubt habe.

Währenddessen beruhigt sich der Lärm, und als ich fertig bin, höre ich draußen nur noch ein paar Stimmen. Ich beschließe, dennoch nachzusehen, was passiert ist. Vielleicht benötigt jemand Hilfe.

In großen Sprüngen eile ich die Treppe hinab und stürme durch die Haustür. Auf der Straße werde ich von einer Traube Schaulustiger ausgebremst. Ich dränge mich zwischen ihnen durch, bis ich einen etwa zwanzigjährigen Burschen mit hochrotem Kopf sehe. Er steht vor einem schrecklich mageren Pferd, dessen schweißbedeckte Flanken beben. Es lässt den Kopf hängen, seine Augen sind verklebt, die Hinterhand ist kotverkrustet. Auf dem fuchsbraunen Rücken glänzen blutige Striemen.

Man muss kein Pferdeexperte sein, um zu erkennen, dass dieses Tier krank ist und dass es gerade eben auch noch gequält wurde. Sein Anblick zerreißt mir das Herz. Auch in den Blicken der Umstehenden lese ich Entsetzen und Mitleid.

Der Bursche hat die Peitsche inzwischen zum Glück auf den Holzkarren gelegt, vor den das Pferd gespannt ist. Er löst die Gurte und befreit die arme Kreatur aus ihrem Joch.

»Wie können Sie so mit einem Lebewesen umgehen?«, fahre ich ihn an. »Ich hole jetzt die Polizei.«

»Das ist nicht notwendig«, sagt eine Männerstimme, die mir bekannt vorkommt. »Er wird das nicht wieder tun.« Hinter dem Pferd taucht Hugo Feifalik auf.

»Sie?«, frage ich fassungslos. »Was machen Sie denn hier?«

Er ist nicht nur der Letzte, den ich hier erwartet hätte, sondern auch der Letzte, den ich momentan zu sehen wünsche.

Feifalik runzelt die Stirn. »So ganz ist mir das auch noch nicht klar.« Er tritt einen Schritt zurück und betrachtet den bebenden Fuchs. »Ich glaube, ich habe gerade dieses Pferd gekauft.«

Erst jetzt fällt mir auf, dass er die Zügel des Tiers in der Hand hält. Einige Zuschauer starren uns an und tuscheln.

»Sie haben *was*?«, frage ich völlig fassungslos.

Das Pferd reibt die Schnauze an Hugo Feifaliks Jacke und hinterlässt eine Schweißspur auf dem feinen Tuch.

»Gekauft hat er es!«, ruft eine Frau. »Für teures Geld!«

»Gekauft?«, frage ich noch einmal, weil ich einfach nicht glauben kann, was ich höre. Ein Bankangestellter kauft doch kein altes, lahmes Pferd. Was soll er damit anfangen?

Der junge Bursche hat das Tier jetzt abgeschirrt. Er packt die Deichsel des Karrens, wendet und zieht das klapprige Gefährt die Straße entlang. Es ist offenbar nicht schwer. Nach ein paar Schritten gewinnt er an Tempo. Dann rennt er los, als wäre der Leibhaftige hinter ihm her, was ich ihm in diesem Moment auch herzlich gönnen würde.

Nachdenklich blickt Hugo Feifalik dem klappernden Wagen nach. »Bestimmt hat er Angst, dass ich es mir anders überlege.«

»Warum sollten Sie?«, frage ich, denn manche Situationen kann man nur mit viel Sarkasmus durchstehen. »Das war doch eine hervorragende Idee.«

Hugo Feifalik schenkt mir sein sonnigstes Lächeln. »Ja, nicht wahr? Ein Pferd kann man immer gebrauchen.«

Ich bin mir nicht sicher, ob er scherzt. Seine Augen leuchten, als er dem Pferd behutsam die Nüstern streichelt. Das Tier schnaubt und wird merklich ruhiger. Es lehnt sogar kurz die Stirn an Hugo Feifaliks Schulter.

»Weitergehen!«, rufe ich in die Runde der Gaffer. »Hier gibt es nichts mehr zu sehen. Bitte machen Sie Platz!«

Tatsächlich zerstreuen sich die Leute.

»Dieses Pferd hat vielleicht kein langes Leben mehr vor sich«, sage ich vorsichtig, als wir keine Mithörer mehr haben. »Es scheint alt. Und krank.«

Feifalik nickt. »Das stimmt. Aber sein Leben soll von nun an glücklicher verlaufen als dieser grauenhafte Tag. Ich werde ihm eine Wiese suchen, auf der es grasen kann, zusammen mit anderen Pferden.«

»Es ist Winter«, gebe ich zu bedenken. »Und wir sind in Wien.«

»Ja, das ist ein Problem«, räumt Hugo Feifalik ein.

Es sind sogar zwei. Wenn nicht noch mehr.

»Wie geht es weiter? Was machen Sie jetzt mit ihm?«, will ich wissen.

»Mit ihr«, verbessert er mich. »Es ist eine Stute. Und zu Ihrer Frage: Ich weiß es beim besten Willen nicht.« Er runzelt die Stirn. »Ich konnte einfach nicht mit ansehen, wie dieses arme Geschöpf misshandelt wurde. Ich musste es unbedingt retten. Dieser grobe Mensch wollte es bis zum Abdecker prügeln, um es gegen Fleisch einzutauschen. Und schon habe ich den Mund aufgemacht und ihm Geld angeboten. Klug war das wohl nicht.« Er krault dem Pferd die Mähne. »Tja, kommt Zeit, kommt Rat. Wir finden schon eine Lösung, nicht wahr, Rapunzel?«

»Rapunzel?«, hake ich nach.

Er lässt seine Finger durch die verfilzte Mähne gleiten. »Sie hat schönes Haar.«

Nun ja. Schönheit liegt wohl im Auge des Betrachters. Aber darum geht es jetzt nicht.

Eine warme Welle der Zuneigung überflutet mich. Sie betrifft vor allem das Pferd, aber auch ein bisschen Hugo Feifalik. Und auf einmal habe ich eine Idee.

»Ich weiß vielleicht einen Ort, wo Sie Rapunzel vorübergehend unterbringen könnten«, sage ich langsam. »Ob sie wohl ein kleines Stück gehen kann?«

»Versuchen wir es! Tragen können wir sie ja nicht.«

Feifalik setzt sich in Bewegung. Rapunzel schnaubt leise, dann folgt sie ihm mit steifen Schritten. Trotz allem, was sie eben erlebt hat, vertraut sie ihrem neuen Besitzer vorbehaltlos.

Vaters Freund Anton Eisenhut, besser bekannt als Badewaschl, wohnt unweit der Burggasse im Haus seines Bruders Otto. Und der hat das väterliche Fuhrunternehmen übernommen, einen renommierten Traditionsbetrieb. Beide Eisenhuts verstehen mehr von Pferden als jeder andere, den ich kenne.

Als wir das Pferd in ihren Hinterhof führen, blickt der Badewaschl gerade gähnend aus dem Fenster. Vermutlich hat er bis eben seinen Rausch ausgeschlafen. Bei Rapunzels Anblick schlägt er die Hände über dem Kopf zusammen.

»Jessas! Was ist das denn?«, ruft er zu uns herab.

»Ein Pferd!«, antwortet Hugo Feifalik ganz ernst. »Genauer gesagt: mein Pferd. Es braucht einen Stall. Ist hier vielleicht noch ein Plätzchen frei?«

»Jessas!«, wiederholt der Badewaschl. »Bleibt, wo ihr seid! Rührt euch nicht vom Fleck! Sonst steckt diese Schindmähre noch den ganzen Stall an.« Und dann verkündet er, dass er gleich zu uns herunterkommen wird.

»Schindmähre!«, murmelt Feifalik empört. »Er muss ein anderes Pferd meinen. Hör gar nicht hin, Rapunzel.« Aber natürlich bleiben wir gehorsam stehen und warten, bis Anton auftaucht.

Kurz darauf umrundet der Badewaschl die Fuchsstute mit gerunzelter Stirn. »Jessas«, murmelt er dabei wieder. »Das arme Vieh!«

»Sie wurde misshandelt«, berichte ich. »Herr Feifalik hat sie gerettet.«

Der Badewaschl mustert meinen Begleiter aufmerksam. Dann wendet er sich wieder dem Pferd zu. Er streicht über Rapunzels Beine und betrachtet ihre Hufe. Anschließend holt er einen Lappen aus dem Stall und wischt damit ihre verklebten Augen sauber. Er zieht ihre weichen Lippen zurück und prüft ihre Zähne. Zuletzt lässt er seine Hand ganz vorsichtig über die Rippen des mageren Tiers gleiten und seufzt abgrundtief. Als er dabei in die Nähe der Striemen kommt, zuckt Rapunzel zusammen.

Antons Schweigen macht Feifalik spürbar nervös. »Sie ist natürlich schon sehr alt«, sagt er verlegen. »Geradezu biblisch. Aber dafür ist sie doch noch ganz gut in Form, oder?«

»Alt?« Der Badewaschl schüttelt den Kopf und überprüft noch einmal die Schneidezähne des Pferdes. »Höchstens fünf oder sechs.«

»Oha, dann war das ja ein richtig guter Kauf.« Hugo Feifalik reibt sich die Hände.

Der Badewaschl bedenkt ihn mit einem langen Blick.

»Ich habe nicht viel mehr als den Schlachtpreis bezahlt«, fügt Feifalik hinzu.

Anton zieht eine Augenbraue hoch.

»Glaube ich zumindest«, murmelt Feifalik fast unhörbar.

Anton wendet sich wieder dem Pferd zu und betastet dessen Kopf. Als er die Kinnbacken erreicht, stößt Rapunzel ein Wiehern aus und weicht so stark zurück, dass sie sich fast auf die Hinterhand setzt.

»Ho!«, ruft der Badewaschl. »Hohoho!«

Tatsächlich beruhigt sich die Stute wieder.

Und dann erklärt Anton Eisenhut uns in breitem Wienerisch, dass Hugo Feifalik vielleicht wirklich einen guten Fang gemacht hat. Rapunzel ist nämlich weder krank noch alt. Sie hat nur ganz furchtbare Zahnschmerzen. Deswegen kann sie schon seit Langem nicht mehr richtig kauen und steht inzwischen kurz vor dem Hungertod. Ihr Vorbesitzer muss ein wahres Ekel gewesen sein. Und von Pferden hat er ganz gewiss nichts verstanden, sonst hätte er bemerkt, dass die junge Stute Zahnprobleme hat.

Da sie nicht ansteckend ist, darf Rapunzel vorerst hierbleiben, führt Anton weiter aus. Sollte es gelingen, ihr die schlimmen Zähne zu ziehen, kann sie sich sogar wieder vollständig erholen.

»Und was muss ich dafür tun?«, will Hugo Feifalik wissen.

Wieder trifft ihn ein langer Blick des Badewaschl. »Besser gar nichts«, sagt er. »Wir kümmern uns drum.«

Feifalik lächelt. »Das ist sehr nett. Die Unterkunft und den Zahnarzt bezahle ich selbstverständlich«, versichert er.

»Zahnarzt?«, fragt Anton Eisenhut fassungslos.

»Wir gehen dann mal«, sage ich hastig. »Und kommen morgen wieder. Danke für alles!«

»Was haben Sie eigentlich hier gemacht?«, frage ich, als wir den Hinterhof verlassen.

»Ich brauchte einen Haarschnitt«, sagt Feifalik.

Den Rückweg zur Burggasse legen wir schweigend zurück. Solange Rapunzel bei uns war, konnten wir mit Leichtigkeit alles beiseiteschieben, was uns beide betrifft. Nun steht der unglückliche Heiratsantrag wieder unverrückbar zwischen uns.

»Also dann«, sage ich, als wir vor unserem Haus stehen. »Bis morgen.«

»Vielen Dank für Ihre Hilfe«, erwidert Feifalik. »Wären Sie nicht gekommen, müsste ich Rapunzel jetzt dazu bringen, die Treppe zu meiner Wohnung zu erklimmen.«

Ich muss wider Willen lachen. Aber als ich ein kleines Funkeln in Hugos Augen entdecke, senke ich rasch den Blick.

»Vermutlich ist es besser, wenn Sie morgen allein nach dem Pferd sehen.« Ich räuspere mich, weil meine Stimme rau klingt. »Ich habe viel zu tun.«

Hugo Feifalik räuspert sich ebenfalls. Dann nickt er. »Ja, natürlich. Ich komme sehr gut zurecht.« Er zieht den Hut und neigt den Kopf. »Leben Sie wohl, Fräulein Angerer!«

Auf dem ersten Absatz der Treppe warten meine Einkäufe auf mich. Ich schleppe sie nach oben und bin froh, als ich meine Wohnung erreiche. In der Küche angelangt, stelle ich alles ab und lasse mich kraftlos auf einen Schemel fallen.

Dieser verrückte Chaot. Setzt sich auf Hüte. Isst Schnittlauchbrote. Macht Anträge. Rettet Pferde. Auf einen wie ihn kann man sich niemals verlassen, man weiß nie, was er als Nächstes tun wird. Ich wünschte, er würde endlich den Friseur wechseln. In dieser Stadt gibt es doch wahrlich genug gute Salons.

Nun muss ich mit meinen Bemühungen, ihn zu vergessen, wieder ganz von vorne anfangen. Aber ich bin sicher, kaum habe ich es geschafft, taucht er wieder auf und stellt erneut etwas Verrücktes an.

Ich seufze abgrundtief. Doch damit werde ich das Problem auch nicht los.

Kapitel 31

Hofburg, Frisierzimmer der Kaiserin

Die Kutschfahrt zur Kaiserin ist jeden Morgen von dem Gedanken bestimmt, was mich bei Hofe wohl erwarten wird, denn die Stimmung Ihrer Majestät ist zurzeit wechselhafter als das Wetter. Und da ich meist nur morgens bei ihr bin, erlebe ich die Umschwünge im Laufe des Tages nicht mit. Sie treffen mich dann am nächsten Morgen völlig unerwartet.

An diesem Vormittag Mitte Dezember ist sie bester Laune. Sie flüstert mit Ida über Andrássy und kichert dabei wie ein Backfisch. Ich glaube sogar herauszuhören, dass die beiden ein weiteres Treffen zwischen dem Grafen und der Kaiserin planen. Ich kann nur hoffen, dass ich diesmal nicht involviert sein werde.

Nicht zum ersten Mal frage ich mich, ob Ida Ferenczy bei Hofe wirklich mit offenen Karten spielt. Ich wüsste zum Beispiel gern, wie ihr Name damals auf die geheimnisvolle Liste kam, die der Kaiserin zur Auswahl ihrer Vorleserin vorgelegt wurde. Wer hat ihn daraufgesetzt? Jemand, der politischen Einfluss auf die Kaiserin nehmen wollte? Zugunsten Ungarns? Vielleicht sogar Graf Gyula Andrássy selbst? Er gilt als Casanova. Möglicherweise verfolgt er politische Motive, indem er der Kaiserin den Kopf verdreht.

Hätten das die Spione des Kaisers bemerkt? Reicht der Arm

der Staatspolizei bis in Idas Geburtsort, das kleine Städtchen Kecskemét in der ungarischen Puszta, dessen Name übersetzt so viel wie Ziegenbegegnung heißt? Lauter Fragen, auf die ich bestimmt niemals Antworten erhalten werde.

Aber momentan beschäftigen mich auch viele andere Fragen, die nichts mit der Kaiserin zu tun haben. Meine Wohnung zum Beispiel. Ich richte sie immer noch ein, und sie wird täglich behaglicher. Nur auf meinem Klavier kann ich noch immer nicht spielen.

Auch von Rapunzel höre ich viel. Der Badewaschl hält mich nämlich ständig über ihre Gesundheit auf dem Laufenden. Mit Hausmitteln und Tinkturen konnten die Eisenhut-Brüder die Entzündung des Zahnfleisches rasch lindern. Danach hat der Schmied die Zähne abgefeilt und dabei alle Kanten beseitigt, die im Maul der Stute ständig für Verletzungen gesorgt haben. Der Badewaschl hat mit seiner Vorhersage recht behalten: Seit Rapunzel wieder einigermaßen schmerzfrei kauen kann, wird sie immer kräftiger. Bestimmt ist sie bald ganz gesund.

Offenbar besucht Hugo Feifalik sein Pferd jeden Tag. Und er will es behalten. Im Sommer möchte er es aufs Land bringen, wo es auf eine Koppel kommt, zusammen mit anderen Pferden.

»Das ist ein feiner Kerl, dieser Bank-Hugo«, hat der Badewaschl gestern anerkennend gesagt. Ein größeres Kompliment gibt es für ihn nicht.

Einen Tag vor Heiligabend erfolgt bei der Kaiserin leider wieder ein Wetterwechsel. Gerade als ich sie morgens fertig frisiert habe, trifft ein Brief für sie ein. Sie liest ihn, schnaubt wütend und wirft ihn auf den Frisiertisch. Dann springt sie auf.

»Es reicht!« Im weißen Frisierumhang und mit wallendem Haar steht sie bebend vor Ida und mir. Ihr Gesicht ist weiß, ihre

Kiefermuskeln treten hervor, ihre Hände sind zu Fäusten geballt. So habe ich die Kaiserin noch nie erlebt.

»Majestät«, flüstert Ida erschrocken. »Kann ich helfen? Soll ich einen Arzt rufen?«

»Lesen Sie!«, fordert die Kaiserin sie barsch auf und zeigt auf den Brief.

Um Himmels willen, was ist passiert?

Während Fräulein Ferenczy die Zeilen überfliegt, stürmt die Kaiserin mit wütenden Schritten im Frisierzimmer auf und ab.

»Er ist von Oberst Latour von Thurmburg«, raunt das Vögelchen mir zu. Ich kenne den Mann nicht, aber seinen Namen habe ich schon oft gehört. Er ist ein Untergebener von Rudolfs Erzieher Graf Gondrecourt.

»Oh Gott!« Mir wird schwindelig. Ist Rudolf etwas passiert?

Ida Ferenczy presst die Hand aufs Herz, als sie weiterliest. »*Das* hat er getan?«, ruft sie.

»Was denn?«, frage ich nervös. Lebt der kleine Kronprinz noch?

»Latour berichtet, dass Gondrecourt das Kind ganz allein bei Dunkelheit im Lainzer Tiergarten zurückgelassen hat«, erklärt Ida. »Und dann hat er es mit Geräuschen im Gebüsch und dem Ruf ›Achtung, ein Wildschwein‹ fast zu Tode erschreckt. Nun verweigert Rudolf erneut jede Nahrung. Sein Leben ist bedroht.«

»Nein!«, rufe ich aus. »Wie grausam! Das arme Kind.«

Als die Kaiserin meine Worte hört, packt sie eine Vase und schleudert sie zu Boden. »Folter ist das! Er quält meinen Sohn. Und ich kann nichts tun.« Sie sieht Ida und mich verzweifelt an.

Ich halte ihrem Blick stand. »Doch, das können Sie«, sage ich ruhig. »Und Sie müssen es sogar.« Leise füge ich hinzu: »Sie haben mir kürzlich eine wichtige Lektion erteilt: Landgraf, werde hart!«

Die Kaiserin presst die Lippen zusammen und denkt nach. Ihre Miene spiegelt ihr inneres Ringen. Nach einer Weile nickt sie. »Sie haben recht. Es muss sein.« Sie schlägt mit der Hand auf die Klingel.

Frau von Pilat erscheint, aufgeregt flatternd wie ein Huhn. Sie hat das Klirren der Vase vermutlich im Nebenzimmer gehört.

»Lassen Sie sofort nach der Obersthofmeisterin schicken«, verlangt die Kaiserin. »Und sagen Sie ihr, sie solle Papier und Feder mitbringen.«

»Majestät?«, stammelt die Pilat verwirrt.

»Sofort!«, faucht die Kaiserin. Ich hätte nie gedacht, dass ihre feine, sanfte Stimme so scharf klingen kann.

Frau von Pilat verschwindet, und wenige Minuten später rauscht Gräfin von Königsegg zu Aulendorf mit wehenden Röcken in den Raum.

»Stellen Sie keine Fragen! Schreiben Sie!«, fordert die Kaiserin.

Die Gräfin durchbohrt Ida Ferenczy und mich mit Blicken. Wir sinken in einen Knicks, um uns gemäß der Etikette zurückzuziehen.

Doch die Kaiserin ruft uns zurück. »Sie bleiben hier. Sie können das ruhig hören. Jeder soll es hören. Vielleicht gehe ich gleich zum Fenster und schreie es hinaus. Jetzt ist Schluss. Für Gondrecourt oder für mich. Hören Sie mich? Sagen Sie das dem Kaiser. Sagen Sie es seiner Mutter. Sagen Sie es allen!«

»Majestät«, mahnt die Obersthofmeisterin.

»Kein weiteres Wort!«, fährt Elisabeth sie an. »Schreiben Sie!«

Und dann diktiert die Kaiserin von Österreich ihrer Obersthofmeisterin ein Schriftstück, das es in sich hat: »*Ich wünsche, dass mir vorbehalten bleibe unumschränkte Vollmacht in allem, was die Kinder betrifft.* Haben Sie unumschränkt? Gut, weiter!

Die Wahl ihrer Umgebung, den Ort ihres Aufenthaltes, die komplette Leitung ihrer Erziehung, mit einem Wort, alles bleibt mir ganz allein zu bestimmen, bis zum Moment der Volljährigkeit.«

»Majestät«, stammelt die kreidebleiche Gräfin ein weiteres Mal.

»Haben Sie Volljährigkeit?«

Die Gräfin nickt.

Die Kaiserin fährt fort: »*Ferner wünsche ich, dass, was immer meine persönlichen Angelegenheiten betrifft, wie unter anderem die Wahl meiner Umgebung, den Ort meines Aufenthaltes, alle Anordnungen im Haus, mir allein vorbehalten bleibt.*« Sie wirft der Obersthofmeisterin Blicke wie Dolche zu. »Haben Sie auch das?«

»Jawohl, Eure Majestät.«

»Gut.« Die Kaiserin denkt kurz nach. »Das sind die Bedingungen. Und daran lässt sich kein Buchstabe diskutieren, der Kaiser *muss* zustimmen. Andernfalls verlasse ich noch heute Wien und komme nie wieder zurück. Hören Sie? Nie!«

»Schreibe ich das auch?«, flüstert die Obersthofmeisterin völlig eingeschüchtert.

»Nein, das teilen Sie dem Kaiser mündlich mit. Und zwar jetzt. Und sagen Sie ihm, ich möchte ihn nicht sehen. Ich erwarte umgehend seine Antwort, entweder durch Sie, Gräfin, oder schriftlich. Ich kann für seine körperliche Unversehrtheit nicht garantieren, wenn er mir gegenübertreten sollte.«

Elisabeth nimmt eine weitere Vase und wirft sie gegen einen Wandspiegel.

Am nächsten Tag rechne ich mit dem Schlimmsten, als ich die Hofburg mit klopfendem Herzen betrete. Vielleicht erfahre ich gleich, dass die Kaiserin abgereist ist. Oder dass der Kaiser schneller war als sie und ihre Abreise mit ärztlicher Hilfe verhindert hat. Sie wäre nicht die erste hochgeborene Frau, deren Auflehnung gegen ihren Gemahl mit einer Einweisung in ein Sanatorium für Geisteskranke endete.

Als ich im Warteraum Platz nehme, ist Franz Koderle nicht da. Kein gutes Zeichen. Organisiert er gerade die Abreise der Kaiserin? Dann werde ich mitreisen, egal ob an einen selbst gewählten Fluchtort oder in die Irrenanstalt. Ich möchte in dieser Situation bei ihr sein. Aber was mache ich, wenn …

Nein, diese Frage möchte ich nicht zu Ende denken.

Die Glocken vor dem Fenster schlagen halb sieben. Die Türen zum Frisierzimmer sind noch immer geschlossen. Was ist da los?

Ich überlege gerade, ob ich in Susannas Küche schleichen soll, um mehr zu erfahren, da öffnet der Türhüter die weiß-goldene Flügeltür.

»Fräulein Angerer!«, höre ich die Kaiserin rufen. »Bitte kommen Sie! Sehen Sie sich das an!«

Ich raffe meinen Rock und fliege förmlich in den Raum. Aber das Frisierzimmer ist leer. Die Stimme der Kaiserin kommt aus dem Salon. Im Türrahmen baumeln ungenutzt die Ringe. Zögernd trete ich näher.

Auf dem Tisch in dem prachtvollen, rot tapezierten Salon steht eine mächtige dunkelgrüne Tanne. Ihre Spitze ist mit einem goldenen Glasengel geschmückt, an den Zweigen hängen goldene Ketten und feinstes Zuckerwerk. Unzählige Kerzen sind an dem Baum festgesteckt, doch natürlich brennen sie noch nicht. Es duftet nach Bienenwachs und Tannennadeln. Der Gabentisch darunter sieht aus wie das Schaufenster eines Spielzeuggeschäfts. Ich sehe eine prachtvolle Puppe, ein seidenes Puppenbett, winziges Teegeschirr. Außerdem eine bunt bemalte

Holzeisenbahn, ein Kegelspiel und ein großes goldverziertes Märchenbuch. Vor dem Tisch steht ein hölzernes Pferd, so groß, dass ein Sechsjähriger bequem darauf sitzen kann.

Vor dieser Pracht steht die Kaiserin in ihrem weißen Spitzenumhang und breitet die Arme aus. »Nun, was sagen Sie dazu?«, ruft sie mir entgegen.

»Wunderschön!«, antworte ich ehrlich ergriffen. »Da möchte man selbst wieder Kind sein.«

»Bitte sorgen Sie dafür, dass der Salon gut eingeheizt wird«, wendet sich die Kaiserin an Frau von Pilat. »Er soll morgen Abend warm und behaglich sein. Außerdem benötigen wir süßes Gebäck mit Vanille und Zimt. Alles soll funkeln und duften, alle sollen glücklich sein.«

Dann kommt sie lächelnd auf mich zu. »Ich habe gewonnen, Fräulein Angerer! Der Kaiser hat eingelenkt. Er hat mein Schreiben vorbehaltlos akzeptiert.«

Als ich die Kaiserin frisiere, ist sie glücklich wie ein Kind. Auch solche extremen Wetterwechsel sind bei Hofe also möglich.

Mir werden sie zunehmend unheimlich. Mal ist die Stimmung Ihrer Majestät ganz oben, mal ganz unten. Mal überschüttet sie mich mit Zuneigung und Dankbarkeit, mal erteilt sie mir eine kalte Abfuhr. Im einen Moment reicht sie mir ein Zuckerbrot, im nächsten schwingt sie die Peitsche. Mina hatte wirklich recht mit ihrer Einschätzung. Wir Bediensteten leben das Leben der Kaiserin mit und müssen aufpassen, dass wir darüber nicht unser eigenes verlieren.

Wieder schießt mir die Frage durch den Kopf, die ich seit gestern krampfhaft zu verdrängen versuche, weil sie mir Angst macht. Erst jetzt, nachdem die Gefahr vorüber ist, kann ich sie zulassen.

Was wäre aus mir geworden, wenn der Kaiser auf das Ultimatum der Kaiserin nicht reagiert hätte? Wenn sie abgereist wäre? Wenn ihre Ehe zerbrochen wäre? Wenn sie irgendwann nicht mehr die Kaiserin von Österreich gewesen wäre? Was wäre dann aus meiner vermeintlich so sicheren Stellung bei Hofe geworden?

Ich weiß es nicht. Und ich hoffe, dass ich es nie erfahren werde.

Kapitel 32

24. Dezember 1864
Burggasse 9

Ich trete zurück und betrachte mein Werk. So, nun habe auch ich einen Weihnachtsbaum. Er ist zierlich und zart. Ich habe ihn mit selbst gebastelten Papierketten geschmückt, an seiner Spitze erstrahlt ein goldgelber Strohstern. Er steht auf der Kommode in meiner guten Stube. Jawohl, in meiner *eigenen* guten Stube, direkt neben dem glänzend polierten Nussbaumklavier. Endlich ist alles fertig eingerichtet. Zur Feier des Tages habe ich die ganze Familie zu mir eingeladen. In diesem Jahr bin nämlich ich am Heiligen Abend die Gastgeberin für Mutter, Vater, Berti und Johann.

Stolz betrachte ich mein neues Reich. Alles steht oder hängt genau dort, wo ich es will. Ich habe an den Wänden der guten Stube eine zart gestreifte hellgelbe Tapete angebracht. Über dem Klavier hängt eine tickende Uhr, jede Viertelstunde ertönt ein sanfter Gong. Der Diwan ist ebenso weich wie der Teppich davor.

Neben einer Anrichte aus Nussbaumholz steht ein ovaler Tisch, umgeben von gepolsterten Stühlen mit geschwungenen Beinen. Die Tafel habe ich mit feinem weißen Porzellan gedeckt und mit Tannenzweigen und roten Äpfelchen geschmückt.

Bilder habe ich noch nicht, aber sie werden mir irgendwann

begegnen. Das hat keine Eile, ich will noch gar nicht ganz fertig eingerichtet sein. Alles soll langsam wachsen und entstehen.

Im Herd nebenan in der Küche schmort ein Weihnachtskarpfen und verbreitet würzigen Duft. Gleich kommen meine vier Gäste. Ich habe Weihnachtspunsch zubereitet, Kartenspiele bereitgelegt, Kerzen und Blei für ein Orakelspiel besorgt. Geschenke für meine Familie liegen auch bereit: eine silberne Uhr für Vater, ein schöner Füllfederhalter für Johann, weiche Schals für Mutter und Berti. Die Zeit zwischen dem Essen und der Christmette um Mitternacht wird uns gewiss nicht lang vorkommen.

* * *

Als mein Besuch sich verabschiedet hat, schließe ich mit einem glücklichen Lächeln die Tür. Was für ein zauberhafter Heiligabend das war! Alle haben meine Wohnung bewundert und meine Kochkünste gelobt. Die Stimmung bei Tisch war festlich, der Karpfen butterzart. Meine Geschenke haben allen echte Freude bereitet, und auch ich wurde reichlich beschenkt. Von Vater und Mutter habe ich ein Silberkännchen bekommen, wie Mutter es besitzt. Johann hat doch tatsächlich eine Münze mit meinem Profil angefertigt. Und Berti hat mir endlich die erhoffte Fotografie von sich selbst überreicht, in einem silbernen Rahmen. Danach haben wir gespielt und gelacht, dem Punsch wurde reichlich zugesprochen. Beim Bleigießen habe ich einen flachen Klumpen fabriziert, Berti sah darin eine Geldmünze und hielt es für eine Ankündigung von Reichtum und Wohlstand. Sie selbst hat ein Herz gegossen, und Johanns verliebte Blicke zeigten deutlich, wofür es stand. In der Christmette ging mir der Gesang der Weihnachtslieder so zu Herzen, dass ich bei *Stille Nacht* weinen musste.

Nun sitze ich allein am Tisch in meiner guten Stube, meine Uhr tickt, das Holz in meinem Ofen knackt, und ich denke an die lachenden Gesichter meiner Lieben zurück. Draußen fallen noch immer weiche Flocken, und es ist ganz still. Fast als bliebe die Welt in dieser Nacht kurz stehen, und von mir aus dürfte sie das auch gern tun. Dieser Moment könnte ewig währen.

Ein leises Klopfen an der Tür beendet ihn.

Mutter steht davor. »Bei uns wurde versehentlich etwas für dich abgegeben.« Sie reicht mir ein kleines Paket, das in braunes Papier eingeschlagen ist.

»Von wem ist das?«

Sie zuckt mit den Schultern. »Es steht kein Absender darauf. Gute Nacht, Fanny!« Sie küsst mich auf die Wange.

Dann wendet sie sich ab und tastet im dunklen Stiegenhaus nach dem Geländer. Rasch hole ich eine Kerze, um ihr Licht zu machen.

Als ich zurück in die Stube komme, drehe ich das kleine Päckchen in den Händen. Tatsächlich, nur meine Adresse steht darauf, der Absender wird verschwiegen. Die Schrift kommt mir bekannt vor, aber ich kann sie nicht einordnen.

Ich löse das Papier und wickele ein Holzkästchen aus. Ein Brief ist nicht beigelegt. Hoffentlich ist das kein schlechter Scherz.

Vorsichtig klappe ich das Kästchen auf. Darin liegen zwei Spielfigürchen auf grünem Samt. Zwei kleine Zebras aus Holz, schwarz-weiß bemalt. Im Deckel der Schachtel klebt ein kleiner Zettel. *Keine Kutsche*, steht darauf. Und darunter: *Nur Zebras auf einer grünen Wiese. Und zwar zwei!*

Jetzt erkenne ich auch die Schrift. Es ist die von Hugo Feifalik.

* * *

In dieser Nacht finde ich keinen Schlaf. Stunde um Stunde wälze ich mich im Bett. Zum Glück muss ich morgen nicht arbeiten. Die Kaiserin hat keine offiziellen Termine, und eine einfache Frisur kann Frau von Pilat gut ohne meine Hilfe bewältigen.

Warum musste Hugo Feifalik mir ausgerechnet heute diese Zebras schenken? Es fühlt sich an, als hätte er damit einen gewaltigen Felsbrocken verschoben, hinter dem alte Dämonen schlummerten. Und die bedrängen mich jetzt. In Gedanken bin ich nicht mehr bei Tannenduft, Punsch und Geschenken, und ich summe auch nicht mehr *Stille Nacht*. Ich bin wieder ein Kind, sitze an Heiligabend mit Berti in unserer zugigen Küche, esse mit ihr kalte Kartoffeln und lausche auf Mutters Schritte im Treppenhaus. Und ich habe wieder einmal panische Angst, dass Mutter niemals zurückkehrt und Berti und ich allein zurückbleiben. Ich weiß, dass dies alles nicht real ist. Ich bin erwachsen. Mir geht es gut, Mutter geht es gut, Berti auch. Ich bin zwar allein, aber ich bin in Sicherheit. Warum fühle ich mich dann auf einmal so verlassen?

Mein Kopf kann mein Herz nicht mehr erreichen. Es pocht so schnell wie das eines verschreckten Kindes.

In dieser ersten Weihnachtsnacht in meiner neuen Wohnung stürzt das Lügengebäude in sich zusammen, das ich mir mühevoll aufgebaut habe. Zwei kleine Zebras aus Holz haben dafür ausgereicht.

Ich weiß natürlich, was Hugo Feifalik mir damit sagen will. Die Botschaft lautet, dass auch er ein Zebra ist. Und dass zwei Zebras gemeinsam durchaus ein gutes Leben führen können. Ganz ohne Kutsche. Vielleicht will er mir sogar mit Rapunzel beweisen, dass selbst Pferde ein Leben ohne Kutschen führen können.

Wenn ich diesen Gedanken weiterführe, so muss ich Hugo Feifalik natürlich recht geben. Er ist kein Mann, der eine brave Hausfrau sucht und mit ihr ein bürgerliches Leben aufbauen will. Wer je auch nur zehn Minuten in seiner Gesellschaft verbracht hat, weiß, dass er im Leben keine Kutsche ziehen will und wird.

Und ich bin kein Kind mehr. Ich sollte mir nicht länger etwas vormachen. Ich habe einen Beruf gelernt und mir darin glänzende Aussichten erarbeitet. Ich könnte jederzeit einen eigenen Friseursalon aufmachen und damit vermutlich auch ohne die Sicherheit meiner Anstellung bei Hofe jede Krise überstehen. Sogar Kinder könnte ich so ernähren. Ganz allein, wie Mina.

Inzwischen habe ich zudem erkannt, dass meine Stellung bei der Kaiserin gar nicht so sicher ist, wie ich bisher dachte. Ihre Launen und die Schwächen des Kaisers sind eine gefährliche Mischung.

Ist der vermeintliche Luftikus Hugo Feifalik in Wirklichkeit ein warmherziger, lebendiger und ehrlicher Mensch, auf den ich mich viel eher verlassen kann als auf Glanz und Gloria des Kaiserhofes? Ist ein Leben an seiner Seite nicht ein viel größeres Abenteuer?

In der Finsternis meines neuen Schlafzimmers, zwischen seidenen Laken, die ich mir selbst von meinem eigenen Geld gekauft habe, sehe ich erstmals der Wahrheit ins Gesicht: Wenn ich diese Gelegenheit verstreichen lasse, werde ich diesen sonnigen, traurigen, ordentlichen, chaotischen Kauz namens Hugo Feifalik mein Leben lang bitter vermissen.

Licht. Ich brauche Licht. Mit zitternden Fingern zünde ich die Kerze auf dem Nachttisch an.

Ich stehe auf, hülle mich in einen Schal und gehe in meine Stube hinüber. Vorsichtig schlage ich eine Taste meines Klaviers an. Nur eine einzige, um niemanden zu wecken. Spielen kann ich es ohnehin noch nicht. Aber bald.

Und dann ziehe ich mir einen Stuhl ans Fenster, setze mich darauf, atme ganz tief durch und sehe hinaus.

Draußen fällt kein Schnee mehr. Von hier oben kann ich die weißen Dächer auf der gegenüberliegenden Straßenseite sehen und den Nachthimmel darüber. Er ist wolkenlos schwarz und von Sternen geradezu übersät. Ich werde ruhiger, als ich sie betrachte.

Sterne haben wirklich eine besondere Magie. Da war einst der Stern über der Krippe in Nazareth. Heute hat mich der Stern dort drüben an meinem kleinen Weihnachtsbaum glücklich gemacht. Glitzernde Sterne geben auch der Kaiserin Kraft. Und nicht umsonst spricht man vom Hoffnungsstern.

Dort drüben, der helle Stern in der Verlängerung der Hinterachse des Großen Wagens, das ist der Polarstern. Viele Sternbilder wandern im Laufe der Jahreszeiten über den Nachthimmel, sie kommen und gehen. Aber den Polarstern sieht man immer, wenn der Himmel klar ist. Stella Polaris.

Ich fixiere den kleinen Lichtpunkt am Nachthimmel über Wien und baue eine glitzernde Brücke von mir bis hinauf ins All. Und dann schicke ich meine Angst dort hinauf. Meine Hilflosigkeit. Meine Einsamkeit. Sie sind dort oben gut aufgehoben. Genau wie alle Erinnerungen an das fünfjährige Kind, das ich einst war.

Und ich bleibe hier unten. Ich, Fanny Angerer, die Hugo Feifalik liebt.

Wien, 25. Dezember 1864

Sehr geehrter Herr Feifalik,

ich danke Ihnen von Herzen für Ihr wundervolles Weihnachtsgeschenk.
Anfangs ahnte ich nicht, was ich mit meiner angstvollen Ablehnung auslöste. Doch durch die Zusendung der zauberhaften Zebras haben Sie meine zähe Zaghaftigkeit zerstreut.
Ich möchte mich von A bis Z bei Ihnen entschuldigen. Bitte geben Sie mir dazu bei einem Diner am Sonntag, den 8. Januar 1865, um 18 Uhr im Hotel Wandl die Gelegenheit.
Ich verbleibe mit den besten Wünschen für einen glücklichen Jahresbeginn.

Herzlichst
Franziska Angerer

Kapitel 33

8. Januar 1865
Spittelberg, Burggasse 9

Zwei Wochen sind vergangen. Zwei quälend lange Wochen. Aber so viel Zeit habe ich einfach benötigt, um diesen Abend vorzubereiten. Und nun ist er da.

»Die Kutsche kommt!«, ruft Berti, die am Fenster steht und auf die Straße späht.

»Dann muss sie kurz warten.« Mit bebenden Fingern schließe ich das schwarze Samtband im Nacken, an dem ein silbernes Medaillon hängt. Ich habe ein Bild des heiligen Josef hineingetan. Hoffentlich bringt es mir Glück.

Ich erhebe mich vom Frisiertisch. »Wie sehe ich aus?«

Berti mustert mich vom kunstvoll frisierten Scheitel über mein neues rosenrotes Kleid bis zu den Sohlen der dazu passenden Schuhe.

»Wie eine frisch erblühte Rose«, sagt sie und reicht mir mein Cape.

Im letzten Moment verlässt mich der Mut. »Was mach ich denn, wenn er nicht kommt?«

Berti schiebt mich entschlossen zur Wohnungstür. »Der kommt! Wirst sehen!«

Ich lächele schief. »Ja. Bestimmt. Hoffentlich …«

* * *

Das Hotel Wandl liegt nahe der Polizeistation, in der ich vor bald zwei Jahren mit Mutter vorsprechen musste. Damals haben wir diesen Weg bangen Herzens zu Fuß zurückgelegt. Heute sitze ich in einer Kutsche, habe aber nicht weniger Angst. Als ich aussteige, vollführt mein Herz einen wahren Trommelwirbel.

Das Hotel ist ein hohes Gebäude mit großen Fenstern, die alle hell erleuchtet sind. Ein Portier öffnet mir die Tür, und ich betrete das Foyer. Über mir glitzert ein Kronleuchter, dessen Licht sich im schimmernden Marmorboden spiegelt. Im Hintergrund windet sich eine dunkle Holztreppe in einem sanften Bogen in die nächste Etage.

Ein Herr im Frack eilt herbei, um mich zu empfangen. Ich erkenne den Besitzer, Johann Wandl. Er hat mir bei der Vorbereitung des heutigen Abends zur Seite gestanden.

»Fräulein Angerer! Ich freue mich, Sie bei uns zu begrüßen. Es ist alles nach Ihren Wünschen arrangiert. Bitte legen Sie doch ab.« Er winkt einem Bediensteten, der mir den Mantel abnimmt.

»Zum Wintergarten bitte hier entlang.« Der Diener weist auf eine halbrunde Türöffnung, durch die Stimmengewirr dringt.

Obwohl ich den Wintergarten bereits bei meinem Vorbereitungsbesuch gesehen habe, verschlägt mir sein Anblick erneut den Atem. Bei Hofe habe ich wahrlich viel Prunk erlebt, aber das hier ist etwas ganz anderes, dieser Raum ist in seiner Zartheit und Klarheit einfach unvergleichlich schön. Er gleicht einem Glaspalast von geradezu schwindelerregender Höhe. Die gläserne Decke befindet sich fünf Etagen über mir und leuchtet selbst jetzt im Winter so hell wie der Himmel an einem Frühlingstag. Dafür sorgt Gaslicht, hochmodern. Man könnte fast meinen, man wäre unter freiem Himmel, wäre der Boden nicht mit feinen Teppichen bedeckt und die Luft selbst an diesem kalten Tag angenehm warm. Die Wände bestehen teils aus Spiegeln, teils aus Kristallglas, das mit filigraner Malerei verziert ist.

Und überall blühen Blumen. Rosen. Orchideen. Exotische Blüten, deren Namen ich nicht kenne. In der Luft hängt zarter Blumenduft.

Ich weiß, welcher Tisch auf meinen Namen reserviert ist, ich habe ihn selbst ausgesucht. Dennoch lasse ich mich von einem Kellner zu der lauschigen Nische zwischen zwei Palmen führen.

Sie ist leer. Aber das wundert mich nicht, ich bin früh dran. Ich habe etwas gutzumachen und will Hugo Feifalik auf gar keinen Fall warten lassen.

Als ich mich setze, treffen mich neugierige Blicke. Eine Frau allein im Restaurant ist ein seltener Anblick. Beim Vorgespräch habe ich behauptet, ich wolle einen Cousin mit einem feinen Diner überraschen.

Wird Hugo kommen?

Ja, natürlich, beruhige ich mich. Denn wenn nicht, wäre er nicht der Mann, für den ich ihn halte. Und ich kann mir kaum vorstellen, dass mein Herz sich so in ihm täuscht.

Zehn Minuten später werde ich langsam nervös. Feifalik liebt Ordnung. Strebt er also nicht zwangsläufig auch nach Pünktlichkeit? Dann müsste er jetzt kommen. Wie lange warte ich eigentlich? Wann gebe ich auf? Das habe ich mir vorher nicht überlegt.

Plötzlich setzt mein Herz einen Schlag aus, um dann loszurasen wie ein durchgehendes Pferd. Da ist Hugo Feifalik. Er steht am Eingang des Wintergartens und sieht sich suchend um. Als er mich erblickt, erhellt ein Strahlen sein Gesicht. Er hebt die Hand und kommt auf mich zu.

»Fräulein Angerer, ich freue mich, Sie zu sehen.« Er reicht mir die Hand.

»Nennen Sie mich bitte Fanny, Sie sind heute offiziell mein Cousin«, raune ich ihm zu.

»Sehr gern. Aber dann musst du mich auch Hugo nennen.«

»Ja, natürlich, lieber Cousin!«

Ein Kellner tritt heran und serviert Champagner, ganz so, wie ich es mit Herrn Wandl besprochen habe. Als er sich entfernt, spreche ich aus, was ich mir lange überlegt habe.

»Es tut mir leid, wie ich mich dir gegenüber benommen habe«, beginne ich. »Am liebsten würde ich einiges davon ungeschehen machen. Deswegen diese Verabredung. Wir wollten uns ursprünglich hier treffen und deine Beförderung feiern. Und mit ein bisschen Verzögerung tun wir genau das jetzt auch. Wir fangen einfach noch einmal von vorn an.«

Hugo hat mir aufmerksam zugehört. »Eine schöne Idee«, sagt er mit einem warmen Lächeln. »Fanny, ich möchte mich auch bei dir entschuldigen.«

»Wofür?«, frage ich erstaunt.

»Ich habe mich unklar verhalten«, antwortet er. »Ich bin damals im Park selbstverständlich nur aus einem einzigen Grund auf die Knie gesunken: um dein reizendes Kinn auch einmal von unten zu sehen.«

»Ach, das!«, sage ich mit einer wegwerfenden Handbewegung. »Ich habe das durchaus verstanden. Ich bin ja nur weggelaufen, weil ich Milch auf dem Herd hatte, die sonst angebrannt wäre.«

»Genau so war es«, bestätigt Hugo ungewohnt ernst.

Prompt muss ich lachen.

Wir heben die Gläser.

»Auf ein Neues!«, sage ich.

»Auf uns!« Hugo lächelt.

Der Kellner bringt die vereinbarte Vorspeise. Winzige, kreisrund geschnittene Scheiben Schnittlauchbrot. Im Hintergrund perlt Klaviermusik auf, den Pianisten hat Herr Wandl für mich bestellt.

»Es scheint, als würde das ein sehr glücklicher Abend werden«, stellt Hugo fest.

»Ja, wir brauchen heute ein bisschen Leichtigkeit«, sage ich. »Ich habe nämlich festgestellt, dass wir uns kaum kennen. Und das soll heute Abend anders werden. Wir lernen uns jetzt von A bis Z kennen. Wir erzählen uns unser Leben. Von Anfang bis Zebra. Einverstanden?«

Er nickt. »Du beginnst.«

Also berichte ich. Von Anna und Adalbert, meinen Eltern. Von Berti. Vom Christkind, das nie zu uns kam. Von meinen inneren Dämonen und der Einsamkeit. Das Alphabet verliere ich bald aus den Augen. Mein Ziel nicht. Ich will, dass dieser Mann weiß, wer ich bin.

Hugo bezaubert mich heute mit seiner Ernsthaftigkeit. Er hört jedes Wort, das ich sage, und auch viele, die ungesagt bleiben, das kann ich spüren.

Und dann beginnt er zu erzählen. Von seiner Kindheit in Znaim. Seinen sechs Brüdern und den beiden Schwestern. Von Julius, dem Bruder, der ihm im Alter und im Herzen am nächsten war. Und den er seit seinem Tod bitter vermisst.

Was wir essen, merken wir kaum. Erst als der letzte Gang, eine rosarote Himbeercreme, verzehrt ist, tauchen wir aus der Vergangenheit auf und kehren in den zauberhaften Wintergarten zurück.

»Lass uns keine Kutsche nehmen«, schlage ich vor. »Ich möchte lieber noch ein Stück laufen. Der Himmel ist klar, man kann bestimmt Sterne sehen.«

Hugo schmunzelt. »Hast du denn Handschuhe dabei? Für einen Spaziergang im Schnee?«

»Mantel. Fellkragen. Handschuhe. Ich habe alles. Und ich werde keinen Schnee essen, egal welche Farbe er hat. Versprochen! Ich bin satt.«

»Wie hat dir diese zweite Feier im Hotel Wandl gefallen?«, frage ich, als wir durch den Volksgarten spazieren.

Um auf dem festgetretenen Schnee nicht auszurutschen, habe ich mich bei Hugo untergehakt. Die Laternen brennen. Am Boden glitzert Schnee, über uns funkeln Sterne. Stella Polaris leuchtet heute besonders hell.

»Nett«, sagt Hugo. »Doch, wirklich. Sehr nett.«

Ich lasse seinen Arm los, bücke mich, greife mit beiden Händen in den Schnee und bewerfe ihn damit. »Nett?«, rufe ich dabei. »Nett? Na warte! Wo ist hier gelber Schnee?«

»Hilfe!« Hugo schützt sein Gesicht lachend mit den Händen und flieht vor mir. »Die Feier war grandios!«, ruft er. »Phänomenal! Lebensverändernd! Ich habe niemals zuvor so gute Schnittlauchbrote gegessen. Und erst die Himbeercreme. Ein Gedicht!«

Ich laufe ihm hinterher. »Auf die Knie!«, befehle ich, ebenfalls lachend. »Und wenn du dein Leben wirklich ändern willst, dann frag mich noch einmal. Los!«

Er bleibt wie angewurzelt stehen. »Wirklich?«

Ich nicke.

»Jetzt? Hier?«

Ich nicke wieder.

»Und du läufst nicht weg?«

»Probiere es aus.«

Prompt kniet sich Hugo zum zweiten Mal im Volksgarten in den weißen Schnee. Diesmal im Laternenlicht.

»Fanny«, sagt er leise, »gib mir deine Hand.«

Ich streife den Handschuh ab und reiche sie ihm.

»Einst wollte ich hier dein Kinn von unten sehen, und es war wahrlich ein entzückender Anblick«, sagt Hugo mit warmem Timbre in der Stimme. »Und nun will ich den Rest. Ich bitte um alles. Um die ganze Fanny, vom Hut bis zur Schuhsohle. Ich will Kopf und Kragen. Hand und Fuß. Auge und Zahn. Albern und ernst. Ordentlich und chaotisch. In Gesundheit und Krankheit. All die Jahre, die uns geschenkt werden. Franziska Angerer, willst du meine Frau werden? Dann bewirf mich zum Zeichen deiner Liebe ein weiteres Mal mit Schnee.«

Ich reiche ihm beide Hände, ziehe ihn zu mir hoch und küsse ihn.

Und Hugo scheint meine Antwort auch ohne Schnee zu verstehen. Er küsst mich so leidenschaftlich, dass die Welt um uns stehen bleibt.

Seine Lippen schmecken nach Schnittlauch und Himbeercreme.

Kapitel 34

15. März 1865
Im Hinterzimmer der Weinstube Wachter

Mina blickt auf das Baby in ihrem Arm. Ihr Gesicht wird von einem so warmen Lächeln erhellt, wie ich es noch nie bei ihr gesehen habe. »Findest du nicht, dass sie Karl unglaublich ähnlich sieht?«

Jetzt heißt es diplomatisch sein. Mit ihren dunklen Haaren, ihren munteren Augen und der Stupsnase gleicht die kleine Karla Franziska nämlich auf wirklich verblüffende Weise ihrer Mutter, und das ist gut so.

»Die Haare hat sie jedenfalls von dir«, stelle ich fest. »Sie ist eine gelungene Mischung aus euch beiden.«

Die Antwort war richtig, Mina nickt. »Willst du sie mal halten?«

Und ob ich das will. Es gibt nichts Schöneres auf der Welt, als ein zufriedenes Neugeborenes im Arm zu haben. Solange man nicht die Mutter ist und es deswegen beim kleinsten Mucks wieder abgeben kann.

Karla riecht so gut, wie nur Babys riechen können. Sie schließt die Augen und schläft einfach ein. Dabei ist sie so sehr mit sich und der Welt im Reinen, dass ihre Ruhe auf mich übergeht.

»Sieh mal in meinen Korb«, sage ich leise zu Mina. »Da sind Geschenke für dich drin. Aber ich kann sie dir leider nicht geben, ich muss jetzt ein paar Stunden bewegungslos hier sitzen und glücklich sein.«

Mina schmunzelt. »Na, dann sehe ich selber nach.« Sie zieht meinen Korb zu sich heran und blickt hinein. »In der großen braunen Tüte ist eine Teemischung, die meine Mutter für dich zusammengestellt hat. Sie wirkt kräftigend und fördert den Milchfluss.«

Mina nickt. »Das kann ich gut gebrauchen. Karla hat Hunger wie eine Löwin. Sie trinkt für zwei.«

»Das flache Paket ist von mir«, erkläre ich weiter.

Mina wickelt drei weiche Jäckchen aus Samt aus, die ich für Karla genäht habe. In Rosa, Blau und Weinrot. Sie hebt die Kleidungsstücke hoch und betrachtet sie verzückt. »Oh, sind die schön! Eine Prinzessin könnte sie tragen!«

Ich bin ein bisschen stolz, denn ich habe die Jäckchen innen mit Seide gefüttert und außen mit kleinen Perlen und Borten verziert. Sie sind wirklich hübsch geworden.

»Und dann ist da noch eine blaue Schachtel«, sage ich.

Mina nickt. »Eine wunderschöne. Ist die mit Seide bezogen?«

»Ja, die schickt dir die Kaiserin.«

Mina blickt erstaunt auf. »Was?«

Ich lächele. »Natürlich habe ich ihr von Karla erzählt. Und da hat sie mich beauftragt, dir dieses Geschenk zu überreichen.«

Mina nimmt die Schachtel aus dem Korb und öffnet sie. »Oh! Ein Medaillon?«

»Ja.« Ich strahle sie an. »Es ist aus echtem Gold. Du kannst eine Fotografie von Karla anfertigen lassen und sie so immer ganz nah am Herzen tragen, lässt Ihre Majestät dir ausrichten. Und wenn sie groß ist, kann Karla es an ihre Kinder weitergeben.«

»Es ist wundervoll!«, sagt Mina. »Ich werde es in Ehren halten. Und ich werde mich schriftlich bei der Kaiserin bedanken. Aber am schönsten sind die zauberhaften Jäckchen, die du genäht hast. Ich brenne darauf, Karla eines davon anzuziehen, sobald sie wach ist. Beweg dich doch mal ein bisschen. Eigentlich müsste sie langsam hungrig werden.«

Ich schaukele das Baby ganz sacht hin und her, doch es schläft wie ein Stein.

»Wenn sie Zähne bekommt, musst du mich unbedingt besuchen«, sagt Mina. »Du scheinst das beste Schlafmittel der Welt zu sein.«

Ich schmunzele. »Danke! Was für ein reizendes Kompliment.« Und dann nutze ich die ruhigen Minuten, um Mina auf den neusten Stand zu bringen.

»Ich muss dir etwas erzählen.«

Sie sieht mich fragend an.

»Ich werde heiraten!«

»Nein!«

»Doch!«

Mina springt auf und fällt mir jubelnd um den Hals. »Wen? Wann? Warum jetzt doch? Erzähl mir alles!«

Aber das muss warten, denn nun hat sie das Baby geweckt. Karla erinnert sich augenblicklich an ihren Hunger und schreit infernalisch.

Eine halbe Stunde später ist Karlas Bäuchlein kugelrund, und sie gluckst zufrieden. Jetzt kann ich Mina alle Details berichten. Und sie will wirklich *alles* über Hugo wissen. Ich glaube, nach unserem Gespräch könnte sie ihn zeichnen, so genau beschreibe ich ihn ihr.

»Er ist eindeutig der Richtige für dich!«, verkündet sie, als ich fertig bin.

»Wie kannst du das wissen? Du hast ihn doch noch nie getroffen!«

»Aber ich habe eben dein Gesicht gesehen, als du von ihm gesprochen hast. Das reicht. Weißt du schon, wo ihr nach der Hochzeit wohnen werdet? Und wie euer gemeinsames Leben aussehen soll?«

»Nur ungefähr. Im Sommer besuchen wir Hugos Heimatstadt Znaim. Er hat eine Stute namens Rapunzel, die soll dort auf einem Bauernhof leben, und wir bringen sie hin. Danach wollen wir auf Reisen gehen. Am liebsten wäre uns eine Schiffsreise. Wir wollen Abenteuer erleben.«

Jetzt wirkt Mina verblüfft, damit hat sie eindeutig nicht gerechnet. »Und wovon wollt ihr das bezahlen?«

Ich lächele. »Ich weiß, es klingt verrückt. Aber wir wollen das Reisen mit unseren Berufen vereinbaren. Hugo sagt, ich sei momentan die berühmteste Friseurin der Welt. Und sobald bekannt wird, dass ich nicht mehr im Dienst der Kaiserin stehe, würden sich die Damen der besseren Gesellschaft um mich reißen. Er selbst kennt sich sowohl mit Reiseorganisation als auch mit Finanzen aus. Außerdem spricht er hervorragend Tschechisch, Italienisch und Englisch. Und ich habe bei der Kaiserin ein paar Brocken Ungarisch und Französisch aufgeschnappt. Wir wären also die idealen Reisebegleiter für eine reiche Dame. Ich könnte mich um Haare und Garderobe kümmern, Hugo wäre so etwas wie ihr Privatsekretär.«

»Das ist eine ungewöhnliche Idee. Aber es könnte funktionieren.«

»Hugo gelingen die verrücktesten Dinge. Er hat immer exzentrische Ideen und ein unglaublich gutes Händchen, wenn es darum geht, sie umzusetzen. Und alle schließen ihn sofort ins Herz und wollen ihm helfen.«

Karla hat Schluckauf, Mina legt sie an die Schulter und klopft ihr auf den Rücken. »Wann brecht ihr auf? Und, noch wichtiger, wann lerne ich diesen Wunder-Hugo endlich kennen?«

Ich weiche ihrem Blick aus. »Das muss wohl noch warten. Bis jetzt wissen nur unsere Familien und du von unserer Verlobung. Und wir achten darauf, dass wir möglichst selten zusammen gesehen werden.«

»Warum das denn?«, fragt Mina fassungslos. Karla hört vor Schreck auf zu hicksen.

»Ich werde polizeilich überwacht. Die Kaiserin hat es mir selbst erzählt. Und ich will nicht, dass sie auf diesem Wege davon erfährt.«

»Du bist seit Januar verlobt? Und hast es Ihrer Majestät noch nicht gesagt? Fanny, warum?«

Verlegen knete ich meine Hände. »Der Moment ist ungünstig. Sie ist derzeit seelisch … indisponiert. Ich möchte warten, bis sie sich stabilisiert hat. Mehr kann ich dazu leider nicht sagen, jedes weitere Wort bräche meinen Schweigeschwur.«

Mina nickt. »Ich verstehe. Aber egal, was es ist, du musst ihr bald erzählen, dass du sie verlässt. Sie muss ja eine Nachfolgerin suchen, bevor du gehst. Du musst jemanden anlernen.«

»Ich weiß«, sage ich. »Ich werde die nächste Gelegenheit nutzen.«

»Gut.« Mina nickt. »Und nun zu den wirklich wichtigen Themen. Wie wollt ihr feiern? Und wo? Was ziehst du an?«

Obwohl das alles noch nicht beschlossen ist, verplaudern Mina und ich den ganzen Nachmittag über diesen Fragen. Es dämmert bereits, als ich den Heimweg antrete. Ich überlege kurz, ob ich einen Fiaker nehmen soll, aber dann entscheide ich mich für einen Fußmarsch. Vielleicht hilft er mir, meine Gedanken zu klären.

Ja, es ist wahr, ich muss und will der Kaiserin bei der nächsten Gelegenheit von meiner Verlobung berichten. Aber ich ahne, dass diese Gelegenheit noch lange auf sich warten lassen wird.

Obwohl Ihre Majestät sich gegen den Kaiser durchsetzen konnte, wirkt sie nach wie vor unruhig und unglücklich. Ihre sportlichen Übungen dauern immer länger, sie isst wenig, reagiert oft gereizt und ungerecht. Und ich fürchte, dass der Grund dafür Gyula Andrássy heißt.

Die Kaiserin hat ihn inzwischen ein weiteres Mal getroffen, diesmal in Idas Räumen in der Hofburg. Um ihr ein Alibi zu verschaffen, musste ich so lange verschleiert in ihrer Loge im Burgtheater sitzen. Der Kaiser war zu dieser Zeit auf Reisen, und seine Mutter war krank, ich saß dort also alleine. Trotzdem hatte ich panische Angst, dass mich jemand erkennen könnte. Wie ich ja selbst weiß, kann man die Kaiserloge von einer verborgenen Nische auf der anderen Seite des Saals aus bestens beobachten. Alles ist gut gegangen, aber das Risiko war extrem groß, und Elisabeth hat es leichtsinnig in Kauf genommen.

Ich weiß nicht, ob sie wirklich in Andrássy verliebt ist. Vielleicht ist es auch nur die Lust am Abenteuer, die sie zu diesen Treffen treibt. Möglicherweise verfolgt sie dabei auch politische Ziele, das traue ich ihr durchaus zu. Die Aussöhnung mit dem ungarischen Volk ist schon lange ihr großer Wunsch. Vermutlich ist es eine Mischung aus allem, die sie dazu bringt, ihre Zukunft und vielleicht auch die der Monarchie und des Landes zu riskieren. Denn um nichts weniger geht es hier. Sie sieht es vielleicht nicht, aber mir ist das ganz klar.

Unser Land wird derzeit von allen Seiten bedroht, und unser engster Verbündeter Preußen ist zugleich auch unser größter Feind. Weitere Gegner können wir nicht verkraften. Wir brauchen Freunde.

Wenn die Kaiserin von Österreich aber bei einer Affäre mit einem ungarischen Grafen ertappt werden sollte, würde das ohnehin angespannte Bündnis dieser beiden Nationen endgültig zerbrechen. Es ist fragil wie hauchdünnes Glas. Dann stünde Österreich alleine da. Und der Kaiser wäre vor der Hofgesellschaft, ja vor der ganzen Welt, blamiert. Er hätte keinen Einfluss mehr, weder im Land noch in der Außenpolitik.

Mein Heimweg führt mich an der Hofburg vorbei. Im Flügel der Kaiserin sind die Fenster hell erleuchtet. Was sie wohl gerade tut? Einen offiziellen Termin hat sie heute nicht.

Ich weiß, dass ich nur für die Haare der Kaiserin verantwortlich bin, und nicht für das, was in ihrem Kopf vorgeht. Dennoch ist es mir nicht egal, was aus ihr wird. Meine Zukunftspläne müssen warten, bis ich sie guten Gewissens verlassen kann.

Hugo versteht das. Er drängt mich nicht, er lässt mir alle Zeit der Welt.

Allerdings hat mir Karls Schicksal einmal mehr vor Augen geführt, dass leider kein Mensch alle Zeit der Welt zur Verfügung hat. Und nichts wäre schrecklicher, als die gemeinsame Zukunft mit Hugo zu verpassen. Ich will nicht mehr warten, bis sie beginnt.

Vielleicht ist es doch an der Zeit, mein eigenes Leben zu leben. Nachdenklich setze ich meinen Heimweg fort.

Kapitel 35

Ende März 1865
Hofburg, Frisierzimmer der Kaiserin

Sind Eure Majestät zufrieden?« Wie immer nach dem Frisieren bleibe ich hinter der Kaiserin stehen und senke demütig den Blick.

Ein goldener Spiegel. Davor eine Kaiserin vor einem offiziellen Diner, hinter ihr ich. Das ist, wie ich weiß, eine hochexplosive Mischung.

Und eigentlich erübrigt sich meine Frage, es ist nämlich viel zu spät für Änderungen an der Frisur, selbst wenn die Kaiserin unzufrieden wäre. Der Ball beginnt in einer halben Stunde, sie ist dabei die Hauptattraktion, und sie steckt noch nicht einmal in ihrem Kleid. Sie muss das Ergebnis meiner Arbeit also hinnehmen, das weiß sie so gut wie ich.

Aber es gibt auch nichts daran auszusetzen. Ich habe in den vergangenen drei Stunden alles gegeben, was in meiner Macht steht, um die knielangen Haare der Kaiserin in einen wahren Traum von Frisur zu verwandeln. Sie trägt nun eine Krone aus geflochtenem Haar, verziert mit einem Diadem aus funkelnden Sternen. Kunstvoll verschlungene Haarsträhnen umschmeicheln den Nacken und fließen in glänzender Pracht über den Rücken. Sie enden exakt an der Stelle, an der später der Ausschnitt des Kleides beginnen wird.

Die Mühe hat sich mehr als gelohnt, das sehe ich im Spiegelbild, als ich den Blick hebe. Das Haar der Kaiserin glänzt im Kerzenlicht wie Rosenholz, und die geflochtene Krone betont ihre feinen, reinen Züge und verleiht ihr eine fast überirdische Schönheit.

Trotzdem muss ich natürlich ergebenst um eine Beurteilung meines Werkes bitten, das gehört sich so.

Sie ist die Kaiserin von Österreich, und ich bin Fanny.

Eine sehr nervöse Fanny allerdings, die gleich noch etwas zu sagen hat. Und das ist es, was mich in diesem Moment wirklich bewegt. Die Frisur, der Ball, all das ist mir genau genommen egal.

Meine im Kerzenlicht fast schwarzen Augen verraten meine Aufregung, auch das sehe ich im Spiegelbild, und schnell senke ich den Blick wieder.

»Nun …«, beginnt die Kaiserin schließlich, hält aber noch einmal inne und beugt sich vor, um sich besser im Spiegel betrachten zu können. »Das ist wunderschön. Einzigartig! Sie sind eine wahre Meisterin, Fräulein Angerer.«

Ich knickse. »Ich danke Eurer Majestät für dieses großzügige Lob.«

Als ich nach der Silberschale mit den ausgekämmten Haaren greifen will, winkt die Kaiserin ab. »Das lassen wir heute. Sie haben etwas auf dem Herzen, Fräulein Angerer. Das spüre ich deutlich. Heraus mit der Sprache. Zusammen kriegen wir das hin.«

Ich knickse erneut und muss ein Lächeln unterdrücken. Das habe ich einst zu ihr gesagt, als sie den Tod ihrer kleinen Tochter betrauert hat. Und sie erinnert sich in diesem Moment tatsächlich daran, das erkenne ich bei ihren nächsten Worten.

»Sie wissen ja, Fräulein Angerer, ein Kaiserthron ist eine hervorragende Schule des Lebens. Nicht ganz so gut wie ein Friseursalon. Aber doch auch sehr lehrreich.« Sie schmunzelt.

Vielleicht wird dieses Gespräch doch besser als befürchtet. Meine Zuversicht wächst. »Eure Majestät haben recht. Ich habe etwas zu verkünden, obwohl der Zeitpunkt ungünstig ist. Aber Eure Majestät sollen es von mir persönlich erfahren, und nicht durch einen Spion oder Polizeibericht.«

Sie richtet sich auf, prüfend mustert sie mich im Spiegel. »Was ist geschehen?«

»Ich werde heiraten, Eure Majestät.«

»Ach, nun ist es also so weit.« Sie seufzt abgrundtief. »Ich habe es kommen sehen.«

Ich bin sprachlos. Heute Nacht habe ich mich stundenlang im Bett gewälzt und mir überlegt, wie sie reagieren würde. Habe mit Gegenargumenten, Ärger und Verbitterung gerechnet, doch damit nicht.

»Fräulein Angerer«, sagt die Kaiserin sanft, »wir sehen uns seit fast zwei Jahren mehrere Stunden täglich. Glauben Sie wirklich, ich würde nicht spüren, wie es Ihnen geht und was Sie beschäftigt?«

Ich schweige, weil ich nicht weiß, was ich dazu sagen soll.

»Dann wollen Sie also kündigen und künftig alles daransetzen, Ihrem Mann eine gute Ehefrau zu sein?«, fragt die Kaiserin weiter.

Ich beschließe, ganz offen zu sein. »Ja und nein.«

Elisabeth zieht eine Augenbraue hoch. »Wie soll ich das verstehen?«

Ich sehe sie an. »Ich möchte mit Hugo zusammenleben. Und ich möchte ihm eine gute Ehefrau sein. Aber wenn ich kündige, dann nicht aus freiem Willen, sondern weil mir keine andere Wahl bleibt. Am liebsten würde ich Eurer Majestät weiter zu

Diensten sein, denn ich liebe dieses Leben. Doch diese Möglichkeit habe ich nicht.«

Ich bin nur die Friseurin der Kaiserin und möchte auch nichts anderes sein. Was in ihrem Kopf und in ihrem Herzen vorgeht, ist allein ihre Sache. Das weiß ich mittlerweile.

Aber ich bin nun einmal neben Ida der einzige Mensch auf Erden, der die Kaiserin von Österreich tagtäglich mehrere Stunden lang erlebt und im Alltag begleitet. Und in dieser beinahe freundschaftlichen Verbundenheit liegt durchaus auch eine Verantwortung. Es ist meine Pflicht, sie zu unterstützen, wenn sie Hilfe braucht. Und genau das werde ich tun.

Ich habe lange an meinen Worten gefeilt, nun wird sich herausstellen, ob sie ihr Ziel erreichen. »Eure Majestät, ich möchte Ihnen zum Abschied etwas sagen.«

Die Kaiserin nickt. »Sprechen Sie.«

»Kürzlich las ich ein Gedicht von Joseph von Eichendorff. Es heißt *Wünschelrute*.«

Die Kaiserin nickt lebhaft und rezitiert die Zeilen.

»Schläft ein Lied in allen Dingen,
Die da träumen fort und fort,
Und die Welt hebt an zu singen,
Triffst du nur das Zauberwort.«

Elisabeth lächelt. »Ich liebe diese Verse.«

Erleichtert atme ich auf. Ich habe sie erreicht. Die Idee, einen Dichter heranzuziehen, war gut.

»Ich liebe sie auch«, stimme ich zu. »Denn ich mag den Gedanken, dass in allen Dingen ein Lied steckt, und ich habe ihn weitergesponnen. Nicht nur in den Dingen, auch in jedem Menschen steckt ein Lied. Wir beginnen unser Leben quasi als leise, leichte Flötenmelodie. Im Laufe der Jahre kommen neue Instrumente und Variationen hinzu. Und irgendwann hat unser

Leben dann den Klang eines großen Orchesters. Aber immer noch enthält es die Ursprungsmelodie. Sie ist der Kern aller Sequenzen, sie ist immer hörbar, denn sie ist es, die uns ausmacht. Gleichgültig, ob die Lebensmelodie gerade in Dur oder in Moll gespielt wird.«

Die Kaiserin neigt den Kopf. »Ein interessanter Gedanke. Er gefällt mir.«

»Ich habe ihn noch ein Stück weiterverfolgt. Wenn uns diese Urmelodie ausmacht, darf sie sich niemals grundlegend verändern. Sonst verlieren wir uns selbst.«

»Ich verstehe nicht, worauf Sie hinauswollen«, sagt die Kaiserin.

Damit war zu rechnen. Wie auch? Ich rede um den heißen Brei, denn ich muss mich dem Thema behutsam nähern.

»Ich erkläre es am besten an einem Beispiel«, fahre ich fort. »Ich wollte niemals heiraten. Ich dachte, ein solcher Schritt würde nicht nur die Tonart meines Lebens von Moll zu Dur ändern, sondern die Melodie komplett umkomponieren. Und genau das muss man immer vermeiden. Man kann die eigene Lebensmelodie nicht mit einem Tusch auslöschen und zu einer anderen tanzen. Dabei verliert man sich selbst.«

»Ich finde das recht … dramatisch formuliert«, sagt die Kaiserin. »Aber bedenkenswert. Und nun sehen Sie die Sache anders?«

Ich nicke. »Inzwischen weiß ich: Der Mann, den ich heirate, wird mich nicht ändern. Er fügt meiner Lebensmelodie nur eine weitere Stimme hinzu. Er ist so etwas wie die Bassbegleitung.«

Die Kaiserin lächelt. »Ein schönes Bild. Aber warum erzählen Sie mir davon? Das hat doch sicher einen Grund.«

Ich weiß, was sie mir sagen will. Ich rede immer noch diffus. Sie möchte, dass ich auf den Punkt komme. Aber wie soll ich in einer so heiklen Angelegenheit klare Worte wählen? Sie stehen mir nicht zu. Ich kann einer Kaiserin ja nicht ins Gesicht sagen, dass sie besser die Finger von einem hübschen Grafen lassen soll. Ich muss gute Vergleiche und Bilder finden und hoffen, dass sie den Wink versteht.

»Die Melodie des Herzens darf man nicht ändern«, wiederhole ich meinen Gedanken noch einmal mit beschwörender Stimme. Und dann nehme ich allen Mut zusammen und setze noch einen mehr als kühnen Satz hinzu: »Aus einem Wiener Walzer kann man keinen ungarischen Csárdás machen.«

Im Frisierzimmer ist es plötzlich ganz still. Die Augen der Kaiserin sind starr auf ihre Hände gerichtet.

Sekunden fühlen sich plötzlich wie Stunden an.

»Majestät«, beginne ich erneut und höre selbst, wie dünn und brüchig meine Stimme klingt. »Verzeihen Sie meine Dreistigkeit. Aber manchmal verlieren wir die Melodie unseres Herzens aus dem Blick. Und dann brauchen wir Freunde, die sie uns quasi vorsummen, um uns daran zu erinnern.« Ich halte kurz inne, dann wiederhole ich, was sie eben zu mir gesagt hat: »Wir sehen uns seit fast zwei Jahren mehrere Stunden täglich.« Und nach einem kurzen Zögern gehe ich noch einen Schritt weiter. »Heute möchte ich die Freundin sein, die genau das für Sie tut.«

Ängstlich halte ich die Luft an. Explodiert die Kaiserin jetzt gleich? Wirft sie wieder etwas gegen die Wand? Oder entlässt sie mich wegen dieser Grenzüberschreitung in Schimpf und Schande? Mit gesenktem Kopf warte ich bebend auf ihre Reaktion.

Nach einer Weile räuspert Elisabeth sich. »Dann reden Sie jetzt, Fanny!«, sagt sie. Ihre Stimme klingt rau. »Sprechen Sie Klartext. Was soll ich Ihrer Meinung nach tun?«

Das Gespräch mit der Kaiserin dauert über eine Stunde, der Ball hat längst ohne sie begonnen. Es ist vor allem Ihre Majestät, die spricht, ich höre in erster Linie zu. Dabei erfahre ich allerdings nichts, was ich nicht schon geahnt hätte.

Als sie mir ihr Herz ausgeschüttet hat, fasse ich ihre Gedanken kurz und knapp zusammen, denn ich selbst finde so etwas immer sehr hilfreich. Ich sage ihr, dass sie den Kaiser liebt. Dass er sie zwar nach Sophies Tod sehr verletzt und bitter enttäuscht hat, weil er sie mit ihrem Kummer alleingelassen und sich sogar anderen Frauen zugewandt hat. Aber dass sie ihm niemals schaden will und wird. »Sie haben nämlich von Natur aus eine zutiefst treue Seele, Sie können gar nicht anders als loyal sein.«

Mit Graf Andrássy wünscht sie sich eine Freundschaft, nicht mehr, auch das habe ich verstanden. Und wie wichtig ihr eine Versöhnung zwischen Österreich und Ungarn ist. Allerdings verspielt sie die Möglichkeit für beides, wenn sie den Kaiser nicht mit einbezieht. »Ohne ihn geht das nicht, dann wird es nur übles Gerede und einen Skandal geben.«

Die Kaiserin hört mir mit großen Augen zu. Als ich geendet habe, schweigt sie lange.

»Sie haben meine Probleme klar auf den Punkt gebracht, Fräulein Angerer«, sagt sie schließlich. »So deutlich habe ich sie noch nie vor mir gesehen.«

Ich knickse. »Ich freue mich, dass ich helfen konnte.«

Sie seufzt. »Wie soll ich nur ohne Sie zurechtkommen?«

»Ich werde selbstverständlich so lange bleiben, bis ich meine Nachfolgerin in alle Regeln meiner Kunst eingewiesen habe«, sage ich.

Die Kaiserin seufzt wieder. »Das meinte ich nicht, und das wissen Sie.«

Ich schlucke, und das Herz wird mir schwer. Natürlich weiß ich, was sie meint, und mir geht es ebenso.

Ich werde Elisabeth vermissen.

Kapitel 36

22. April 1865
Unterwegs nach Ischl

Ich sitze in einem Eisenbahnabteil und fahre nach Salzburg. Von dort geht es dann mit der Kutsche weiter nach Ischl, wo ich gegen Abend eintreffen werde.

So ganz habe ich mich an diesen Gedanken noch nicht gewöhnt. Er ist nämlich neu. Eigentlich waren Hugo und ich heute zu einem Spieleabend bei Berti und Johann eingeladen. Doch gestern Nachmittag kam ein Bote und teilte mir mit, ich solle meine Koffer packen. Ihre Majestät würde nach Ischl fahren und brauche mich dort ganz dringend. Über diese überraschende Reise soll ich Stillschweigen wahren. Und weil die Kaiserin erst spät eintrifft und gleich zu Bett gehen will, hat sie mich angewiesen, vorauszufahren und in ihrem Schlafgemach für Behaglichkeit zu sorgen.

Tja, der Mensch denkt, die Kaiserin lenkt.

Nun sitze ich also im ratternden Zug, der Wien längst hinter sich gelassen hat und durch Wälder und Wiesen fährt.

Erst war ich ein wenig verärgert, aber inzwischen freue ich mich, dass ich Ischl vor meinem Abschied noch kennenlernen kann. Hier hat Elisabeth dem Kaiser mit fünfzehn erstmals die Hand gereicht und die Ehe versprochen. Das muss ein geradezu magischer Moment gewesen sein.

Was die Kaiserin mit Behaglichkeit meint, weiß ich zum Glück, und es ist normalerweise nicht schwer, sie herzustellen. Ihre Majestät hasst es, auf Reisen in zuvor unbewohnten Räumen zu nächtigen, sie gruselt sich geradezu davor. Und ihre Zimmer in der Kaiservilla waren den ganzen Winter über unbewohnt. Ich werde ihr Schlafzimmer also mit Frühlingsblumen schmücken, Pantoffeln bereitstellen, zwei oder drei Bücher auf den Nachttisch legen und das Bett mit Veilchenöl parfümieren.

Danach werde ich es mir ebenfalls behaglich machen. Ich hörte zwar, die Kaiservilla sei klein, was für die Größe der Dienstbotenräume nichts Gutes verheißt. Aber sie ist ganz neu renoviert, bestimmt habe ich dort allen Komfort, den ich mir wünschen kann.

* * *

Der legendäre Verlobungsort des Kaiserpaares ist noch zauberhafter als erwartet. Reizende Häuser stehen an einem pastellgrünen Fluss, dessen Wasser trotz der ungewöhnlichen Farbe so kristallklar ist, dass man die Steine auf dem Grund sehen kann. Ich folge in Gedanken den wirbelnden Wellen, die nicht weit von hier in die Traun münden. Irgendwann wird dieses Wasser die Donau erreichen, dann durch Wien strömen und sehr viel später ins Schwarze Meer fließen. Ein schöner Gedanke, der deutlich macht, wie sehr alles in der Welt trotz aller Grenzen und Distanzen miteinander zusammenhängt.

Das kaiserliche Domizil befindet sich ganz am Rand des kleinen Städtchens, das von sanften Hügeln und schroffen Gipfeln umgeben ist. Zum Park der Villa gehören nicht nur die Blumenbeete und Wiesen direkt davor. Auch der gesamte Berg, der sich hinter ihr erhebt, zählt zum kaiserlichen Besitz.

Klein ist die Kaiservilla gewiss nicht, aber im Vergleich zu Schönbrunn oder zur Hofburg doch deutlich bescheidener.

Ich bekomme ein Zimmer im Seitenflügel zugewiesen, nicht groß, aber mit einem schönen Ausblick ins Grüne. Sogar eine kleine Mahlzeit steht für mich bereit.

Wie ich erfahre, leben hier das ganze Jahr über einige Dienstboten. Sie halten alles in Schuss und sorgen dafür, dass die Küche jederzeit in Betrieb genommen werden kann, denn es kommt öfter vor, dass der Kaiser spontan ein Jagdwochenende in Ischl verbringt.

Als ich meine Aufgaben im Zimmer der Kaiserin erfüllt habe, würde ich am liebsten müde ins Bett fallen. Aber man hat mir mitgeteilt, dass die Kaiserin mich vor dem Zubettgehen noch zu sprechen wünscht. Zum Glück gibt es in der Kaiservilla ein Klavier, und es ist noch niemand da, der mir seine Benutzung verbieten könnte. Also vertreibe ich mir die Zeit mit Fingerübungen.

Die Kaiserin trifft gegen neun Uhr ein und lässt mich sofort rufen.

»Ich habe kaum Personal mitgenommen«, teilt sie mir nach der Begrüßung mit. »Keine Hofdame, keine Zofe. Fräulein Angerer, Sie müssen mir beim An- und Auskleiden helfen.«

»Gewiss« ist alles, was ich sage. Aber ich bin verwundert und besorgt. Die Kaiserin ohne Gefolge? Das ist noch nie vorgekommen. Wie konnte sie das durchsetzen? Und warum? Hoffentlich hat sie nicht wieder etwas Leichtsinniges vor.

Natürlich spürt die Kaiserin meine Irritation. »Ja, ich plane etwas.« Sie schmunzelt. »Eine Überraschung. Nein, genau genommen sind es zwei. Und die erste gilt Ihnen.«

»Mir?« Jetzt verstehe ich überhaupt nichts mehr. Aber überrascht bin ich schon jetzt, ihr Plan ist also gelungen.

»Ich möchte Ihnen etwas mitteilen. Und zwar ohne neugierige Ohren an der Tür«, fährt Elisabeth fort. Ihre Augen funkeln.

Vielleicht ist sie schwanger?

»Ich werde selbstverständlich Stillschweigen bewahren«, versichere ich.

»Fräulein Angerer, ich hörte, Sie würden gern zusammen mit Ihrem zukünftigen Mann in den Dienst einer reichen, reiselustigen Dame treten und ihr unterwegs alle Steine aus dem Weg räumen.«

»Ja, das ist wahr.« Woher weiß sie denn das schon wieder? Wir haben unsere Pläne nur wenigen sehr engen Freunden verraten. Die Kaiserin muss ihre Spione wirklich überall haben.

»Nun«, fährt sie fort. »Ich *bin* reich und reiselustig. Sehr sogar. Ich möchte Sie beide einstellen.«

»Aber, aber …«, stottere ich. »Das geht doch nicht.«

»Und wieso nicht?« Die Kaiserin von Österreich sieht mich empört an. »Natürlich geht das. Sie arbeiten täglich drei Stunden für mich. Meistens im Morgengrauen. Manchmal kommen Sie zusätzlich abends. Aber zwischendurch sind Sie immer zu Hause. Es sollte doch eigentlich möglich sein, für diese Zeiten später eine geeignete Kinderfrau zu finden. Natürlich nur, wenn Sie es wollen.«

»Ich verstehe nicht …«, stammele ich völlig verwirrt.

Sie lacht, als sie meine verdutzte Miene sieht. »Erinnern Sie sich an mein Ultimatum an den Kaiser?«, will sie wissen. »Seitdem habe ich nicht nur die Vollmacht über meine Kinder. Ich kann auch alles selbst entscheiden, was meine persönlichen Angelegenheiten betrifft. Dazu gehören sowohl meine Frisur als auch mein Privatsekretär. Ich würde mich also freuen, wenn Sie mir weiterhin zu Diensten wären und Ihr Zukünftiger ebenfalls eine Stellung bei Hofe anträte.«

Ich starre sie noch immer fassungslos an.

»Fräulein Angerer, was halten Sie von dieser Idee?«, fragt die Kaiserin. »Wollen Sie das? Oder brauchen Sie Bedenkzeit?«

»Und ob ich will.« Ich sinke in den tiefsten Hofknicks, zu dem ich fähig bin. »Aber natürlich muss ich das noch mit meinem Verlobten besprechen.«

»Ja, sicher«, stimmt die Kaiserin zu. »Was meinen Sie? Glauben Sie, dass Herr Feifalik einverstanden ist?«

»O ja!«, sage ich spontan. »Er ist abenteuerlustig und er hält sich selten lange mit Grübeleien auf. Außerdem habe ich ihm Eure Majestät in den wärmsten Farben geschildert.« Ich halte kurz inne und füge dann rasch hinzu: »Selbstverständlich, ohne private Details zu verraten.«

Die Kaiserin nickt. »Da bin ich sicher.« Sie lächelt. »Wenn Sie beide in meinen Diensten wären, könnten Sie Ihr Schweigegelübde untereinander weniger streng handhaben. Dann wäre ja auch Ihr Gatte durch einen Eid an mich gebunden. Das wäre für Sie zweifelsohne eine Erleichterung.«

Ich lache. »Das wäre wirklich ein angenehmer Nebeneffekt.« Dann sinke ich erneut in einen Hofknicks. »Ich danke Eurer Majestät, auch im Namen meines zukünftigen Gatten, für dieses äußerst großzügige Angebot.«

»Apropos Gatte.« Die Kaiserin reibt sich die Hände. »Meine zweite Überraschung betrifft den Kaiser. Sie wissen vielleicht, dass sich unsere Hochzeit übermorgen zum elften Mal jährt.«

Ich nicke. Das wissen alle bei Hofe.

»Nun«, sagt die Kaiserin und lächelt ein bisschen verlegen. »Der Kaiser erhält ein vorgezogenes Hochzeitstagsgeschenk. Er wird heute Nacht hier in Ischl eintreffen, um morgen ganz früh auf die Jagd zu gehen. Dass er auf dieser Jagd nicht allein sein wird, weiß er noch nicht …«

»Was für eine wundervolle Überraschung«, sage ich ehrfürchtig.

Nach allem, was ich vom Kaiser gehört habe, gibt es nichts, was er mehr liebt als die Jagd – abgesehen von seiner Frau. Bedeutet dieses Geschenk vielleicht, dass die Ehe des Kaiserpaars einen Aufschwung erlebt? Oh, wenn es doch nur so wäre!

Ich helfe der Kaiserin in ein Negligé aus feinster Spitze und frisiere sie für die Nacht. Sie sieht wunderschön aus, als ich sie verlasse.

In meinem Zimmer angelangt, würde ich gern noch eine Weile über ihre Worte nachdenken und mir Hugos Miene ausmalen, wenn ich ihm von dem Angebot erzähle. Aber ich falle förmlich ins Bett und sinke sofort in tiefen, traumlosen Schlaf.

Nicht einmal von der Ankunft des Kaisers bekomme ich etwas mit.

Am nächsten Morgen erwache ich bei Sonnenaufgang. Vogelgezwitscher hat mich geweckt. Ich denke an Hugo und bin plötzlich so glücklich, dass mein Herz fast zerspringt.

Eine Amsel trällert und lockt mich zum Fenster. Doch als ich hinausblicke, weiche ich unwillkürlich zurück.

Auf der Wiese vor der Kaiservilla steht eine Gestalt in einem weißen Morgenmantel. Ohne Zweifel die Kaiserin. Barfuß im Morgentau. Sie blickt zu dem gewaltigen Berg auf, der sich vor ihr erhebt.

Und sie ist nicht allein. Ein Mann in Lederhose und einem weißen Hemd nähert sich ihr. Als er sich zu ihr umdreht, erkenne ich das Gesicht des Kaisers.

Ich sehe noch, wie er Elisabeth in die Arme schließt, dann ziehe ich mich zurück. Dieser Moment ist nicht für meine Augen bestimmt.

Ich lege mich wieder ins Bett und schlafe tatsächlich noch einmal ein. Als ich am späteren Morgen erfahre, dass die Jagd abgesagt ist und das Kaiserpaar von niemandem gestört werden möchte, wundere ich mich nicht.

Epilog

Wien, Opernring 17, Februar 1867. Nach einer komplikationsreichen Schwangerschaft setzen bei der kaiserlichen Hoffriseurin Franziska Feifalik, geborene Angerer, die Wehen ein. Am fünften des Monats bringt sie einen gesunden Sohn zur Welt.

Hugo Theodor Johann Nepomuk Feifalik wird in der neuen Wohnung des Ehepaars Feifalik geboren, in einem vornehmen Haus mit hohen Räumen und großen Fenstern, ganz, wie es seine Mutter sich für ihn erträumt hat. Doch über das Familienglück fällt ein dunkler Schatten. Die schwere Geburt hat die junge Mutter geschwächt, ihr Leben ist in Gefahr. Der Vater verbringt Tage in großer Sorge.

Kaiserin Elisabeth hält sich zu dieser Zeit in Zürich auf. Sie lässt sich täglich telegrafisch über das Befinden von Mutter und Kind unterrichten.

Zum Glück erholt sich Fanny Feifalik nach einigen Wochen. Schon bald arbeitet sie wieder für die Kaiserin.

Sie und ihr Mann stehen dreißig Jahre lang in Elisabeths Diensten. Gemeinsam begleiten sie die Kaiserin, vom gesamten Hofstaat beneidet, auf viele Reisen. Der kleine Hugo ist mit dabei, wenn er nicht bei Tante Berti, Onkel Johann und deren Söhnen bleiben möchte.

Die Ehe der Feifaliks ist überaus glücklich.

Ofen in Ungarn, Frühjahr 1868. Etwas mehr als ein Jahr nach der Geburt von Hugo junior kommt am 22. April das vierte Kind von Kaiserin Elisabeth und Kaiser Franz Joseph I. zur Welt. Die kleine Tochter wird auf den Namen Marie Valerie Mathilde Amalie von Österreich getauft. Schon bald erhält sie vom Volk den Beinamen »das ungarische Kind«.

Ihr Geburtsort ist angeblich nicht der einzige Grund dafür. Man tuschelt in Wien, die kleine Valerie entstamme einer Affäre der Kaiserin mit Graf Gyula Andrássy. Diese Gerüchte halten polizeilichen Ermittlungen allerdings nicht stand und verstummen ganz, als offensichtlich wird, wie sehr Valerie dem Kaiser ähnelt.

Dennoch gibt es einen weiteren guten Grund für den Beinamen der kleinen Erzherzogin: Zehn Monate vor ihrer Geburt wurden Elisabeth und Franz Joseph in einer glanzvollen Feier zum König und zur Königin von Ungarn gekrönt, nachdem sich der Kaiser auf Elisabeths Wunsch hin mit Graf Gyula Andrássy und seinen Anhängern ausgesöhnt hat. Zum Dank dafür willigte sie in eine vierte Schwangerschaft ein.

Eine Entscheidung, die Elisabeth nie bereut hat. Nach ihrem Ultimatum an den Kaiser kann sie sich um dieses Kind ohne jede Einmischung selbst kümmern. »Jetzt weiß ich es, welche Glückseligkeit ein Kind bedeutet«, äußert sie gegenüber einer Hofdame. Zum ersten Mal in ihrer Ehe ist sie glücklich.

Ein Zustand, der allerdings nur kurz währt. Bald schon versinkt Elisabeth erneut in Schwermut. Doch das ist eine andere Geschichte.

Poetische Gedanken einer Kaiserin

An die Zukunftsseelen

Ich wandle einsam hin auf dieser Erde,
Der Lust, dem Leben längst schon abgewandt;
Es teilt mein Seelenleben kein Gefährte,
die Seele gab es nie, die mich verstand.
(…)
Ich fliehe vor der Welt samt ihren Freuden,
Und ihre Menschen stehen mir heut' fern;
Es sind ihr Glück mir fremd und ihre Leiden;
Ich wandle einsam, wie auf anderm Stern.
(…)
Und voll ist meine Seele zum Zerspringen,
Das stumme Sehnen ist ihr nicht genug,
Was sie bewegt, muss sie in Lieder bringen,
Und diese senke ich nun in mein Buch.

Dies wird sie treu durch Menschenalter wahren
Vor Seelen, die sie heute nicht versteh'n;
Bis einst, nach wechselvollen Jahren
Die Lieder blühend daraus aufersteh'n.
(…)
Ihr teuern Seelen jener fernen Zeiten,
Zu denen meine Seele heute spricht,
Gar oft wird sie die eueren begleiten,
Ihr last ins Leben sie aus dem Gedicht.

Nachwort

Kaiserin Elisabeth, Kaiser Franz Joseph, die Friseurin Fanny, ihr Mann Hugo, Kammerfrau Caroline von Pilat, die Köchin Susanna, ja sogar der Badewaschl – all diese Menschen haben wirklich gelebt. Und zumindest die schöne Kaiserin lebt dank zahlreicher Verfilmungen und Romane bis heute fort.

Sisi hatte von Geburt an alles, was man sich nur wünschen kann. Sie war schön, intelligent, sportlich, reich und beliebt. Trotzdem war sie einer der unglücklichsten Menschen am Kaiserhof, und das war kein eingebildetes Unglück. Sie lebte definitiv zur falschen Zeit am falschen Ort.

Ihre Friseurin Fanny hingegen wuchs in der Gosse auf und war wegen ihrer nassforschen Art bei Hofe überaus unbeliebt. Nur nicht bei der Kaiserin, die die geradlinige, hübsche Fanny zu ihrer Doppelgängerin und einer ihrer engsten Vertrauten machte. Dank ihres Sturkopfes lebte Fanny ein glückliches, erfülltes Leben.

Zwei Frauen, wie sie unterschiedlicher nicht hätten sein können. Und doch verbrachten sie zweiunddreißig Jahre lang täglich drei Stunden Zeit miteinander. Diese Freundschaft hat mich fasziniert, seit ich bei einem Besuch in der Wiener Hofburg auf die Arbeit der Friseurin Franziska Feifalik aufmerksam wurde.

Was hatten sich die beiden zu sagen? Was haben sie gemeinsam erlebt und vor den Augen der Öffentlichkeit verborgen? Das habe ich mich gefragt, aber Antworten auf diese Fragen wird die Forschung dank Fannys Verschwiegenheit leider nie finden.

Genau deswegen ist dieses Buch kein Sachbuch, sondern ein Roman. Es basiert auf historischen Fakten und schließt deren Lücken mit den Kunstgriffen der Fiktion.

Absichtlich verändert habe ich die Wahrheit nur an wenigen Stellen, und zwar aus dramaturgischen Gründen. So ist Ida Ferenczy einige Wochen später an den Kaiserhof gekommen als in meinem Roman. Und Kaiserin Elisabeth stellte ihrem Mann das berühmte Ultimatum nicht im Dezember 1864, sondern erst im August 1865.

Den Namen des Badewaschl habe ich in den Hofhandbüchern nicht gefunden, deswegen habe ich den Mann selbst getauft und ihm einen Bruder und Pferdeverstand angedichtet. Auch Minas Lebensgeschichte ist frei erfunden. Es gab zwar tatsächlich ein Kammermädchen namens Wilhelmine, aber ob und wen es geheiratet hat, konnte ich nicht herausfinden.

Noch heute liegt im Dunkeln, wie eng die Beziehung zwischen Kaiserin Sisi und Graf Gyula Andrássy wirklich war. Schon zu Lebzeiten der beiden gab es Klatsch und Tratsch über eine angebliche Affäre. Belegen lässt sie sich nicht, und bei der intensiven Überwachung, der Elisabeth unterlag, ist sie auch nicht wahrscheinlich. Beide hätten zu viel zu verlieren gehabt.

Vermutlich hat Sisi den ungarischen Grafen tatsächlich auf eine gewisse Art geliebt, darauf weisen Gedichte der Kaiserin hin. Geliebt hat sie aber zweifelsohne auch ihren Mann, den Kaiser, trotz aller Enttäuschungen und Kränkungen, die sie im Laufe des ersten Ehejahrzehnts hinnehmen musste und nie überwinden konnte. Beide Männer standen ihrem Herzen auf eine ganz eigene, spezielle Art nahe.

Sicher ist, dass sich die Kaiserin mit enormem Engagement und gegen mächtige Einflüsse bei Hofe für eine Freundschaft zwischen Franz Joseph und Andrássy sowie für eine Versöhnung zwischen Österreich und Ungarn eingesetzt hat. Mit Erfolg.

Schicksalsschläge und Gesundheitsprobleme ließen die österreichische Kaiserin ihr Leben lang kränkeln. Sie hatten außerdem einen exzentrischen Lebensstil und später phasenweise extreme Essgewohnheiten zur Folge. Ob es sich hierbei, wie oft behauptet, um eine Magersucht oder eher um obskure medizinische Diäten handelte, ist unklar. Im Roman spielen diese berühmt-berüchtigten Marotten kaum eine Rolle, weil Elisabeth sie erst später entwickelt hat.

Über Franziska Feifalik, geborene Rößler alias Angerer, gibt es in der wissenschaftlichen Literatur kaum Fundstellen. Ich habe mich selbst auf Spurensuche begeben, habe Archive angeschrieben, in alten Kirchenbüchern und Adressverzeichnissen nach Informationen gesucht, mich durch wahre Bücherberge gearbeitet, seitenweise Zeitungen aus der damaligen Zeit gelesen und Fotos von Fanny und Hugo analysiert. Außerdem habe ich die Schauplätze des Romans besucht, um mir alles bildlich vorstellen zu können.

Viele Aspekte aus Fannys Leben blieben dennoch im Dunkeln, sodass ich meine Fantasie bei dieser Figur stärker heranziehen musste als bei der Kaiserin. Hier einige Beispiele, um zu belegen, wie ich dabei vorgegangen bin:

War Fanny wirklich so selbstbewusst, eigen und verschwiegen, wie ich sie schildere?

Ich glaube, ja. Anders als andere Hofbedienstete hat sie selbst nach Elisabeths Tod niemals auch nur ein einziges öffentliches Wort über ihre Arbeit verloren.

Und was ihr Selbstbewusstsein betrifft: Sie war bei Hofe unbeliebt, weil sie angeblich laut, stolz, unbescheiden und anmaßend war. Wenn man aber liest, was ihr im Detail von den hochadligen Hofdamen vorgeworfen wurde, sieht man diese Schilderungen in einem anderen Licht. Sie hätte bequeme Kutschen eingefordert, heißt es, gute Hotelzimmer, luxuriöse Schiffskajüten und eine höfliche Behandlung durch die Angehörigen des kaiserlichen Hofstaates.

Ist das wirklich anmaßend? Oder nicht eher mutig? Hat sich das Mädchen vom Spittelberg da nicht vielmehr gegen Dünkel, Neid und Missgunst gewehrt? Und wie wahrscheinlich ist es, dass sich die sanfte, gebildete und sensible Sisi zweiunddreißig Jahre lang täglich drei Stunden mit einer lauten, anmaßenden Person abgegeben hat? Freiwillig?

Zumal die Kaiserin in einem Brief an Ida Ferenczy sogar einmal ausdrücklich darüber klagte, sie müsse sich mit einem Ersatz für die erkrankte Fanny Angerer begnügen, und sie leide täglich unter dieser dummen Person.

Noch weniger Informationen habe ich über Hugo Feifalik gefunden. War er wirklich der lange, dünne Luftikus, als den ich ihn schildere?

Lang und dünn war er sicher, das zeigen Fotos. Und wer genau hinsieht, erkennt auf diesen Bildern noch mehr. Natürlich sind diese frühen Fotos steif, er wirkt starr und unnahbar. Aber Hugo Feifalik zeigt sich darauf nicht in patriarchalischen Posen, beispielsweise hoch hinter seiner Frau aufragend oder als dominanter Vater seines Sohnes, sondern liebevoll zu ihr aufblickend oder mit Hugo junior im Arm (der übrigens das einzige Kind der beiden blieb). Und dass es in seiner Umgebung oft ein bisschen skurril zuging, belegt beispielsweise ein Zeitungsartikel über die Hochzeit des Paares:

Gestern abends halb sieben Uhr fand in der Augustinerkirche die Vermählung des Fräulein Angerer, Hoffriseurin Ihrer Majestät der Kaiserin, mit Herrn Feifalik, Privatbeamten, statt. Dem feierlichen Akte der Trauung wohnten zahlreiche Freundinnen und Freunde des Brautpaares bei. Bei dieser Gelegenheit müssen wir das rohe, brutale Benehmen jenes Kirchendieners rügen, der an jener Türe stand, welche von der Sakristei in die Kirche führt. Derselbe wollte auch geladenen Damen den Einlass nicht gewähren, stieß dieselben zurück, sodass ein Gedränge entstand und viele der Gäste, welche sich der Pöbelhaftigkeit des Kirchendieners nicht länger aussetzen wollten, entrüstet die Kirche verließen. Wir waren Augenzeugen, wie eine der Damen auf eine höchst gemeine Art zurückgestoßen, einer anderen Dame der Hut abgerissen und überhaupt eine Szene aufgeführt wurde, die der feierlichen Handlung und dem geweihten Orte, wie die Hofburg-Pfarrkirche, vollständig unwürdig war. Es wäre wünschenswert, wenn als warnendes Beispiel für andere durch Entfernung solcher Individuen ähnlichen Ausschreitungen für immer vorgebeugt würde.

Es ist nicht bekannt, was diesen Kirchendiener so provoziert hat. Hatte der Mann sich am Messwein vergriffen? Oder hat ihn jemand absichtlich geärgert? Die Antwort bleibt Spekulation. Belegt ist allerdings, dass die Trauung nach diesem Zwischenfall wieder in geordneten Bahnen verlief. Das dokumentieren Akten der Geheimpolizei, die Fanny übrigens tatsächlich ständig überwacht hat. Daraus geht auch hervor, wie eng die Beziehung zwischen Fanny und Sisi gewesen sein muss:

Bei der Vermählung der Angerer mit Feifalik erschien ein Hoflakai in der Kirche, wo die Trauung stattfand, und beschied das neu vermählte Paar zur Kaiserin, sie wurden sofort ins Appartement der Kaiserin geleitet, welche sie bereits erwartete und die junge Frau umarmte und auf die Wange küsste.

Ein Buch schreibt man nicht allein, und ich bin unglaublich dankbar für die viele Unterstützung, die ich während der langen Arbeitsphase erhalten habe.

Ich danke meinem Mann für akribisches Testlesen, kluge Anmerkungen, sein unerschütterliches Durchhaltevermögen bei der Begleitung dieses Projektes und seine kreative Unterstützung bei unserer Rechercheereise nach Bad Kissingen. Gemeinsam haben wir beispielsweise alle Heilwasserquellen gekostet und anschauliche Worte für deren Geschmack gefunden.

Meine Schwester Sabine ist mit mir nach Wien und Ischl gereist und hat alle Schauplätze des Romans für mich fotografisch festgehalten. Zusammen sind uns Details aufgefallen, die ich allein nie entdeckt hätte, und auch so viel Spaß hätte ich dabei allein nie gehabt.

Ich danke den Mitarbeitern des Österreichischen Staatsarchivs ganz herzlich für die schnellen Antworten auf meine Fragen. Der Direktion des Hotel Wandl in Wien danke ich für die Auskünfte und die interessanten historischen Unterlagen über den Wintergarten.

Meine Freundinnen und Kolleginnen Kathrin, Miriam, Susanne und Tina haben mich mit vielen interessanten Gesprächen zu Fachfragen unterstützt. Harald hat mir geholfen, die alten Kirchenbücher zu entziffern und zu verstehen. Und meine Friseurin Ann-Kathrin hat mir Unterlagen über historische Frisuren und Frisiertechniken bereitgestellt und mit mir darüber nachgedacht, wie es sein muss, jahrzehntelang täglich eine Kaiserin zu frisieren. Vielen Dank euch allen!

Ganz besonders möchte ich an dieser Stelle meiner Lektorin Lena Schäfer danken. Sie hat das Projekt von der ersten Idee bis zum Druck begleitet. Ich weiß nicht, *wie* sie es schafft, sich so in einen Text einzufühlen, aber ich weiß, dass sie das großartig macht. Ihr untrügliches Gespür für Sprache, ihre treffenden Kommentare und ihre einfühlsamen Anmerkungen haben mir bei der Arbeit sehr geholfen.

Eine große Hilfe war, last but not least, das Stipendium Neustart Kultur, das ich für die Recherche an diesem Roman erhalten habe. Vielen Dank für diese wichtige Unterstützung in schwierigen Zeiten.

Die Arbeit an diesem Roman wurde gefördert durch Neustart Kultur, ein Stipendienprogramm der VG Wort.

Der Beauftragte der Bundesregierung für Kultur und Medien

NEU START KULTUR

VG WORT

Die Figuren der Handlung

Fannys Familie:

Franziska Angerer (Rößler), genannt Fanny
Anna Angerer, Fannys Mutter
Benedikt Angerer, Friseurmeister, Fannys Stiefvater
Albertine Schwerdtner, genannt Berti, Fannys ältere Schwester
Johann Schwerdtner, Bertis Ehemann
Adalbert Rößler (†), Fannys leiblicher Vater

Am Burgtheater:

Zerline Gabillon, Schauspielerin
Gustl, Ankleiderin
Josef, Platzanweiser
Franz Kierschner, Schauspieler
Friederike Kronau, Schauspielerin
Heinrich Beckmann, Schauspieler
Graf Karl von Lanckoroński, kaiserlicher Oberstkämmerer

Am Hof:

Elisabeth, Kaiserin von Österreich
Franz Joseph I., Kaiser von Österreich
Kronprinz Rudolf, ihr Sohn
Erzherzogin Gisela, ihre Tochter
Gräfin Paula von Königsegg zu Aulendorf, Obersthofmeisterin
Caroline von Pilat, Kammerfrau der Kaiserin
Wilhelmine Haller, genannt Mina, Kammermädchen

Emma von Mendelenýi, Kammermädchen
Susanna Buchmüller, Mundköchin der Kaiserin
Franz Koderle, Kammerdiener der Kaiserin
Anton Eisenhut, kaiserlicher Bademeister
Freifrau Karoline von Welden, Kinderfrau
Marie, ehemalige Königin beider Sizilien, Elisabeths Schwester
Mathilde, Prinzessin von Bourbon-Sizilien, Elisabeths Schwester
Graf Leopold Gondrecourt, Erzieher von Rudolf
Oberst Josef Latour von Thurmburg, Untergebener von Gondrecourt
Ida Ferenczy, Vorleserin
Gyula Andrássy, ungarischer Graf

In Wien:

Hugo Feifalik, Bankangestellter
Hausmeister Staffelhuber
Sepperl und Marie, seine Kinder
Theodor Fuchs, Klavierhändler
Katharina Auerling, Bekannte der Familie Feifalik
Johann Wandl, Besitzer des Hotels Wandl
Inspektor Albert Stehling, Polizist

In Kissingen:

Friedrich Wilhelm, Großherzog von Mecklenburg-Strelitz
Ludwig II., König von Bayern
John Collett, englischer Kurgast
Albert Neubauer, Fotograf

Autorin

Mara Andeck, geboren 1967 in Freiburg, hat in Dortmund Journalismus und Biologie studiert, beim WDR in Köln volontiert und danach als Wissenschaftsjournalistin gearbeitet. Sie lebt mit ihrer Familie in der Nähe von Stuttgart und schreibt Bücher für Kinder, Jugendliche und Erwachsene.
Weitere Informationen unter: www.mara-andeck.de

Mara Andeck im Goldmann Verlag:
Sisi – Die Sterne der Kaiserin. Roman
Die Ballkönigin. Roman

(Alle auch als E-Book erhältlich)